U0495613

中原名师出版工程
ZHONGYUAN MINGSHI CHUBAN GONGCHENG
中原名师论坛系列（2016）

中原名师工作室
——示范辐射　共享成长

中原名师培育工程项目办公室　编

中原出版传媒集团
中原传媒股份公司

大象出版社
·郑州·

图书在版编目（CIP）数据

中原名师工作室：示范辐射 共享成长/中原名师培育工程项目办公室编. — 郑州：大象出版社，2021.12
（中原名师论坛系列）
中原名师出版工程
ISBN 978-7-5711-0834-2

Ⅰ.①中… Ⅱ.①中… Ⅲ.①教学研究-中小学-文集 Ⅳ.①G632.0-53

中国版本图书馆 CIP 数据核字（2020）第 235319 号

中原名师工作室——示范辐射 共享成长
ZHONGYUAN MINGSHI GONGZUOSHI——SHIFAN FUSHE GONGXIANG CHENGZHANG
中原名师培育工程项目办公室 编

出 版 人	汪林中
责任编辑	张 阳 阮志鹏 张 欣
责任校对	倪玉秀 马 宁
特邀设计	刘 民
美术编辑	杜晓燕

出版发行	大象出版社（郑州市郑东新区祥盛街27号 邮政编码450016）
	发行科 0371-63863551 总编室 0371-65597936
网　　址	www.daxiang.cn
印　　刷	河南文华印务有限公司
经　　销	各地新华书店经销
开　　本	787 mm×1092 mm 1/16
印　　张	15.75
字　　数	249 千字
版　　次	2021年12月第1版 2021年12月第1次印刷
定　　价	58.00元

若发现印、装质量问题，影响阅读，请与承印厂联系调换。
印厂地址 新乡市获嘉县亢村镇工业园
邮政编码 453800　　　电话 0373-5969992　5961789

编委会

总策划 丁武营

主　编 刘忠伟

副主编 何风彩　李慧香　周丽君

编　委 程　黎　王海东　丁桃红　孔冬青　李慧香　刘明莹
　　　　路桂荣　聂　智　周丽君　董文华　郝秀丽　何风彩
　　　　李付晓　刘娟娟　刘忠伟　马　娜　宋　君　王红艳
　　　　王文霞　张凤仙　张素红　周素娟　周雁翎　晁　昱
　　　　贺晓红　李春霞　弯丽君

总序

对于一个优秀教师来说，将自己对教育教学的思考在写作中表达出来，是非常自然的一件事。正如玛格丽特·杜拉斯在《写作》中说的："写作像风一样吹过来，赤裸裸的，它是墨水，是笔头的东西，它和生活中的其他东西不一样，仅此而已，除了生活以外。"杜拉斯把自己的写作区别于日常生活中具体的事物，而将其看作生活本身。我十分认同这样的说法。从许多优秀教师的成长经历来看，教育写作就是教育生活本身。当我们学会了把教育生活中的各种场景纳入自己的视野，融入自己的思考，通过写作诚实地记录下来，我们就找到了一条属于自己的专业发展之路。

正是看到了教育写作在教师专业发展中的重要意义，河南省教育厅与浙江师范大学启动了"中原名师教育写作出版计划"。河南是我国的教育大省，有一大批非常优秀的教师逐渐崭露头角，而"中原名师"是其中的佼佼者，他们在各自的学校和不同的教育教学领域取得了一定的成绩，及时总结、提炼、展示、推广他们的研究成果非常必要。我和张文质老师被聘请为"中原名师教育写作出版计划"的首席写作导师，肩负指导"中原名师"写作、出版教育教学专著的重任。这可能也是目前国内唯一旨在帮助优秀教师实现教育教学专著出版的省级培训项目，开辟了教师培训内容与形式的崭新领域，具有开创性意义。经过近两年的艰苦努力，目前这项计划终于迎来了阶段性成果：一批"中原名师"的教育教学专著即将正式出版。从书稿情况来看，选题、内容可谓多样：既有学科教学方面的，也有班级管理方面的；既有比较严谨的学术论著，也有可读性较强的教育教学随笔；既有义务教育阶段的，也有幼儿、高中阶段的。

捧读这些沉甸甸的书稿，我心中充满感慨。

我想到了每一位作者的面庞，看到了那些闪亮的眼神。大家都非常清楚，对于一个渴望成长、追求专业发展的教师来说，教育写作是自我提高的一条基本路径。教育写作能清晰地记录一个教师专业成长的轨迹。教师可以在写作的过程中不断审视、反思自我，不断积累、总结，无论是初尝成功的经验，还是尝试摸索中的所谓教训，都是十分宝贵的财富。苏霍姆林斯基曾鼓励教师每天都写教育日记（也就是我们常说的"教育叙事"），认为这样的写作具有重大价值："凡是引起你的注意的，甚至引起你一些模糊的猜想的每一个事实，你都把它记入记事簿里。积累事实，善于从具体事物中看出共性的东西——这是一种智力基础，有了这个基础，就必然会有那么一个时刻，你会顿然醒悟，那长久躲闪着你的真理的实质，会突然在你面前打开。"这些"中原名师"正是通过写作将自己日常教育教学的点点滴滴慢慢积累起来的，而实施"中原名师教育写作出版计划"就是为了帮助他们打开真理之门。

我还想到了每本书稿选题的艰难，想到了那些为了确立书稿选题所经历的热烈讨论，既有面对面的沟通，也有无数次邮件、短信与电话往来。由于每一位作者所在的区域不同，所教学段、学科不同，研究基础、研方向也各不一样，如何将那些最有价值的研究成果梳理、提炼出来，并形成相对集中的研究主题以专著的形式呈现，是我和张文质老师以及每一位作者需要面对的挑战。沟通、选择的过程非常重要，也非常辛苦。这主要是由于各位作者在实践层面的经验、成果内容非常多样造成的：往往一个教师提供的同一本书稿，在内容上既有学科教学方面的，也有班级管理方面的，甚至还有其他学科领域的，这固然反映了一线教师工作繁杂多面的实际情况，但对于专著出版来说，主题不够突出无疑是大忌，也会遮蔽那些更有价值、更值得推广的内容。经过反复讨论，第一批"中原名师"首先确定了选题，开启了教育写作之路；而另一批作者则更改了选题，另起炉灶，毅然开启了新的写作计划，这其中的勇气也让人深为佩服。

当然，我也想到了每一位作者所经历的艰苦的写作过程。由于绝大多数老师积累的文稿是基于实践经验，致使有些内容在学理上存在问题，论述、论据都不够严谨，容易引起歧义；也有些内容所呈现的研究过程与研究成果不够完整，材料繁杂、枝蔓较多，如何去芜存菁留下最有价值的东西，如何修改、完善那些不够成熟的地方，也是摆在每一位作者面前的挑战。值得指出的是，对文稿不断修改、完善的过程虽然艰苦，但其实是非常宝贵的研究经历——看似是教育写作的过程，其实又是学术研究的过程，写作本身成为思维与学术的双重训练，成为提炼教育教学理念、凸显教育教学风格的基本路径。正是经历了这样的写作和研究过程，他们最终创作出很有价值的作品。如果说在专著出版之前，这些老师的教育教学风格还不够鲜明，尚未在更大的范围内得到认可，那么我相信，专著的公开出版，将有力地促进他们教育教学成果以及个人教育教学风格的传播与推广，塑造"中原名师"更加美好、专业的形象，成为河南教师乃至全国教师的偶像。而这，也是河南省教育厅与浙江师范大学继续教育学院决定实施该项教育写作出版计划的重要目的之一。

  对于各位作者而言，他们没有辜负岁月，岁月也没有辜负他们。

  对于导师而言，能够参与这个项目，帮助各位作者，是充满欣慰的，甚至超过了自己出书时的喜悦。

  感谢各位读者，如果您翻开这些书，您会看到有那么一些人，是如何执拗地表达着对岁月和信仰的敬意。

闫学

目 录

高中篇

知行路上　共同成长 / 程黎 …………………………………………… 003

薪火传承成大道，砥砺创新育名师 / 王海东 ………………………… 011

初中篇

乘风破浪会有时，直挂云帆济沧海 / 丁桃红 ………………………… 023

绽放自己，美丽他人 / 孔冬青 ………………………………………… 032

示范引领，一路同行 / 李慧香 ………………………………………… 040

成长，在路上遥望远方 / 刘明莹 ……………………………………… 049

成长永远在路上 / 路桂荣 ……………………………………………… 057

名师家园，助力成长 / 聂智 …………………………………………… 065

传承创新　引领发展　合作共赢 / 周丽君 …………………………… 074

小学篇

从一棵树的挺拔到一片林的舞蹈／董文华 …………………… 085

学思行，引领成长的方向／郝秀丽 …………………………… 093

立己达人　互融共生／何凤彩 ………………………………… 102

"五能"教师　从这里走向卓越／李付晓 …………………… 109

"1+X"研修模式，让成员成长与绽放／刘娟娟 …………… 118

让师出有名亦有实／刘忠伟 …………………………………… 127

构建语文教师发展成长共同体／马娜 ………………………… 137

名师工作室，引领教师智慧地行走／宋君 …………………… 146

格局有多大，舞台就有多大／王红艳 ………………………… 154

一路同行，相伴成长／王文霞 ………………………………… 162

凝心聚力，砥砺前行／张凤仙 ………………………………… 171

让研究成为教育的新常态／张素红 …………………………… 180

成长承责　立己达人／周素娟 ………………………………… 190

雁飞长空任翱翔／周雁翎 ……………………………………… 198

幼儿园篇

在向往中唤醒　在成长中引领／晁昱 ………………………… 209

天高海阔八万丈　何妨吟啸且徐行／贺晓红 ………………… 217

一起追梦，在路上／李春霞 …………………………………… 225

凝心聚力　搭建共同成长的平台／弯丽君 …………………… 235

高中篇

知行路上　共同成长

商丘市回民中学　程黎

程黎名师工作室成立于 2014 年，2015 年经河南省教育厅和浙江师范大学考核，被命名为"中原名师程黎高中地理工作室"（以下简称"程黎名师工作室"）。主持人程黎是中学正高级教师、河南省特级教师、全国优秀中学地理教育工作者。2016 年，工作室有成员 56 名，其中省级名师 2 人，市级名师 6 人，市级骨干教师 8 人，省优质课一等奖获得者 17 人，成员年龄、职称结构合理，有利于新老教师的相互学习。工作室的基本理念是"以生为本，知行合一，源道归德"，为学生的生命成长和全面发展助力。目标是"在基于学生核心素养的发展中，促进教师的专业成长"。

一、源道归德，熔炼团队

立德树人是新时期教育的根本任务。国无德不兴，人无德不立。程黎工作室遵循"以德为先，德才兼备"的原则，提出了"源道归德"的工作室建设理念。"源道"本义可理解为探索万事万物的运行轨迹，"归德"，从字义可理解为回归提升德业，此外还与学校所在地商丘古称归德府相合。我们将"源道归德"释义为探索教育教学规律，坚守和提升教师的职业德行。基于此，在团队建设中，我们着重做了以下工作：

（一）基于愿景，构建成长共同体

工作室成立之初，我们本着"知行合一，共同成长"的信念，通过双向选择，聚集了志同道合的 22 名优秀地理教师，形成了"学习—反思—实践—提升—卓越"的研修理念。在晋升成为中原名师工作室后，为了进一步发挥辐射和带动作用，我们又吸收了各学科教师 32 人，形成了包括 11 个学科 56 名成员的跨学科教研共同体，充分发挥地理学科文理兼容的特点，实现单学科带动多学科的综合教研。成员们坚信：在专业成长的路上结伴而行，一定比一个人走得更快、更远。

（二）读书反思，凝练教育思想

一位卓越教师与一位普通教师的区别就在于教育思想和课程意识。教师的教育价值观和教育思想直接影响着其教学行为和教学方式，并最终影响学生的成长和终身发展。

浙江师范大学专家对程黎名师工作室考核时，曾单独与工作室成员交流，并提问：程老师的教育思想是什么？工作室成员回答道："正直、善良、敬业、有爱心……"从这件事上可以看出：老师们尽管平时工作做得很好，但是对教育的思考和研究不够。他们把一位教师的教育思想和一位好老师应具备的行为品质混淆了。这件事使成员们认识到：要成为一名优秀的老师就要有自己独特的教育思想，就要静下心来认真读书，坚持实践反思，并靠自己的智慧给学生营造一个和谐、安全的学习场所，这样才能受到学生们的爱戴。这件事也坚定了工作室对青年教师的培养遵循从高位介入的原则，要由教学之道到教学之术，依次开展"教育价值观—学科思想—教育规律—教学策略—专业技巧"的学习和研讨。

教师成功的秘诀就是读书。但对于高中教师来说，由于教学任务重，常存在看教参和教辅材料多，读教育思想类图书少的现象，再加上一些生活琐事，让学习和反思常常落空。为帮助老师们克服学习的惰性，经过思考，我们决定采取"任务驱动"的方式，要求学员：每学期读一本教育专著，并在读书会上与大家分享；每月围绕一项专题开展研讨，达成成员间的"喔"效应；每周写一篇教学反思，在总结中成长。在开展"地理学科宣言"的研讨时，老师们为了能用最简洁响亮的语言表达出自己的想法，自觉地读书和学习课程标准,查阅了相关资料,并在交流群中热烈讨论。经过思维碰撞,最终形成了既反映教育思想、学科特点,又朗朗上口的学科宣言。读书研讨对老师们教育价值观和学科思想的形成起到了助推作用。以下为老师们思辨后达成的共识。

教师工作理念:"以生为本,知行合一",为学生的生命成长和全面发展助力。

地理学科宣言:"知地明理,慎思笃行"。该宣言要求学生学习地理知识,了解地理规律,发展地理思维,坚持不懈地探究,成为今日和未来世界活跃而又负责任的公民;要求教师储备丰富的学科知识,明白教书育人的道理,慎重地思索,明晰地辨析,坚持不懈地追求教书育人的理想境界。

工作室徽标中的"地球"突出工作室的学科特色——地理,经线、纬线和河南省轮廓图寓意为立足河南、胸怀全球;"底座"可视为展开的书卷、托起的双手、萌发的嫩芽、奋飞的双翅等,寓意在读书中修身养德、增长智慧,在行动中呵护生命、放飞梦想。徽标中的黄色代表中原,绿色表示希望、环保和可持续发展的观念。

(三)实践锤炼,增长智慧能力

教师的教育思想只有通过课堂才能够折射出来,教学中的实际问题只有通过教育实践研究才能够得到解决。我们通过开展"地理智慧课堂"和地理微课的读课研讨,使老师们明白教学设计要目标明确,教学策略要科学实用,教学效果要达到有效良好。读课,使老师们学会听课与评课,观察做到有主题、有目标,点评做到准确、细致、人性化。为深化课堂教学,落实学科核心素养,工作室开展了课题"高中地理研究性学习实施的研究"。在小课题的选题与研究实施中,教师紧扣校情、学情和学科特点,开展"杆影法测当地正午太阳高度及应用探究"等研究性学习活动,培养了学生们的创新意识、地理实践能力,使其树立正确的人地协调观。同时,这些活动也使老师们的专业品质、专业知识和专业能力得到了锤炼,课程意识和课题研究能力得到了提升。

工作室成立以来,成员有1项省级课题结项,6项市级课题结项并获一等奖;2人获得省级优质课一等奖,3人获得河南省乡村教师优质课大赛一等奖；有14人被评为市级骨干教师，有5人被评为省级骨干教师，有3人入选2016年"国培计划"——示范性培训项目。

取得成绩的老师对其他同伴起到了榜样和激励作用，大家积极参与省市交流活动和联片教研、送教下乡、结对帮扶等活动。2016年5月，工作室组织召开了市直学校高中地理教学研讨会；2016年6月，王秀梅、胡世义等老师参加了河南省综合实践活动成果展示交流，程黎老师作了题为《结合实例谈高中研究性学习的开展》的专题报告；2016年4月，彭宾、何小姣老师参加了第五届全国高中名校九学科教育教学改革研讨会，彭宾老师上了"工业的区位因素"和"中国的农业"两节示范课；2016年11月，程黎老师在全省特级教师论坛上，作了题为《基于学生核心素养下的教师专业发展》的专题发言，介绍了工作室建设和引领青年教师专业成长的经验；2016年11月，尹清选等3位老师到民权县送课下乡；2016年11月，程黎老师随河南省特级教师协会送教下乡，到洛阳市宜阳县作了题为《核心素养下的地理课堂教学》的专题报告。以上活动和讲座均受到与会专家和教师的好评。

（四）完善机制，实现持续发展

建立和完善各项运行机制是工作室开展工作的依据和保障。整体运行模式的建立是工作室高效运行的基础；内部运行机制的建立，是工作室整体高效运行的关键；考核评价机制的建立，是促进工作室可持续发展的保证。为此，我们根据教师的年龄、职称和需求，组建了骨干研习组和新秀提升组等梯队研修体系，使每个成员都习有所得，让短板补长、长板更长。

在管理规划机制上，我们建立了成员管理档案，制订了工作室发展计划和活动管理纪律，完善了评价机制，以实现对成员的动态管理和成员的自我调整与完善，促进团队的可持续发展。

我们还与高校合作，打造教育实践平台。作为项目实验学校，我们与华东师范大学合作，开展了国家级课题研究——地理学科育人价值的研究。全国中学地理教学专家委员会主任陈胜庆教授亲临学校指导项目实验，并代表华东师范大学授予商丘市回民中学"华东师范大学上海市地理教育教学研究基地实验学校"牌匾。我们与商丘师范学院合作，实施"博雅名师"

培养工程，主持人受聘为商丘师范学院外聘导师为本科生讲课，工作室成员每年指导师范生的教育实习，反馈效果良好。

在互联网时代，利用微信群、QQ群等网络平台，可以实现跨时空的问题研讨和资源共享。我们建立了5个微信群、1个QQ群，1个微信公众号和1个网站，用问题引领学习、讨论，催生新的教育思想，辐射教育成果。

二、知行合一，勠力前行

在知与行的路上，程黎名师工作室将继续探索工作室研修文化和教师专业成长的途径，将工作室建设成骨干教师成长的摇篮和名师的孵化器，以促进更多青年教师的专业成长。今后工作设想及目标如下：

（一）指导思想

发挥中原名师工作室对教师专业发展的指导、支持、提升和优化等功能，探索形成"名师带徒"式的培训模式，培育认定一批省级名师和省级骨干教师，助力全省教师队伍梯队攀升体系的建设。

（二）目标任务

每年从具备条件的骨干教师中，遴选5名省级名师培育对象、10名省级骨干教师培育对象到工作室进行为期一年的分模块、分阶段、递进式、实践型跟岗研修，通过提升师德、能力，使其尽快成长为省级教学名师和省级骨干教师，促进我省教育事业的发展。

（三）实施方案

1. 遴选办法

工作室通过初选和复选确定培养对象。

（1）初选：通过审查申报资格（申报表及证书复印件），确定候选人。

（2）复选：通过对申报教师的问卷调查和提交的教育教学材料（教学视频、教学设计、课题研究、原创试卷等）了解教师的教育教学水平、能力和发展需求，确定入选培养对象。

2. 研修内容

研修内容以教师师德水平和业务能力的提升为核心，主要包括政治素养与师德修养、教育思想与教育科学、学科知识与发展前沿、课程与课堂教学、教育教学研究等。

3. 研修形式

研修以任务驱动下的自主研修、集中研修和网络研修相结合的形式进行，突出个性化、过程化特点。

（1）自主研修。在"立德树人"总目标的指导下，要求各培育对象做好师德表率；在导师的引领下，培育对象要坚持日常基本功训练，做到"三读四板"（即读书、读课、读题和地理板书、板图、板画、白板）天天练。"读书"指读各类书籍。"读课"指反复研读视频课，并从教学目标、教材处理、教学思路、课堂结构、教学方法和手段、教师教学基本功和教学效果等方面进行分析评课。"读题"指试题研读，通过研读提升老师们试题命制能力和试题分析能力，流程是：工作室成员提供原创或改编试题，群内研讨，学生试做，教师总结、评析，通过公众号交流。研修中，成员每月要按时上交"三板"练习作业、白板作品（课件）、读书报告；每学期要交1篇教学反思、2篇读课报告、1套原创试卷和阶段性课题研究材料。"三读"丰富了老师们的理论修养和教科研能力；"四板"基本功训练，提升了老师们的教育教学能力。

（2）集中研修。每学期各安排一周左右的时间集中研修，开展主题鲜明的递进式集中研修活动。通过对培养对象个人专业发展规划的指导、现场诊断测评，如采用公开课、同课异构、基本功大赛、专题讲座、主题研讨、课题展示、读书分享等方式，着力帮助培养对象解决教育教学的突出问题，提升教育教学能力。

（3）网络研修。教师通过QQ群、微信群及时交流在教育教学中遇到的问题，定期开展视频互动专题研讨。

（四）保障措施

（1）政策和技术支撑主要有：河南省教育厅、商丘市教育体育局和教师所在学校的政策、资金支持，以及河南省中原名师培育工程项目办和浙江师范大学的培训和技术支撑。

（2）团队力量：工作室现有成员56人，成员年龄、职称结构合理，有共同的愿景和团结协作的精神，集体的智慧和合力为完成任务提供了有力保障。

（五）考核评价

1. 考核内容

（1）师德师风。有下列情形之一的，经证实且由教育部门批准，取消考核资格：①师德师风存在问题，有体罚、变相体罚学生，从事有偿家教，有损教师形象的。②单位年度考核不称职的；不能履行骨干教师、名师职责，未完成年度任务的。③不安心教育教学工作，未经组织批准外出应聘的。④工作严重失职，造成恶劣影响，受到党纪、政纪处分的。

（2）综合能力。按规定时间需上交以下材料：①个人规划，包括学年度个人发展计划及个人发展总结报告。②理论研修，包括集中研修报告、读书报告（每学年不少于2篇）、学术研讨工作报告或在学术刊物上发表1篇论文或撰写论文获市级一等奖及以上奖项。③实践研修，包括教学反思（每学年不少于2篇）、试卷命制及分析（每学年2套）、每学期至少上1次校级以上公开课并有相关佐证材料、听课记录（每学期不少于10篇）、实践研修工作报告。④示范引领：培训期内参与送教下乡至少1次，培训周期内指导1~2名青年教师获校级以上优质课或其他教育教学成果奖，或指导、培训青年教师工作每学期不少于10课时（需提供证书或学校"青蓝工程"材料佐证）。⑤课题研究，包括课题立项申报书和文献综述，课题中期报告，课题结题材料。⑥网络研修，包括实时上传的教育信息资源，分享的教育教学成果，担任网络专题讲座主持人至少1次。

2. 考核方法

量化积分与培训周期过程表现相结合。

量化考核方案（试用）

一、基本项目（共80分）

1.师德（共10分）。A等：按时上交个人发展计划及个人发展总结报告，本年度被评为校级以上师德标兵、优秀班主任等（10分）。B等：按时上交个人发展计划及个人发展总结报告，师德受到师生好评，无教学事故（8分）。

2. 读书反思（共25分）。完成读书计划1份可得5分，完成读书报告2份可得10分，完成教学反思2份可得10分。

3. 课题研究（共15分）。主持完成1项省级课题研究获优秀等级可得15分，参与该课题者可得10分；主持完成1项省级课题研究达合格等级的可得10分，参与该课题者得8分。

4. 论文及教学设计（共10分）。发表1篇学术论文或教学设计的可得10分，论文获市级一等奖及以上奖项或教学设计被收入工作室成果集者得8分。

5. 集中研修（共20分）。按时参加集中研修，培训结束按时交集中研修报告可得10分；在集中研修期间，开展公开课或讲座、参与基本功大赛、论坛分享等活动可得10分。

二、加分项目（共40分）

1. 参与1次网络互动研修，加5分。

2. 被工作室公众号录用1篇投稿，加5分。

3. 在培训期内参与1次送教下乡，加5分。

4. 在培训期内指导青年教师获市级以上优质课或其他教育教学成果奖1项，加5分。

5. 参与工作室安排的试卷命制及分析工作，每项工作加5分。

量化考核总分120分，80分为合格，100分以上为优秀。骨干教师再次申请工作室名师时，考核要达到优秀。

回眸知行之路，我们有欢歌和收获，也有汗水和困惑；展望知行路上，有领导的支持、专家的指导和团队的合作，我们一定能够收获教师和学生共同成长的幸福与快乐。

薪火传承成大道，砥砺创新育名师

漯河市高级中学　王海东

中原名师王海东高中语文工作室成立于 2014 年 5 月。主持人王海东为漯河市高级中学业务校长、享受国务院政府特殊津贴专家、全国五一劳动奖章获得者、特级教师、正高级教师，河南省教育教学专家、河南省首届教师教育专家、河南师范大学硕士研究生导师；主持国家级、省级、市级重要课题数十项，出版专著近 10 本，发表论文 30 多篇；提出"三维六元"卓越学习模式；多次受邀到北京、云南、四川、重庆、新疆、福建、广东、内蒙古等地讲学。

工作室的理念是：名师工作室是教师发展共同体。工作室有核心成员 14 人，普通成员 22 人，为漯河 10 余所城乡高中的语文骨干教师；工作室而后又在全省选拔了 14 名省级名师、省级骨干教师作为成员。

一、薪火相传，发挥点面效应，促进教师发展

（一）确立指导思想，塑造发展灵魂

"青蓝传承，点面效应；名师担纲，百师挈领"是中原名师王海东高中语文工作室的指导思想。

"一点方亮四面晖，一波才动万波随。名师光耀中天日，师道馥郁杏葳蕤。"王海东老师赋了这样一首诗来解释工作室的指导思想。一点光亮能让万物生光辉，一声鸡鸣能引起天下雄鸡的共鸣。名师的作用不只是发

光、照亮而后枯竭，而是点燃，发光，持续点燃，持续发光，进而群师光芒璀璨，光耀中天，让这光辉温暖和煦地照进每一个学生的心田。

"青蓝传承，点面效应"就是要发挥名师与工作室成员教师的青蓝传承作用；就是要发挥名师与工作室成员教师的以点带面效应；就是要结成两个对子，一是让名师与核心成员教师结成师生对子，二是让核心成员教师与普通成员教师结成互助对子，使得名师的教育理念得以从纵向和横向双向传承。

"名师担纲，百师挈领"就是要发挥名师的主导教育作用和众教师的共振教育作用。星星之火，可以燎原。但是"燎原"不能仅仅靠零星的火花，只有集众教师之力拾柴，才能点燃更高的教育火焰，只有让众教师一起划桨，才能开动中国教育这艘大船。

"青蓝传承，点面效应；名师担纲，百师挈领"，就是要依托一室，立足漯高（漯河市高级中学），点亮漯河，辐射全省，影响全国。

（二）探究培育模式，塑造发展体系

中原名师王海东高中语文工作室确立了"一二三复式立体培育"体系，即一个中心、两个区域、三层框架的复式立体培育体系。一个中心，就是以中原名师为教师培育体系中心；两个区域，就是校内和校外两个培育区域；三层框架，就是名师、核心成员教师、普通成员教师有机结合而构成的培育框架体系。

名师是构成一个优秀工作室的核心元素。名师的教育教学水平、思想境界、管理水平和研究方法，决定着工作室的发展水平、发展速度、发展高度和发展方向。

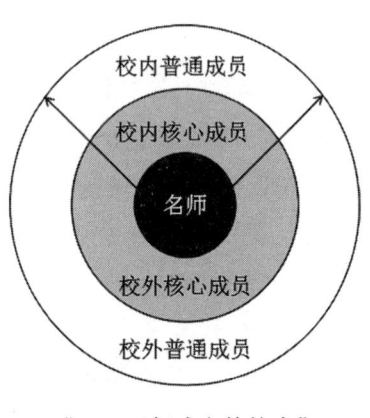

"一二三复式立体培育"体系示意图

"两个区域"是构成一个优秀工作室的空间要素。工作室含有校内和校外两个培育区域。校内培育区域为名师直属培育区域，在这个区域，主持人王海东对教师培养方案和课题研究可以做到随时开展、随时研讨、随时指导、随时调整、随时改进，这里是他躬身蹲守、随时关注的理论研究与实验的创新区域。校外培育区域为名师定点培育区域，在这个区域，主持人对教师培养方案和课题研究可以做到分散研究，博采众长，以重点培养教师，带动群体发展。这里也是工作室的理论研究与实验成果得以迅速推广和有效传播的拓展区域。

"三层框架"是构成一个优秀工作室的动力要素。名师培育是教师培育体系的第一层框架，是工作室教师培育的动力源，分为名师自我发展和名师培育两个有机部分。核心成员教师培育是教师培育体系的第二层框架，是工作室教师培育的动力传承要素，分为核心成员教师自我发展、名师对核心成员教师的培育和核心成员教师对普通成员教师的培育三个有机部分。普通成员教师培育是教师培育体系的第三层框架，是工作室教师培育的推动力，分为普通成员教师自我发展、名师对普通成员教师的培育和核心成员教师对普通成员教师的培育三个有机部分。

一个中心、两个区域、三层框架，相互交融，相互影响，相得益彰，形成一个复式立体的教师培育体系。

（三）加强管理保障，落实发展举措

1. 打造微型团队，突出内涵发展

要提升工作室的业务能力，就要加强教研，走内涵式发展道路。由于工作室成员遍布河南省各地市，组织经常性教研科研活动有一定难度。为了破解这一难题，在内涵式发展道路上走得更稳，工作室采用了打造微型教科研团队、低重心运行策略：工作室每一个核心成员教师为一个教科研细胞核，与两个或两个以上普通成员教师构成一个教科研细胞；三个及三个以上教科研细胞或一个县的教科研细胞，构成一个教科研细胞群；一个市的教科研细胞，构成一个微型教科研团队。这样，每一个教科研细胞、每一个教科研细胞群和每一个微型教科研团队，就内部而言，都能做到教科研工作的互帮互助；就外部而言，都能加强教科研工作的联系整合。在教科研过程中，分，可化整为零，进行小分队作战；合，可进行纵队整编，联合作战。灵活性和整体性相结合，促进教科研工作向纵向深度和横向广度发展，从而实现教科研工作的内涵式发展。

2. 强化工作实效，坚持"五课两会"

工作室多年来一直坚持"五课两会"制度。"五课"指普通成员教师的汇报课、过关课，核心成员教师的优质课、名师示范课及教研观摩课。"两会"指每个月月初的集体研讨会和每月中旬的理论学习会。"五课两会"将工作室成员的日常教学工作、教科研工作和理论学习工作有机整合，并使之制度化、规范化、常态化、长效化，以保障各项工作有序、有效、正常开展。

3. 注重内在修养，加强师德建设

教育事业，是以育人、树人为宗旨的特殊事业，育人当先育己，树人必先正身，学高才能做人师，德高方可为世范。工作室在进行师德师风建设过程中，以热爱学生、教书育人为核心，以"学高为师，德高为范"为准则，以强烈的责任意识和甘为人梯的奉献精神为动力，以"做人民满意的教师，办人民满意的教育"为不懈追求，做到了修德以立人，正风以立室。

（四）创新工作机制，突显发展特色

1. 实施"青蓝工程"，创新工作机制

为了加快青年教师成长的步伐，工作室大力实施"青蓝工程"，在教师中开展"结对帮教"活动，组织业务素质高、教学能力强的核心成员教师与普通成员教师、新加入成员教师签订师徒合同，以老带新，以老促新，以老推新，帮助普通成员教师和新加入成员教师尽快成长、尽快成才，"青出于蓝而胜于蓝"。

2. 举办"作文竞猜"，突显发展特色

为给考生提供有效的高考作文备考指导，提升工作室成员的教研水平，加强工作室成员的联系，扩大工作室影响力，工作室于2016年5月联合当地媒体和企业选拔了来自漯河市十几所高中的20位漯河市名师，举办了"2016最强作文竞猜"活动。在为期1个多月的投票中，共有178682人参与公众投票，476824人次访问活动页面，推送相关文章30多篇。由王海东老师为主任的专家评委会评出一、二、三等奖获奖者，魏松根老师最终获得了活动的第一名。

二、砥砺前行，推动共赢共进，打造豫派教育

（一）创新培养理念，开拓培养途径

工作室主持人王海东老师指出："要让名师名不虚传，要让骨干教师名副其实，要让普通教师实至名归。""我们把'三让三名'定为工作室的指导思想和理念，就是要让工作室的成员都能获得相应的发展资源和发展平台，既要全面发展，又要全体发展。中原名师王海东高中语文工作室要立足漯高，点亮漯河，辐射全省。"

为了落实这一培养理念，工作室施行了"自研、公研、复合研究青年教师培养体系"。这一体系又由"三级自研培养体系"和"三级公研培养体系"构成。三级自研培养体系包括名师自研培养项目、核心成员自研培养项目、普通成员自研培养项目三个部分。三级公研培养体系包括名师公研培养体、核心成员公研培养体、普通成员公研培养体三个部分。

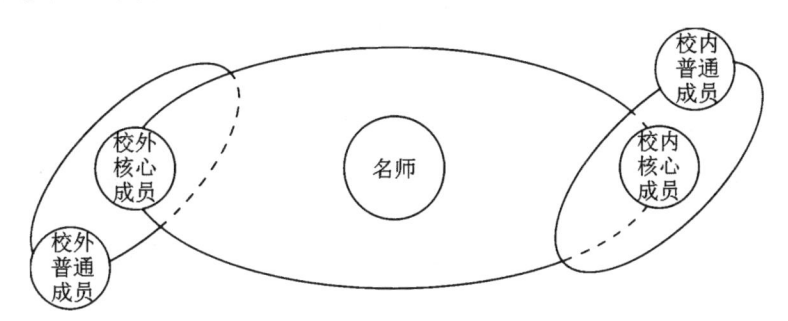

"自研、公研、复合研究青年教师培养体系"示意图

工作室的每一个成员教师都可以成为一个教科研与自我培养的个体。核心成员教师与两个或两个以上普通成员教师，构成一个普通成员公研培养体；多个普通成员公研培养体联合，构成核心成员公研培养体，而工作室主持人加上所有的核心成员公研培养体，就构成了名师公研培养体，从而形成"三级公研培养体系"。

如此，工作室成员的教科研工作和培养工作相结合，兼具灵活性和整体性，如同天体运行一般既有自转，又有公转，有条不紊地运行，从而切实做到让工作室不同成员都能根据自己的实际水平，获得相应的发展资源

和发展平台，既能全面发展，又能全体发展。

（二）笃定培养目标，提升培养效能

"让工作室不同层次的成员都能获得相应的发展资源和发展平台，人人愿发展，人人可发展，人人得发展，人人真发展，既要全面发展，又要全体发展。"这个培养目标，既注重工作室成员的个体发展效能，又注重工作室的整体发展效能。为了实现这一培养目标，提升教师培养效能，工作室从科研和教研两个方面双管齐下，理论和实践相结合，推动青年教师培养工作有效开展。

1. 开展课题研究，引领教师成长

先进的教育思想是教师的灵魂，也是教师成长的精神营养。为了提升工作室成员的成长速度，使其尽快成才、成名、成家，工作室积极引进先进的教学理论——全国教育科学"十二五"规划教育部规划课题"'少教多学'在中小学语文教学中的策略与方法研究"，并在此基础上整合升华，形成课题网络，以推进工作室成员教师教科研理念的革新。在此基础上，人人有课题，人人有科研。

2. 注重教学方法，推广"三维六元"

中原名师王海东高中语文工作室首创了"三维六元"卓越学习模式。这个学习模式的核心是卓越，关键词是问题导学、思维建构、个性发展，意在筑基问题导学，创建学本课堂，实现卓越发展。"三维"即过程、工具、课型。过程包括结构预习、对话探究、回归评价（即"导学案"，简称"一案"），工具包括问题生成评价单、问题解决评价单、问题拓展评价单（简称"三单"），课型包括问题发现生成课、问题展示解决课、问题拓展提升课（简称"三课"）。"六元"指学生学习过程中自学、合学、探学、展学、评学、拓学的六种元素。"三维六元"的推广与应用实现了由"教"的课堂向"学"的课堂转变；实现了学生由被动学习向主动展示学习、会自主合作探究学习的转变。

(三)科学规划设计,细化培养方案

1. 制定培养目标

工作室的培养目标是:以现代教育教学理论和教师培训理论为指导,以教育教学研究为引领,以课堂教学和班级管理为主线,以写作交流和推广为平台,以提升实践智慧、形成豫派教育教学思想和豫派教育教学风格为主要内容,以培养教师自主发展意识和能力为重要手段,以提高名师、骨干教师的专业素养为目标,培养出一定数量的在省内外有一定知名度的教师。

2. 细化培养方案

(1)针对工作室的教师的实际情况,设计培养方案,在理论学习、集体讨论的基础上,确立青年教师的培养内容,明确培养思路,成立培养团队。在名师及专家的指导下,完成培养方案的设计和论证。

(2)组建教师培养队伍,进行培养分工;确定主持人及主要教师培养人员;开展培养培训活动,实现培养的知识性目标、能力目标。

(3)开展专项培养活动,并分地域、分阶段对教师培养工作情况进行检查、评估,不断完善青年教师培养方案,改进培训工作。

3. 深化理论学习

为了深化青年教师理论学习,中原名师王海东高中语文工作室明确了以下 8 项理论学习内容:教育教学理论,现代教育理念;师德修养;教师专业成长;班主任工作;学科前沿知识,新课程改革的重点难点问题;教师心理健康的维护;教育科学研究方法;现代教育信息技术素养。

4. 创新培养形式

(1)自主研修。自主研修是参训教师提高专业素养的基本途径。参训教师明确个人发展任务,通过理论学习和教育教学实践,自主提高专业能力和水平。

(2)团队互助。将参加名师骨干教师培训的所有教师按年龄和年级分成不同的小组,设立名师论坛,就教育教学的热点和难点问题等,定期或不定期地开展团队研究和研讨活动,通过团队互助,进一步开阔参训教师的视野,提升专业水平。

(3)课题研究。课题研究能力是经验型教师与名师的重要区别。每名

参训教师针对自身教育教学实际，必须确定研究课题并以研究报告、案例、叙事、论文、著作等形式形成研究成果。鼓励参训教师著书立说。

（4）教育考察。分批次组织参训教师到教育发达地区进行教育考察，学习先进的教育经验及理念，考察后要撰写调查报告，进行座谈交流和网上交流。

（5）网络学习研究。开展网络学习交流，举办教育教学研讨会、研究成果交流会等，为参训教师交流专业思想搭建平台。参训教师要参与中原名师工作室网络资源建设。

（6）教学实践指导。参训教师不仅自身要具备创造性地进行教育教学实践的能力，还要在教学与科研、培养青年教师、校本研修、跨校服务和送教下乡等方面开展教学实践指导，发挥名师在本校和区域教育中的辐射带动作用。

（四）严格组织管理，加强制度保障

（1）加强领导。在省教育厅的领导下，由教师发展学校负责组织、协调和管理工作。工作室负责制定名师、骨干教师培训方案，负责检查监督培训工作。

（2）建立考核制度。工作室要建立参训教师培训档案，根据参训教师履行职责情况、计划完成情况和成长情况，每年组织专家进行一次综合考核，考核不合格的人员将被取消资格。

（3）建立考勤制度。参训教师要自觉遵守培训期间的各项纪律要求，服从工作室各项安排，妥善协调好工作与培训的时间，对无故缺席的参训教师，取消其参训资格。

（4）加强培训档案建设。参训教师在培训期间的相关表现记录、学习考勤情况、教学成果展示材料、科研论文与论著及考核材料等一并存入培训档案。

（五）健全评价机制，落实考核方案

1. 考核原则

工作室坚持青年教师培养考核三原则：

（1）目标性原则。以培训理念、培训目标及培训内容为考核的基本依据，通过考核，有效检验参训教师的目标达成情况。

（2）多层次原则。考核中采用定性与定量、单项和综合、平时和年终、他评及自评相结合的办法，客观公正地评价参训教师的参训状况和专业提高情况。

（3）过程性原则。注重过程考核，通过考核反馈，有效激励参训教师的专业发展愿景。

2. 考核内容

（1）师德修养。主要包括政治思想表现，遵守教师职业道德规范、遵守国家法律法规情况，治学态度与专业思想情况，敬业奉献精神，师德评议结果。

（2）专业知识。主要包括系统的学科专业知识，扎实的教育教学理论知识，广泛的自然科学、人文科学知识，较高的文化素养。

（3）教育教学实践。主要包括先进的教育教学思想和独特的教学风格，参与新课程改革实践情况，教学改革及课堂教学创新情况，承担公开课、研讨课或观摩课情况，班主任工作情况。

（4）教育科研。主要包括结合教育教学进行课题研究情况，承担区级以上科研项目及完成情况，科研成果及获奖情况。

（5）教育教学业绩。主要包括教育教学业绩，社会影响力，学生、同行评价，履行岗位职责、完成额定工作量情况，教学指导能力，独立开发校本课程资源及成果体现情况等。

（6）示范作用。主要包括教学科研示范作用发挥情况，指导培养青年教师情况，校本研修中的示范引领作用，跨校服务、送教下乡情况，开设学术讲座情况等。

3. 考核备案

工作室建立名师培训人员档案，内容包括名师培训人员的情况登记表、述职材料、考核评价结果、反映专业发展过程的有价值的资料等。

初中篇

乘风破浪会有时，直挂云帆济沧海

濮阳市第五中学 丁桃红

　　丁桃红，女，1967年生，中学高级教师，数学特级教师，河南师范大学特聘硕士生校外指导教师，国家、省、市级优质课教师。曾先后发表了34篇论文，并有6项科研课题成果得到推广。曾获省优秀教师、省教师教育专家等荣誉称号。著有书籍《教师培训十五讲——名师与你面对面》。现任濮阳市数学兼职教研员、濮阳市第五中学数学教师、教务处主任。

　　中原名师丁桃红初中数学工作室，于2014年8月由河南省教育厅挂牌成立。早在2009年12月，濮阳市成立了首批30个名师工作室，丁桃红初中数学工作室便是其中之一。工作室现有核心成员17名，遍布濮阳市城区各个学校。共有学员163名，遍布濮阳市五县两区以及各个乡镇学校。

　　丁桃红初中数学工作室是一个追求卓越、勇于进取的团队。这里有河南省最具智慧的班主任、省级名师、省优秀教师、市级名师；有省教育系统教学技能大赛一等奖获得者、省教学标兵、省教育厅学术技术带头人；有省、市级优质课获得者。这支团队蕴含的正能量，把工作室经营成了教师成长的园地、学员成长的精神家园、教学资源辐射的中心和教育科研的基地。

一、回首来时路，步步都扎实

从2009年成立市级名师工作室，到2014年中原名师工作室挂牌成立，再到如今，工作室已经走过了9个春秋，拥有了自己独立的工作运行机制，形成了自己独特的风格。

（一）指导思想

发挥中原名师工作室对教师专业发展的辐射、带动、指导和引领作用，探索"师徒结对、结伴成长"的培训模式，助力各级名师、各级骨干教师的成长之路，加快全省教师梯队的攀升。

（二）培育目标

通过分模块、分阶段、递进式、实践型的研修，使培育对象成为勇于攀登、善于攀登、智慧从教、传递正能量的典范。

依照"学习型、辐射型、合作型"的培育方向，在培育省级名师、骨干教师的过程中，努力将本工作室建设成教师成长的基地、名师展示的舞台、教学示范的窗口、科研兴教的引擎、教育改革的论坛，打造区域性教学合作团队，搭建促进省级名师、骨干教师专业成长，以及自我提升的发展平台，以期人人有目标、天天有追求。努力打造一支在全省乃至全国基础教育领域中有成就、有影响的高层次的教师团队，进一步推动全省基础教育向优质、均衡、科学发展。

（三）培育方式

由于培育对象都有自己的教学任务，且分布在各地，故工作室采取集中培训与分散实践相结合的方式比较合适。一年内集中培训一个月时间（每个学期半个月，上半年安排在4月份，下半年安排在10月份），其余时间采用网络交流的自主学习方式。具体为采取任务驱动、跟岗研修、网络交流相结合等方式。

1. 任务驱动

俗话说："井无压力不喷油，人无压力轻飘飘。"任务驱动可以激发人潜在的学习动力。为此，工作室拟定以下具体任务：

（1）定期定量读书。"学，然后知不足"，读书可以反思自身、沉淀内心、丰富精神、润泽职业。为此，每位培育对象一个月要阅读两本书籍，并要有相应的读书记录。

（2）培育对象要在工作中发挥示范引领作用。在一线教学中要勇挑重担、结对帮扶，起到带头示范的作用。"纸上得来终觉浅，绝知此事要躬行"，培养对象只有主动实践，才有真实体验，才能深入到教学工作的内部，以此发现问题、启动思考。久而久之，对提炼自己的教学思想大有裨益。

（3）搜集来自课堂的典型案例。"教，然后知困"，根植课堂的问题才是"真"问题，才有研究的必要，才是课题的本源。工作室成员都要成为有心人，活动中听其音、记其形、探其根、学其本。这样案例才能发挥其应有的价值。

（4）承担教师教育的相关任务。根据需要，承担起区域教师的培训任务，与一线教师互帮互学，共同进步。

（5）在团队协作中学有目标、行有方向。成员自加入工作室之日起，以已有的梯级称号为起点，拟定自己的成长目标，并力争在一年内有明显进步。

2. 跟岗研修

跟岗研修，即影子培训。通过集体备课、双向听课、说课评课、案例分析、课例开发、课题研究、专题讲座、读书沙龙等形式，促进学员成长发展。跟岗研修，计划集中一个月时间，培育对象离开自己的工作岗位，集中学习。工作室主持人需设计适合学员的课程，让学员学有所得。学员之间还要相互协作，结对互助，以期共同进步、共同提高。以下介绍几种研修形式：

（1）集中研修。集中研修的目的在于诊断测评自己的课堂教学，以及交流学习的教育教学心得。通过听评课的现场诊断、专题讲座、主题研讨、行动研究和成果展示等方式，确定主题鲜明的递进式系列研修活动，着力帮助学员解决在教育教学中遇到的突出问题，持续提升其教育教学能力。

（2）课题研究。课题研究重在结合自己刚刚结题的课题研究体会，指导培育对象有效地组建起自己的课题团队，着眼于区域教育发展和学校教学的重点难点问题，大力开展教育教学研究，定期组织教学研讨活动，卓有成效地解决工作中所遇到的实际难题。

（3）专题讲座引领学员做一线的培训者。借助河南师范大学、河南大学两个培训平台，把自己的工作感悟通过适当的方式向同行宣传，"放开手、张开嘴、迈开腿"，将已成形的想法交流出去，和志同道合者成为合作互动的学习共同体和发展共同体，以实际行动引领学员边实践边总结，做出成果，显出成效。

（4）加强教学资源库建设。工作室应发挥自身的资源优势，加强教学资源的设计和开发，利用网络平台建设网页，及时发布工作室的工作动态、活动安排和研究成果，并上传课例课件、教学反思、教学素材等课程资源，不断更新、充实、丰富教学资源库的内容，积极开展网络教研，实现成果推广和资源共享。

（5）研课磨课是围绕课堂教学打造精品课。研课环节着力开展课例研讨，进行对照反思，突出经验学习。磨课环节突出课堂教学问题解决，围绕教学目标、教学内容、教学方法与手段、教学评价等进行打磨，不断改进教学设计。同时，通过示范教学、同课异构、专题研讨等方式生成优质课、精品课。

（6）总结提升要开展研修成果展示，采取说课、上课、评课等方式展示教学改进成效，通过微课例、微案例、微故事等展示研修成果。要系统总结研修过程，梳理经验、反思问题、明确改进方向，生成具有代表性的成果，制定持续性个人发展规划。

影子培训重在观摩学习、对照反思、实践体验。通过切磋，将先进的、成功的经验和研究成果推广辐射到培育对象所在的地区、学校，助推教育教学改革，促进区域教师整体素质的提升，为区域基础教育质量提高做出贡献。

3. 网络交流

现代社会，网络是社交不可缺少的载体，借助网络人们可以顺畅地实现异地间的沟通交流。工作室应安排专人负责QQ群和微信群，以便及时交流心得、研讨教学中的疑难困惑、展示自己的教学成果等。同时还应构建微信公众号，及时发布工作信息，从而有效实现教学相长。

（四）已取得的成绩

工作室在目标管理上，实行一学期一小结，一年一大结，三年一总结的方式。把大目标分成若干个小目标。每学期结束后，大家都把自己一学期的成绩拿出来晒一晒，相互之间比对比对，纵向找自信，横向找差距。几年来，这样开诚布公地对比、交流、切磋，收到了良好的效果，比、学、赶、帮、超的工作氛围自然形成。细细梳理，工作室的工作在以下几个方面最见成效。

1. "五个抓紧抓好"瞄准学员提升"点"

一是抓紧抓好学员读书，二是抓紧抓好学员笔记，三是抓紧抓好学员的教学反思，四是抓紧抓好学员的登台历练，五是抓紧抓好学员的讨论交流。

2. "两大举措"形成学员提升"线"

"两大举措"是指工作室成员编写教学案和构建"知识典"这两项富有成效的实际工作。

编写教学案，是立足于解决课堂低效的问题。针对"教"与"学"常常两张皮的现象，为有效解决学生的共性问题，我们团队率先在借鉴江苏东庐中学经验的基础上，编撰出56万余字的教学案。

构建"知识典"，是立足于解决学生个性化的问题。"知识典"是一个网络学习平台。通过工作室100多人的共同努力，《初中数学知识典》于2010年编撰完成。

"两大举措"引领工作室成员业务水平提升，随着一个个挑战性难题的解决，工作室成员个个练就了一身硬本领，成了专业方面的精兵强将。

3. 搭建活动平台，形成辐射带动"面"

一是积极承担教师培训任务。每轮的初中数学教师继续教育地方课程培训任务均由本工作室承担，这项工作大大促进了工作室学员的教学相长。

二是为城乡学校的教学教研活动牵线搭桥。除了举办专题讲座和送教下乡，工作室还当上了"红娘"，为城乡学校教学交流牵线搭桥。

活动进行的过程中，我们在不断地思索，什么是真正的教育？目前教育层面存在的诸多问题,我们该采取什么方式解决?事实证明,希望与困难同在,机遇与挑战并存。我们始终相信,路虽远,行将必至;事虽难,做则必成。

二、展望未来道,培育更有效

(一)培育理念

对5名省级名师培育对象,树立"跳起来摘桃子"的理念,鼓励他们志存高远,努力奋进。以工作室成员抱团成长、相互学习为主,争取在一年的学习提升后,步入省级名师的行列。

对10名省级骨干教师培育对象,树立"压担子、搭台子、递梯子"的理念,通过任务驱动,实践历练,促进培育对象快速成长,朝省级名师的目标迈进。

(二)工作设想及方案设计

1. 理论学习方面

第一,全力打造学习型的工作团队,强化自主发展的意识。以个人自学为主,建立工作室集中学习、交流制度。每位参训成员结合各自的特长、理论素养、教学实际和主攻方向,选择研读"丁桃红名师工作室成员选读书目"中的推荐书目,每月精读篇目不少于2本,并且每周在群内分享摘抄、读书报告、心得体会,每月至少还要分享1篇不少于1000字的读书感悟。

第二,一年内,工作室参训成员结合学习进程,反复研读了《初中数学新课程标准》《义务教育数学课程标准(2011年版)》《义务教育数学课程标准(2011年版)解读》和《基础教育课程改革纲要解读》的有关内容,学习过程中,成员们经常搜集与新课程改革相关的课改信息,有计划地阅读教育教学类书籍和刊物上的有关文章。

2. 教育教学方面

第一,在每学期的集中培训期间,工作室都计划聘请本学科专家或名师开设至少一次的专题讲座,每位参训成员递交1篇不少于1000字的学习心得体会。

第二，确定工作室重点工作时，必须遵循"根植课堂，服务课堂"的基本原则。紧随课改步伐，落实课改理念，开展行动研究，提供课改案例，运用反思性教学和教育行动研究原理，以课堂教学中"同课题比较研究"为主要方法，采取"设计→实践→再设计"的研究步骤，针对同一节课，设计多种教学方案，采用同课异构、行为跟进等方式，针对教师的教育教学行为开展集体研讨、自我反思，逐步形成优秀案例，且每月要上交工作室不少于1篇，最终形成能再设计的教案集，为全省数学教师提供可直接借鉴的文本、电子文稿等，全面提升全省学生的数学素养。

第三，由工作室成员执教，采用集中和分散相结合的形式，向参训学员所在市内的教师开放课堂，发挥工作室的辐射指导作用，同时接受广大教师的监督。每学期开放1~3次，每次上2~3节公开课。形成一套讨论修改前后的课堂教学对照实录。本轮培育工作，计划把初中数学知识点录制成微课，每节课不超过20分钟，让学员在录课中加深知识理解，提升把握知识点的能力。

第四，工作室将根据课题研究的进程，在2016年已经立项的省级课题中期和结束时各举行一次研讨报告会，展示并推广工作室成员的研究成果，进一步提升学术氛围，吸引更多的教师积极投身到教育教学研究中来。

第五，在探索中整合一支队伍，努力建设一支创新型、研究型、学习型的教师队伍，培养各校数学教学的领军人物、带头人物。

第六，积极参加全国、省、市各级别相关的教育教学活动，利用各种机会给学员提供学习的机会，扩大名师工作室影响面。

3. 教研及课题研究方面

第一，在一年内工作室每位成员要选择有价值的数学研究课题，能在市级以上的活动中独立主持开展数学课题研究，形成自己的教育教学研究专长，并能在工作室研究范围的子领域有一定的研究深度，做出一定的研究成果。

第二，完成"数学课堂实施导师导学的研究"的前期准备，每个成员都要有各自研究的子课题，同时开展与此相关的"数学教学中的导师制"及"课堂教学中的导学方法"的研究。以工作室QQ群、微信群为平台，随时探讨研究过程中的问题，交流个人的研究情况。积极撰写教育教学研究论文。

第三，在一年内工作室成员要在项目研究中积累丰富的教育、教学经验，并不断总结和提升理论高度，写出具有一定理论价值和实践操作意义的论文。工作室成员每学期至少上交工作室1篇教育教学论文，字数不得少于1500字，然后择优在工作室微信公众平台上展示交流。学员每学年至少在省级以上报刊发表1篇教育教学论文。

第四，培育周期内争取在全国教育学术机构或核心期刊上发表1篇以上论文。

4. 学员管理和要求方面

第一，建立规范的工作室参训成员个人成长档案，全面记录学习和培养的过程情况。

第二，工作室严格考核活动期间的考勤情况，每次活动学员之间相互交流心得和体会均是考核的依据。集中学习期间，每位学员每学期参加活动的时间少于参加活动总时间的三分之二者，考核视为不合格。

第三，每位学员参加各级各类教育教学活动、竞赛等都要依托工作室的主攻方向，并积极做好宣传工作，以此扩大工作室的影响面。

第四，每位参训学员每学期须制订切实可行的学习计划，学期结束时开展阶段性学习反思活动，上交本学期的工作总结，进行一次自评和互评，接受工作室的综合考核。

（三）各种硬件保障及评价考核细则

在工作室原有活动保障的基础上，增添以下两项内容：

1. 图书及音像资料购置（根据实际，按需购置）

一是中学数学教育教学类书籍；二是数学教育教学类相关理论书籍和课件、教案等方面的参考书；三是中学数学类的光盘等资料；四是定时更新工作室的公众号，维护好QQ群、微信群。

2. 评价与考核细则

为使培育工作更加高效显著，工作室在培育周期内，从以下三个方面对学员进行积分考核：

（1）优质课类。①参加一节市级优质课记2分，参加一节省级优质课记 4 分，参加一节国家级优质课记 6 分。各级公开课、示范课积分减半。②工作室安排的录像课，录制合格一节记 1 分。

（2）论文、专著类。①在 CN 学术刊物上发表一篇论文记 2 分，在核心学术期刊上发表一篇论文记 4 分。②省级以上交流论文记分减半。③出版一本专著记 5 分。④在微信公众号上发表一篇文章记 1 分。

（3）常规活动类。按时参加工作室举行的活动，参加一次记 1 分，活动时请假一次扣 2 分，既不参加活动又不请假一次扣 3 分。连续两次不参加活动视为自动退出。

（四）预期成效

1. 注册工作室公众号，构建 QQ 群、微信群

激励促进工作室成员开展行动研究，加强工作室成员之间的联系，提高工作室的知名度和辐射效应。通过研究，结交一批志同道合的学科教学骨干分子。通过微信群、QQ 群对教育教学进行认真的反思，形成一本在研究过程中撰写的教学反思集。

2. 几个具体指标

通过一年的培育，省级名师培育对象能独立开设专题讲座，省级骨干教师培育对象能在教师培训的舞台上独立上示范课、公开课，在教学工作中真正地起到带头作用。

3. 结集出版《一支粉笔上课》一书

《一支粉笔上课》是为了满足当前在职教师职称评定、随机性业务交流和刚毕业大学生的招教需求而编制的。书中以每个知识点的教学设计为主，以为什么这么设计为补充，引领教师快速走进专业学习的氛围。这本书一经面世，就受到了一线教师的青睐。

绽放自己，美丽他人
——中原名师工作室是教师成长的摇篮

济源市济水一中　孔冬青

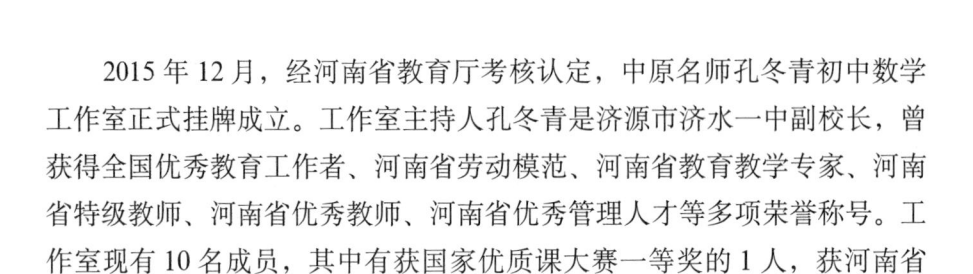

2015年12月，经河南省教育厅考核认定，中原名师孔冬青初中数学工作室正式挂牌成立。工作室主持人孔冬青是济源市济水一中副校长，曾获得全国优秀教育工作者、河南省劳动模范、河南省教育教学专家、河南省特级教师、河南省优秀教师、河南省优秀管理人才等多项荣誉称号。工作室现有10名成员，其中有获国家优质课大赛一等奖的1人，获河南省优质课大赛一等奖的6人。

孔冬青初中数学工作室以培养青年教师，成就更多市级名师、省级名师为使命，立足教学实践，搭建广泛的交流平台，促进教师的专业发展。工作室以教师专业发展的指导、支持、提升和优化为己任，以培养青年教师，成就更多市级名师、省级名师为目标，努力让工作室成为名师成长的摇篮。

一、名师引领实践创新，携手进取抱团发展

按照建设"学习型、辐射型、合作型"名师工作室的要求，工作室以提高教师的专业化发展和教学科研能力为主要目标；通过实践反思、同伴互助、专家引领的行动研究，提升工作室全体成员的实践智慧，为初中数学教育教学的工作贡献力量。

（一）指导思想和发展理念

工作室立足数学学科特点，秉承求实、探索、创新的工作理念，以网络、课堂、课题为依托，以团队协作为研究方式，本着"名师引领、同伴互助、教研结合、创新发展"的原则，打造区域性教学合作团队，搭建促进中青年教师专业成长的发展平台。

（二）培育目标和阶段任务

工作室以成员师德水平和业务能力的提升为核心，以提升工作室成员的课堂教学能力、教学评价能力、教育科研能力、课程资源开发与利用能力、校本研修能力、学术交流能力和管理能力为目标，通过培训研修，促进工作室成员的专业发展。

培育目标：培养师德师能俱优的"五能"教师，即"能学习，能上课，能研究，能写作，能讲座"。

具体培育内容：师德培训和五种专业能力培训。

师德培训：工作室主持人以身示范，榜样引领，让工作室成员能够在潜移默化中学思想、学做人、学本领，在实现专业能力的同时修师德、养师能、铸师魂，如此其心灵才能得以净化，精神境界才能得以提升。

五种专业能力培训是指：

学的能力。表现为成员拥有良好的阅读习惯和善于学习同伴的经验，能够进行案例剖析，并且能够不断反思自己的教育教学心得体会，及时改进完善。

教的能力。表现为成员具有精湛的教学艺术，具备学科课程建设能力，能够整合教材、开发教材。还表现为成员能引领青年教师的成长，能教给徒弟课堂教学改革的方法。

研的能力。表现为成员能够用研究者的眼光看待教育教学的问题，善于把教育教学中的困惑、问题用课题的方式去研究解决。

写的能力。表现为成员能够把平时教育教学中的故事叙述出来，并把自己的所思所想记录下来，及时梳理，完善总结。

讲的能力。表现为成员要能够不断梳理自己的教育教学经验，形成自己的教育教学思想，并能够总结传播，在促进自己专业发展的同时，辐射引领更多青年教师的专业成长。

（三）培育模式和具体措施

在平时的工作中，我们将理论熏陶与实践磨砺融为一体，以工作室的发展目标为统领，聚焦教育教学热点和疑难问题；以示范引领为导向，促进各位学员在名师的引领下健康发展；以任务驱动为手段，引导各位学员在解决问题的过程中实现自我突破。

1. 名师工作室建设的纲——机制保障

工作室的建设一定要有规范严格的管理制度，要有科学有效的工作机制。工作室基本的工作机制为规划机制、管理机制、评价机制。

规划机制：明确的目标是成功的起点，科学的规划是成长的保障。工作室首先制定了三年发展规划和年度工作计划，做到人人有目标，年年有方案。通过制定规划达成共同愿景，明确发展目标和努力方向，促进成员的专业化成长。围绕工作室成员的专业发展确立工作目标，明确工作任务，制定工作措施，安排工作进度。根据工作室成员的个性、特点，量身定制研修方案和研修计划。

管理机制：有规范严格的管理制度做保障，才能保证规划的落实，保证工作的质量。在制定工作室的工作目标和发展规划时，要对任务和责任做分工，建立起工作室的规章制度，包括学习制度、研讨制度、交流制度、课题管理制度、考勤制度、经费制度、奖惩制度、档案管理制度等，严格考核，注重落实，并要做好相关记录。

评价机制：以评价促发展。注重过程性评价，能让学员在评价的过程中及时解决问题，不断改进提高。评价方法采用量化积分法，一看过程性材料和任务完成的情况，二看活动中的表现，三看在专业发展中取得的成绩。每学期有小结，有过程性评价。每一年有总结，还有阶段性评价。

2. 名师工作室立足的根——活动载体

（1）培训学习，开阔视野碰撞思想。工作室每学期都要争取机会让工作室成员参加各级、各类的培训。工作室主持人要广泛搜集信息，利用中原名师的优势，与其他中原名师工作室联合，互通有无，积极参与其他名师工作室的一些培训活动。这样不仅给工作室成员提供了更多的培训途径，而且让工作室成员走出去，学习到别人的研究经验，能够激发研修成员以提高自己为己任，以能引领青年教师的发展为己任，增强了工作室成员专业发展的内动力。

工作室主持人要引领工作室成员的专业成长，应该具备更高的专业素养。因此，主持人也应积极主动参与各种培训，不仅用心学习，还要在教学实践中感悟内化培训内容，整理思路，以更好的状态来培训工作室成员。这样，培训更接地气，更切合工作室成员的实际需求，更能走进工作室成员的心灵深处。

工作室还应根据需要邀请专家或本地的市教研员给工作室成员开展专题讲座。通过走出去和请进来的培训方式，让工作室成员的教育教学理念不断更新，了解教育教学的改革前沿知识，从而开阔成员的视野，提高其理论水平。

（2）读书交流，内涵积淀固本厚基。"欲要教书好，先做读书人"。工作室订购了《中学数学教学参考》《初中数学教与学》《数学大世界》《数学教学通讯》《中学数学杂志》《中学数学教育》等数学教育杂志，丰富了成员的专业知识，还订购了《人民教育》《教育论坛》《中小学教师》等10余份杂志开阔大家的视野。工作室还购进了大量图书，满足成员专业学习和理论学习的需求。每学期工作室均为成员推荐阅读书目，并且每月开展一次阅读交流活动，使成员从中交流读书体会，每一学期成员都要撰写两篇读书报告。通过读—说—写，工作室成员把读书落到了实处，逐渐成为其生活的常态。

（3）成长档案，足迹清晰发展有痕。工作室成员每年度都要整理自己的专业成长档案，清晰地记录其成长的足迹。工作室所有成员的个人专业成长档案要统一模板，且个性鲜明、设计精美、内容翔实。档案中要有对自身的现状分析，有对自己成长的详细规划，有自己的读书感悟，有自己的研修心得，有教育叙事，有交流报告文稿，等等。工作室每年整理一本专业成长记录，让大家真切地感受到成长的幸福。

（4）课例研讨，研磨课堂激发智慧。"教"是教师专业发展之本，课例研讨是工作室研修活动的重要形式。主要有示范课、同课异构、主题研修课。

工作室主持人每学期都要在全校做示范课，通过引领让学员感悟到教学的魅力，感悟到对课堂的敬畏，感悟到对生命的尊重。每学期工作室都要至少安排4位教师进行送课下乡活动，还要到山区或教学薄弱的乡镇学校进行现场作课、交流，足迹踏遍了济源市的各个乡镇。不仅如此，工作室成员还走出济源，发挥了更大的影响力。牛利民老师参加了在河南安阳举行的全国第二届班主任创新管理论坛，并作了典型发言；2015年4月在全国名校教育联盟"走进贵州，走进息烽"的大型公益支教活动中，黄海平老师的教学课获数学组一等奖，受到与会专家和老师的一致好评……

工作室主持人还坚持和工作室成员进行同课异构，勇敢地剖析自己课堂的不足，准确地为学员的课堂把脉，给他们提出了合理化的建议。每次活动后，主持人和学员一起写活动反思，并交流心得，通过再思考、再创造，进行课堂重构。同时，成员之间进行一次同课异构活动，课题自定。在这项活动中，不同的教学设计思路，不同的教学方法，进行了零距离的碰撞与对比，在研讨交流中，实现了共同进步。

工作室坚持理论与实践相结合的主题教研校本研修特色，引导学员梳理平时课堂教学中和课题研究中的热点、难点问题，每学期定好两个研修主题，首先成员围绕教研主题查阅相关资料、文献，结合自己的教学实践，梳理自己的思路，形成自己的观点，然后一起研讨交流，并写出个人的反思、感悟。最后围绕研修主题进行深层次的课堂教学实践研讨，并选出代表上课，大家观课后针对已经达成的理论共识结合课例研课，并再次进行深层次思考。工作室通过这种校本教研的方式，通过有特色的课堂再造研修活动，让各个成员围绕一个课型和一个专题做深层研究，逐渐把握每种课型的最优教学策略，使研修成员的教学技艺日渐精湛。

（5）课题研究，问题解决聚焦成长。教育科研是教师专业发展的必由之路，是把思考和实践融合在一起的有效载体。

工作室树立课题的意识，对成员进行了规范的课题研究的专题培训，还梳理教育教学中有价值的问题，引领工作室成员一起研究。大家通过课题研究不仅解决了教育教学中的热点问题，很好地服务于教育教学，而且能够在尽量大的范围内推广研究成果，为教育同行提供有益的帮助。更重要的是，在课题研究的过程中，成员不断学习，积累经验，丰富自己，实现了专业化成长。

3. 名师工作室发展的魂——作用发挥

（1）建立网站，搭建更广阔的教研平台。为了让工作室在促进教师专业成长方面的作用发挥到最大，我们建立了工作室网站，专人管理，并制定了上传任务，每位成员要上传自己的教学案例、读书感悟、优秀教学设计、教育反思等资源，要发表对网上资源的学习评论。每次集中研修要在网站上发布活动方案和活动过程的图片，以及活动总结报告等，力争把网站建成工作室温馨、智慧的小家，让更多教师了解工作室的活动、学习工作室成员上传的资源，从而加强教师之间的学习与交流。

（2）学术研讨，带动区域教师专业成长。工作室每学期都会开展一次区域学术研讨活动。针对教学中的热点问题，工作室成员展示课例，作学术报告，在更大范围内进行研讨交流，从活动中得到磨砺，引领同学科教师进行问题研究、学术思考，实现专业化成长。

（3）帮扶徒弟，培养青年教师实现教学相长。为了让工作室成员在活动中磨砺自己，获得成长，工作室特开展师带徒活动，通过开展丰富多彩的活动，培养青年教师，实现教学相长。

工作室制定了青年教师培养方案，不仅让每一个年轻教师在本组里找到一个师傅，对师徒结对帮扶制定了详细的措施，还针对教师的基本功分成若干个专项，每一项都有导师团，对青年教师进行培训。工作室的成员，不仅人人有徒弟，而且他们都还是导师团成员。在"师徒结对"活动实施中，师傅不仅和徒弟进行互相听课，还要对徒弟进行业务指导，对他们的班级管理、课题研究进行培训。

现有的工作室成员中，有4个人被聘为济源市青年教师培训导师，承担全市初中数学青年教师的培训任务，每个月都要和青年教师进行同课异构、课例剖析，以及进行专题引领。

工作室的成员在培养青年教师的过程中，充分展示了自己的水平，丰富了自己的理论素养和专业水平。经过锻炼，他们可以有针对性地指导徒弟的课堂教学，能解答徒弟提出的问题，能作专题报告，在帮助青年教师的过程中也提升了自己。

二、依托项目精心安排，培育名师绽放精彩

（一）培育目标

通过组织具备条件的省级名师、骨干教师到工作室进行为期一年的学

习研修，探索形成了"名师带徒"式的培训模式；通过培育，省级骨干教师和省级名师培育对象的师德水平和专业能力有了明显提高，达到了省教育厅对省级名师和骨干教师的素质要求；通过培育，工作室成员在磨砺中不断成长，能够梳理教学思想，形成自己的教学风格，使其具备示范引领和培训教师的能力，更使其能够突破专业发展的瓶颈，提升专业发展的层次。

（二）培育方案

1. 制订计划保障实施

工作室应制订名师工作室的年度工作计划，以及省级名师骨干教师的培育方案。学员名单公布后，做到及时发布通知，下发任务单。组织学员学习培育方案，明确发展方向，清楚一年内的研修任务，围绕读书、上课、反思、课题研究、写作等五个方面制订个人一年内的发展计划，并整理专业成长档案，记录其成长足迹。

每个学员每学期完成1本共读书目，每年还要完成1本自读书目。每学期要完成4篇读书笔记或读书心得，每学期完成1篇读书报告，每双周的周四晚上参加1次集体网络教研，每年发表1篇论文，每人每学期上1节公开课或进行1次同课异构，每月要向工作室网站上传1篇自己的教学设计，每人要参与1项课题研究。

2. 理论学习提升素养

任何人要实现专业成长，就必须学会阅读，养成阅读的习惯，这样才能有积淀，有丰厚的文化底蕴，才能站到更高的角度去思考我们的教育教学，才能提升工作室成员的理论水平和专业素养，以此开阔视野、增长见识、提高涵养。

每学期工作室为学员规定共读书目，一月一次读书集中交流活动，检查学员阅读的旁批情况。学员通过交流分享读书心得、感悟教育理念、体会教育思想。学员在网站上上传不少于1500字的阅读感悟，每学期完成1篇不少于5000字的读书报告，期末进行考核。

3. 教研平台广泛交流

每学期集中活动4次，其余时间分散研修，为确保平时的研修质量，工作室要利用工作室网站、微信群、QQ群等平台进行网络教研。微信群随时上传教学实践活动。QQ 群主要用来上传教学视频、课堂教学实录等，每双周在规定时间进行集体网络教研，要有签到、有发言，由专人负责进行活动整理，写出总结报告，在原有工作室网站的基础上，进一步对网络教研进行功能优化。

4. 跟岗学习开阔视野

学员集中培训 4 天时间，其中 1 天时间进行读书交流、专题讲座、课题研究专题培训等。跟岗学习 3 天时间，在跟岗期间，每位学员要进行 1 次同课异构，主持 1 次校本研修，写 1 篇跟岗学习总结报告。

5. 分散研修实践磨砺

学员在自己的工作岗位上，要做到思想引领、行动引领，不仅要带青年教师，还要为本校教师上示范课，主持学术研讨活动，并能进行总结，要能指导徒弟上 1 节公开课，并进行点评指导。围绕工作室研修主题，在学习、实践中积累经验，梳理自己的观点，形成自己的研究报告，集中研修时的展示成果，和工作室成员交流碰撞，以期与其达成共识。

6. 课题研究能力提升

工作室成员要人人参与课题研究工作。以工作室开展的课题研究"初中数学'综合与实践'的资源开发与实践研究"为切入点，让学员学习课题研究方案，尽快加入该课题研究工作，对学员进行课题研究的专题培训，对他们原有的课题要做规范的指导。

7. 论文写作升华思想

工作室成员要养成写教育教学反思、教育教学感悟和教育教学叙事的习惯，每月要完成一篇教育教学感悟或教育叙事，以研究者的眼光看待教育教学中遇到的问题，用科学的理论指导教育教学。结合思考，一年内至少要发表一篇有价值的教育教学论文。

（三）考核评价

2017 年 12 月份对学员的培训情况进行了客观公正的考核。从理论学习、跟岗实践、分散研修、课题研究、教学反思、论文写作等六个方面进行了评价，从任务完成、个人成果展示及答辩三个维度对学员进行了综合打分，依照考核情况确定了省级名师和骨干教师。

示范引领，一路同行

长垣市第一初级中学　李慧香

中原名师李慧香初中语文工作室成立于 2014 年 4 月。工作室特聘河南师范大学文学院教授耿红卫为专家指导教师，河南省作家协会会员王全周及长垣市第一初级中学副校长李守宏为工作室顾问。目前工作室共有研修员 39 名，其中全国模范教师 1 名，省级名师 1 名，省级骨干教师 4 名。研修员都是经严格选拔产生的，并组成了区域性骨干教学团队。主持人李慧香多年来始终坚守语文课堂，致力于校本小课题问题研究，曾获全国优秀教师、全国优秀班主任、全国百佳语文教师等称号。工作室成立以来，旨在指导和培养德才兼备的青年教师，不断发挥自身的示范引领作用，努力将工作室建设成教师培养的基地、名师展示的舞台、教学示范的窗口、科研兴教的引擎和教育改革的论坛，以及打造成为区域性教学合作团队。

一、任务驱动，落实"四个一"

（一）指导思想与发展理念

秉承"培养未来社会领军人物"的教育发展理念，工作室充分发挥示范引领作用，带动研修员以丰富的学识、高尚的师德、脚踏实地的态度、坚持不懈的精神扎实开展工作，努力建设德高、博学、慎思、明辨、笃行的教师团队，真正做到"知行合一"，实现共同发展。

（二）培育模式与具体措施

1. 培育模式多元化

（1）自主学习与专家引领相结合。以自主学习为常态，以高校专家为导师。在导师的引领下，明确研修员的发展目标、坚定研修员的发展方向。

（2）理论学习与实践操作相结合。工作室为研修员提供教育教学方面的相关书籍，要求研修员坚持读书学习并做好读书笔记，能够把学习到的理论知识应用于实践操作。

（3）教育教学与课题研究相结合。教而不研则浅，工作室要求每位研修员针对自己的薄弱之处确立相应的研究课题，在科研实践中提升教师的探索能力。

（4）个人发展与团队合作相结合。在工作室主持人的带领下，研修员之间积极互动交流，互通有无，取长补短，为工作室的长期发展奠定坚实的基础。

（5）自我反思与改进提升相结合。通过自我反思及时进行梳理，把实践和感性的东西上升到理性和理论的高度，促使教师专业成长完成质的飞跃。

2. 推进措施常态化

工作室自成立之日起，主持人和全体研修员慎思笃行，坚定执着，立足学科、学校及研修员的实际，制定工作室与个人发展的详尽规划。采取任务驱动式多元化培育模式，开展具体的"四个一"研修活动，提升教师的专业素养，力争培养一批有思想、有底蕴的学科领军人物。

（1）做一个阅读者，厚实功底。现代社会所需要的高素质教师必然具有斐然的教学成果、出色的教学表现和与之相吻合的知识结构。阅读是一种本源性研修方式，是完善教师知识结构的一个重要途径。为此，工作室坚持开展有梯度的阅读活动。读文学作品，增加底蕴；读人物传记，明确目标；读哲学经典，涵养心灵；读专业书籍，加速成长。工作室每位研修员每学期要认真阅读一本教育教学类书籍，撰写一本读书笔记。近几年来，工作室组织大家阅读了《陶行知文集》《听王荣生教授评课》《如是解读作品》等教育教学类书籍。

定期举行的读书沙龙与读书笔记展览等活动，让工作室研修员爱上阅读,坚持阅读,厚积薄发。读书已经成为每一位工作室研修员生活的常态,也成为工作室生活中一道亮丽的风景。

(2)做一个实践者,勤修内功。课堂教学想要真正打磨成型,需要长期历练,需要个人不断地学习、思考、实践,更需要发挥团队合作的优势,不厌其烦地研课、磨课、集思广益,凝聚智慧。

①集体早教研,集思广益,凝聚智慧。每天的早教研活动,以备课组为单位,先由参与早教研的学生代表汇报学情,再由作课教师陈述自己的教学设计,其他教师进行补充、完善。最后任课教师与自己班的学生代表进行交流,设计出科学、合理、实用、有效的教学流程与教学方案,真正做到"以学定教",切实提高教师的教科研能力。

工作室坚持集体磨课,组织各级各类优质课、观摩课、示范课,以及送教下乡、同课异构等活动,群策群力,竭尽全力打造精品课。每一节公开课不仅是作课教师的精心设计,更是工作室全体成员辛勤的汗水和智慧的结晶。

青年教师翟敏多次与名校教师同课异构,在周口、郑州、上海等地上研讨课,主题设计明晰,教学机智灵活,学生踊跃参与,课堂生动活泼,令听课教师赞不绝口。教坛新秀田珂、汪平霞老师的课堂还曾得到《教育时报》《中国教师报》记者的交口称赞。

②及时听评课,进行自我反思。工作室主持人经常深入研修员的课堂,对他们的课堂教学进行研究,寻找其中存在的问题,研讨教法和学法的改进办法,进行实实在在的实践探索。

工作室主持人要求研修员听课时要详细记录,评课时要恰当中肯,不藏私、不露怯,从细节观察、教学思考、教学资源、新型创意四个方面进行点评,做到有理有据。评课者要认真负责,以他人的课为参照物认识自己的优缺点;讲课者要思考反省,通过他人的建议发现自己在教学中的实际问题,从而不断更新教学观念,改善教学行为,提升教学水平,促进专业发展。

③举办"青蓝工程"活动,起辐射引领作用。为了让青年教师快速成长,我校坚持举办"青蓝工程"师带徒活动。工作室成员人人肩负带徒的责任,负责指导教龄3年以下的青年教师快速成长。借助活动,师傅指导徒弟写

教案，跟踪听课。每周师傅听徒弟 2 节课，徒弟听师傅 4 节课，听课后师傅总结指导性建议，徒弟写出课堂反思录。徒弟在师傅的指导下修改教案，打磨课堂，直至过关。学校每学期根据制定的"师带徒"标准与教绩，评选出优秀师徒，为大家树立学习的榜样。

此外，学校还通过形式多样的捆绑式赛课助推青年教师成长。校级名师上观摩课，骨干教师上交流课，新进教师上汇报课、过关课，各组通过抽签参加学校赛课。工作室每学期对青年教师的过关课都严格把关，青年教师在一次次打磨中得到提升，田珂、周迎梅、耿淑、高艺等人纷纷成为学校发展的中坚力量。田珂与朱彩玲在全县教师技能大赛中，分别荣获2015 年度和 2016 年度全县第一名。2015 年 8 月，周迎梅与高艺、田珂与郑书华均被评为优秀师徒。2017 年，翟敏荣获河南省第八届最具成长力教师称号，汪平霞荣获"一师一优课"省级一等奖。学校教师在赛课磨课中苦练基本功，在师带徒活动中提升凝聚力，在不懈追求中逐渐实现发展目标，使学校走向良性循环的发展之路。

④送教下乡，共享优质资源。为了真正实现优质教育资源共享，工作室坚持每学期组织送教下乡活动，范围涵盖荥阳、濮阳、林州、鹿邑、延津等市县，方里、武邱、佘家、孟岗、芦岗、赵堤等偏远乡镇。每次活动都要选工作室里最优秀的研修员执教，从教学设计、课件制作、评课研讨、专题讲座等几个方面严格把关，用一节节让大家满意的课，发挥工作室骨干教师的示范引领作用。

送教下乡活动的开展，不仅使校际间的友好合作往来更为密切，还为加强教师之间、学科之间、学段之间的教研交流、信息传递、资源共享和专业发展搭建了宽广坚实的平台。

(3) 做一个研究者，向下扎根。提高教学水平，让学生受益；提高教研能力，让同事受益；提炼教学思想，让同行受益。工作室研修员将全部精力、心思与智慧投入工作和研究中，认真钻研，精益求精，以质取胜。

工作室以"开展校本教研，提高课堂教学技能"为目标，促使研修员在教学实践中随时随地开展行动研究，将课堂变为实施课题研究的主阵地。同时促使研修员重视教学中发现的真问题、真困惑，并将这些问题转化为课题。研究备课、研究学情、研究课程、研究课堂、研究教后反思，融研究与教学为一体，只有这样，研修员们才能做属于自己的课程，做真正的问题研究。例如，在省级课题"群文阅读课堂教学实际操作的策略研究"中整合教材，编写导学案，提高了学生的阅读兴趣与效率；提出省级课题"学生参与校本早教研的策略研究"，因其"早""小""新"，易于操作，普适性强，解决了教学中的实际问题，促进了教师的专业发展。

（4）做一个写作者，向上开花。读书与写作，是教师成长的双翼，而写作又是实践和思考的结晶。研修员要对每堂课的得失及时进行记录，对教材有新的见解要及时写成教学心得，能够捕捉教育细节写成教育随笔，日积月累，聚沙成塔。

根据研究目标，结合研究中遇到的问题和具体的教学课例，研修员每学期都要编辑两本课题研究成果文集：《校本早教研实录集》《群文阅读课堂得失录》。

工作室不断发挥示范、引领、带动和辐射作用。由以前的听评课、读书交流、专题讲座等常规活动形式，发展为现在的名师校际间的联谊活动——中原名师工作室联盟。定期组织研讨交流活动，给工作室研修员提供了更宝贵的学习机会和更广阔的交流平台。

此外，工作室利用博客、工作室QQ群、微信公众号等发布研修主题，交流心得体会，分享教育教学成果，促使教师不断成长。通过线上名师工作室，搭建了一条无形的通道，更好地发挥了工作室的影响力与辐射力，助推一线教师的成长和发展。

二、跟岗研修，做好"四件事"

为了发挥工作室的示范、引领、带动和辐射作用，优化省级名师、省级骨干教师的成就路径，助力全省教师队伍梯队攀升体系的建设，工作室的设想如下：

（一）制定规划，明确目标任务

根据河南省教育厅对中原名师工作室功能和职责的要求，工作室采取任务驱动、跟岗研修、返岗实践的培育模式，通过集中研修、课题研究、影子教师、研课磨课、总结提升等环节,激励培育对象日常反思改进、自主发展,促进培育对象实现研究中原名师成长路径、制定教师专业发展规划、加速教师专业成长的层级进阶。

根据工作室及主持人的研究专长,结合省级名师、省级骨干教师培育对象的个人成长经历,指导他们写出具体的个人发展规划:做一个阅读者,厚实功底;做一个实践者,勤修内功;做一个研究者,向下扎根;做一个写作者,向上开花。

通过工作室的努力培育,省级名师、省级骨干教师在职业道德、专业知识与学术水平上,以及教学能力与科研能力等方面的综合素质有了较为显著的提高,成为理念站位高、教育教学水平高,具有创新能力的省级名师、省级骨干教师。

(二)集中研修,解决实际问题

通过采取现场诊断、专题讲座、主题研讨、行动研究和成果展示等方式,定期开展主题鲜明的递进式系列研修活动,着力帮助培育对象解决教育教学中的突出问题,使其持续提升教育教学能力。

1. 跟岗研修

培育对象每个学期至少到工作室集中跟岗研修一周时间,参与长垣一中初中部的校本早教研活动与大教研活动,参与工作室组织的同课异构活动、读书交流活动。跟岗研修期间,通过影子教师培训,研课磨课,每位研修员开设一节精品课,课后交流教学设计、教学课件及教学反思。

2. 研课磨课

跟岗研修期间,每位教师准备一节课,工作室主持人深入课堂听评课,帮助其研课磨课,并从课堂观察、教学诊断、教学反思、案例评析等方面进行研究、指导,对每位教师的每一节课,从高处审视课堂,从细节处剖析课堂,如课堂教学的导入、讲授、提问、理答及组织学生探究、处理生成问题等,能够指出课堂教学中存在的不足,提出合理的建议,进行实实在在的教学研讨。

3. 组织培训

针对培育对象在教育教学过程中亟须解决的问题,聘请省市教育专家、中原名师开设专题讲座，进行理论指导。通过聆听专家、名师讲座，听取来自不同领域专家的声音，领略大师们的经典课堂，培育对象从中受到启发，吸取思想和理论精髓，从而找到发展门径，加快专业发展的进程。集中培训学习后，培育对象要及时递交学习心得。

4. 专题研讨

围绕课题研究定期开展主题鲜明的系列研修活动，借此机会开阔视野、丰富专业知识，以便逐步形成从更高的视角来审视和改进教学技能的习惯。及时撰写小课题研究案例和阶段性成果论文。

（三）任务驱动，督促专业提升

1. 课题研究

课题研究是提高个人科研水平，促使教师专业成长最有效的方法。结合已有的教育实践，工作室为培育对象提供了选题指南，要求跟岗教师确立自己的课题，做好课题计划，并在教学实践中随时随地开展行动研究，使课堂成为实施课题研究的主阵地。做好研究过程中记录、整理、反思、总结、交流等工作，真正做到教育科研工作与教学工作相互渗透、相互促进。跟岗研修期间，工作室按照开题答辩、中期汇报、结项答辩的流程，在集中培训中组织完成。

2. 读书自悟

根据个人发展规划，认真阅读教育教学类书籍，做好读书笔记，对照反思自己的教学行为，撰写读书心得。采取自主阅读、自主实践、自主感悟、自觉反思的办法来提高自己。每学期每位学员至少要精读 1 本教育教学类书籍，泛读 5 本教育教学理论书籍，上交至少 2 篇（省级名师每篇不少于 3000 字，省级骨干教师每篇不少于 2000 字）读书学习的心得体会。在定期举行的读书沙龙中，结合自己的读书经历，分享读书体验。

3. 撰写博客

要求跟岗教师关注工作室博客，加入工作室 QQ 群、微信群，建立公共邮箱，在博客上发表读书心得、研究心得、听课反思、学习反思等。通过个人阅读、共读活动，教学心得交流活动，网络平台交流活动等，拓宽教育视野，提升专业素养。逐步使博客、微信成为初中语文学科教学动态工作站和成果辐射及资源的生成站。

4. 积极参赛

要求跟岗研修教师积极参加全国、省、市各级各类教育教学相关比赛。省级名师、省级骨干教师与工作室原有成员开展同课异构活动，以此促进双方教育教学水平的提高。鼓励跟岗研修教师参加工作室的送教下乡活动，真正实现工作室优质教育资源和乡镇、农村学校间的帮扶指导及资源互享。

5. 建立成长记录袋

工作室建立省级名师、省级骨干教师成长记录袋。成长记录袋起到评估成长效果和筹划下一步发展的方向和策略的作用。成长记录袋中包括个人发展规划、学习研修清单、课题研究清单、课堂实践清单、自主成长清单、成果展示清单、培育总结报告等资料。

（四）健全机制，确保研修有序开展

建立和完善运行机制是确保工作室开展跟岗研修活动有序且有效进行的关键。基于培育目标，工作室建立健全了严密的组织管理、评价导向激励、研修引领保障机制。

1. 目标引领方向

工作室明确提出全力培育一批省级名师和省级骨干教师的总体目标，使省级名师、省级骨干教师在职业道德、专业知识与学术水平、教学能力与科研能力等方面的综合素质有较为显著的提高。

2. 组织管理有序

健全的组织机构能确保工作室培育工程有组织、有计划、有实效地进行。工作室建立"工作室主持人—名师组组长与骨干教师组组长—二人成长共同体—研修员"跟岗研修机构体系。工作室主持人负责规划、指导、管理和调控跟岗研修活动的启动和进展。名师组组长与骨干教师组组长深入实践，及时发现和分析问题，并督促组员及时完成研修任务。二人成长共同体互相监督、互相学习。每位研修员都是工作室的管理主体，承担着工作室管理与自我管理的职责，且要主动参与工作室的各项活动，确保工作室以良好状态运行。

3. 评价导向激励

培育期内，培育对象要妥善处理本职工作与培育任务的关系，严格遵守工作室的各项规章制度，明确自身的专业发展目标，按时完成各项培育任务。

对工作踏实认真、取得优秀成绩的研修员，工作室提供优先参加高层次研修、学习考察和学术研讨等活动的机会，对表现特别突出的学员，工作室将其表现情况反馈到所在单位，在评选先进和选拔各级各类教育骨干中要优先考虑。

成长,在路上遥望远方

南阳市第三中学　刘明莹

中原名师刘明莹初中语文工作室建于 2014 年 4 月,现有成员 28 人,都是来自南阳市及各县校的骨干教师。主持人刘明莹是南阳市第三中学的高级语文教师,从教 25 年,坚持读书、教书、育人、思考、写作,先后在《中小学教育》《中学生阅读》《班主任之友》《语文教学与研究》等杂志发表文章 50 余篇;参与或主持 4 项省级课题,分别获得省级一、二等奖;多次参加省、市级优质课大赛,执教的《春风》一课被教育部评为优质课;先后荣获河南省首批中学语文名师、中小学教师教育专家、河南省优秀教师、河南省特级教师等荣誉称号;2016 年 9 月被选为中国共产党河南省第十次代表大会的代表。

工作室的宗旨:拓展教学研究空间,搭建交流合作平台,构建学习共同体,发挥名师辐射作用,推进课堂深度研究,引领教师专业发展,提高教学科研质量,培养一批省级名师,做思考的实践者。

一、工作室建设与发展

(一)指导思想、发展理念

一个有先进性与凝聚力的团体必定有自己的一套核心价值观。在且行且思的路上,工作室最终将核心思想确定为"在路上",旨在表达在教师个人成长的路上,只有起点,没有终点。工作室核心理念是:在实践中探索,在探索中提升,在提升中享受教育的幸福。

工作室力争改变过去作坊式"师傅带徒弟"的套路，但也不是轻松散漫的"教学沙龙"，而是成为有明确目标和管理制度的研训组织，融自主性、实践性与研究性为一体，全力探索出个体与团队共同发展的新机制。工作室的存在成为一个地区或学校优秀教师间合作互动、培养人才、打造品牌的有效途径，为名师的专业发展创造了良好的环境。工作室成员在活动中获得研究、思考、实践的更多触发点，使自己平时的教育实践在更深的层面上受到科研活动的影响，让许多特定的教育主张在大量的实践活动中，内涵得到不断丰富，细节得到不断打磨。优化新的教育主张，许多原本模糊的概念、方法、理论得以逐步理清，让工作室成员不断成长，让教师专业成长的动力得到有效激发。

（二）培育模式、具体措施

在工作室核心理念和宗旨的指导下，本着充分发挥名师专业示范、引领、带动、辐射的作用，加速教师专业化发展，培养造就更多的优秀教师，提高教师教书育人水平的目的，工作室特制定了六年发展规划。规划内容包括工作室指导思想、工作目标、工作要求、工作策略、成长途径等。

工作室立足校本教研，每个月组织成员开展理论学习研讨一次，提前一周下发学习内容，研讨时成员要有精心准备的发言稿；每学期每位成员阅读教育专著不少于 2 本，并要写 5000 字左右的读书笔记，观课评课不少于 10 节，上研讨课不少于 1 节，命制试卷不少于 1 份，撰写经验总结或论文不少于 1 篇。成员要按时完成自己的课题研究任务。

以开展"四个一"的研修活动为抓手，促进团队专业素养的提升。工作室将每位成员"四个一"研修活动的内容暂定如下：每学年认真研读 1~2 本教育教学类理论专著；每学年承担 1 次专题讲座，或承担 1 次公开教学课并提交细致的书面教案及课后反思，或指导青年教师开设校级以上公开课并提交点评材料；至少参加 1 项课题研究；每年至少在区级以上刊物发表 1 篇论文或参加 1 次研讨交流会。这样以构建有效教学为载体，通过理论学习、课题研究、课堂教学研讨、专题讲座、撰写论文、开展语文活动等形式使工作室成员自身素质和能力得到进一步提升，促进其专业成长，并逐渐发挥其示范、引领、带动、辐射作用。

（三）成果与收获

1. 结识一批贤达

因为有了工作室这一平台，我们把 28 位有能力、有思想，热爱语文学科的人聚集在一起。三人行必有我师焉，更何况 28 位有共同理想、共同追求的人在一起互相碰撞，无论从思想上，还是教学理论、方法上都会擦出更多的火花。人生路上，因为对语文的热爱，使我们紧紧地依偎在一起。

2. 发表一家之言

生活即语文，语文即生活。语文的教学没有最好，只有更好。我们坚持开展每月"同读一本书"活动，倡导将学习作为生活常态，并用这种方式来提升自己的工作质量和生活质量。我们必须大胆地说出自己对教育教学的见解与看法，勇敢地发表自己的意见，走出一条属于自己的路，走出一条特色之路，亮出自己的才华，表达自己的追求，展示自己的研究，与所有同人进行一场实实在在的探讨与交流。工作室目前已开展市、区、校各级各类讲座百余场，送教下乡 30 多节。

条条大路通罗马，方方面面是语文。探索语文大道，"教育教学的大问题""如何提高课堂的效益""当下如何落实学生的核心素养""如何使一位青年教师从老师到名师"是我们津津乐道的话题。

3. 开展语文活动

开展语文活动是教学中的一大亮点，也是提高学生学习语文兴趣的重要组织手段。我们凝聚在这里，就是想拓宽语文活动的路子，丰富语文活动的内容，感受语文活动的乐趣，探讨语文活动的内涵，提高语文活动的层次与艺术。我们的活动以全体学生都参加活动为宗旨，课内课外相结合，书面表达与口头表达相结合，学科之间大联合，师生之间重互动、重合作。我们的"诗词大会""汉字听写""经典诵读"等语文活动开展得如火如荼。

4. 发出教研声音

教育成败的关键，是能否将先进的教育理念转化为有效的教学行为。课堂永远是教研的主阵地，工作室紧紧抓住课堂教学这一环节，引导学员研究课堂教学艺术，学习名家的课堂，展示自己的课堂。因此，工作室要求各成员掌握好新课标，形成独具特色的课堂教学风格。我们把自己在教学中所遇到的困惑及时地反馈给广大同人，开诚布公地探讨并提出各种合理的解决方案及策略。

诚心表达自己的心声，虚心聆听别人的意见，在一次次的探讨中获益匪浅。工作室现已有3位教师获得省优质课大赛一等奖，10位教师获得市优质课大赛一等奖。

5. 开辟互动途径

我们建立了工作室的微信公众号，及时发布工作动态、教学反思、论文等。这一平台开辟了纵横交错的教师互动途径，让很少往来的学校互通往来，让很少交流的老师互相交流，让各具特色的团队互相学习，让教育社会化、生活化、人性化、开放化。这种团队活动，让每个执教者的人文素养都真真正正有所提高，这种互动途径成效非常显著。

6. 打造行家、专家

我们的工作室就是想在大家和大师的引领下，通过自己坚实的努力劳动让每个人实现飞跃式的成长，从而跻身于专家、行家之列，用更娴熟的技能和更精湛的技术服务于当前的教育教学事业。工作室现已有2位成员晋升为省级骨干教师，8位成员获得市级骨干教师的称号。

7. 激发研究热情

工作室要求每一位成员每年都要参与1项课题研究。当我们把教室当作实验室，把课堂和学生当作研究对象时，我们就会对工作产生一种新的敬意。工作室现已有1项省级课题圆满结题，2项市级课题结题，2个省级课题正在研究中。

在名师工作室这片沃土上，一个个未来的名师已经崭露头角，一批青年教师正如雨后春笋一般拔节成长。

（四）管理保障

工作室每学期都要对成员进行考核。考核内容包括年度个人规划、课题研究、公开课、教学实践、教学质量、论文撰写及教案、讲座、读书、活动考勤等各方面。根据考核名次奖励不同价值的购书卡。

二、培训名师方案

（一）指导思想、培育目标任务

工作室认真落实省教育厅相关文件精神：2017—2020年，通过组织具备条件的骨干教师到中原名师工作室进行为期一年的分模块、分阶段、递进式、实践型跟岗研修，培育认定一批省级名师和省级骨干教师，进一步发挥中原名师工作室对教师专业发展的指导、支持、提升和优化等功能，探索形成"名师带徒"式的培训模式，优化省级名师、省级骨干教师的成就路径，助力全省教师队伍梯队攀升体系的建设。

（二）认真遴选培育对象

在双向选择的基础上，我们本着对省教育厅负责、对学员负责的态度，从基本条件、业绩、年龄、电话面试等方面慎重选择5名省级名师培育对象和10名省级骨干教师培育对象。

（三）精心设计培训模式

1. 培育思路

工作室的成员都是一线教师，我们拥有的是实践经验，缺少的是理论支撑。因此培训时我们就要扬长避短，借助外力补齐短板。先挖掘每个人的优势，实现自身优势的共享，然后综合大家的意愿聘请专家进行理论培训和课堂诊断，继而结合学情以任务驱动的形式培养学员素养的全面提升。

2. 主要任务

一是每月共读1本书，二是每月1篇读书心得，三是每月1次主题研修，四是每次研修活动后上交1份研修报告，五是每人上1节示范课，六是每人主持1次教研活动，七是每人做1次专题讲座，八是每人参与1项课题研究，九是每人活动周期中听评课不少于60节，十是每人进行1次综合实践活动报告。

3. 活动形式

（1）充分利用"互联网+"的优势。建立工作室网站，一级页面设置首页、理论引领、案例欣赏、名师课堂、活动掠影、在线研讨、走进中原名师工作室等栏目；建立微信群、微信公众号、QQ群等便捷的传播载体；采用分散学习与集中研修相结合，线上与线下学习相结合，自学（"问""学""践""思""行"五线贯通的自学培养模式）与专题讲座相结合，解疑答难与创新发展相结合的形式。活动地点可以不断变化，选择学员所在的学校，充分发挥名师的资源优势和辐射引领作用。

（2）跟岗研修。通过观课、议课、读课，重在提升学员的师德水平、课堂教学能力、教学评价能力、教育科研能力、课程资源开发与利用能力、校本研修能力、学术交流能力和管理能力。通过集中研修、课题研究、影子教师、研课磨课、总结提升等环节，促使培育对象进行日常反思改进。采用任务驱动的形式，激励自主发展，促进培育对象研究中原名师的成长路径、建构中原名师能力素质模型、制定教师专业发展规划、实现教师专业成长的层级进阶。

此外，还要成立中原名师工作室联盟，力争优质资源共享。

（四）活动目的

1. 集中研修，重在诊断测评和系统学习

工作室通过采取现场诊断、专题讲座、主题研讨、行动研究和成果展示等方式，定期开展主题鲜明的递进式系列研修活动，着力帮助培育对象解决教育教学中的突出问题，持续提升培育对象的教育教学能力。

2. 课题研究，重在提升教师的教育教学理论研究能力

工作室要组织开展以突出教学实践为中心的课题研究，使培育对象对科研课题的研究标准、研究流程有更系统、更专业的把握。各位成员要结合实际，研制课题指南，组织开展以突出实践教学为中心的课题研究。

3. 影子教师，重在观摩学习、对照反思、实践体验

中原名师要注重原理知识、案例知识、策略知识的传授。培育对象要在真实的现场环境中，细致观察、研究中原名师的教育教学行为，把"听""看""问""议""思""写"等自主学习行为整合为一体，实现从知识迁移向实践能力的转化。

4. 研课磨课，要围绕研修主题，结合校本研修开展

研课环节着力开展课例研讨，进行对照反思，突出经验学习。磨课环节突出解决课堂教学问题，围绕教学目标、教学内容、教学方法与手段、教学评价等进行打磨，不断改进教学设计。同时，通过示范教学、同课异构、专题研讨等方式生成优质课、精品课。

5. 总结提升，要开展研修成果展示

采取说课、上课、评课等方式展示教学改进成效，通过微课例、微案例、微故事等展示研修成果。要系统总结研修过程，梳理经验、反思问题，明确改进方向，生成具有代表性的成果，制定持续性个人发展规划。

（五）具体实施

1. 对象分析

学员到岗后，首先要通过教师测评量表对他们进行测评。着重从教学设计、教学实施、教学评价、教学研究和现代教育技术能力这些微观方面，以及课程资源的利用和开发、教师培训、选题研究的指导能力、研究过程的管理能力、专题活动的设计实施能力等方面了解每位学员的现状，然后据此制定详细的个性提升方案。

2. 课程设置

我们以教师师德水平和业务能力的提升为核心，紧紧围绕教师的课堂教学能力、教学评价能力、教育科研能力、课程资源开发与利用能力、校本研修能力、学术交流能力和管理能力，依据学情设置如下培训模块：师德修养与教师队伍建设、《中小学教师专业标准（试行）》解读、校本研修、教学设计、教学实施、教学评价、信息技术与学科教学深度融合的理论与实践、需求诊断、活动设计、课程开发、论文写作、课题研究等。

3. 培训形式

我们根据不同的内容选择不同的专家和导师对学员进行面授，在面授培训前、培训中、培训后分别设置不同的研修活动。

培训前：根据培训内容安排学员整理并提交准备材料。

培训中：将研讨交流和分组作业从课堂延伸到网上，提高面授阶段的学习效率并促进学员与专家进行深度交流。

培训后：带着研修任务回到岗位，开展实践环节的跟踪研讨交流，并通过任务驱动，促使学员持续学习且学以致用。

4. 影子教师

在我市各县区范围内遴选出优秀初中语文名师10位，以一名实习学校的优秀教师为首，组成3~4人的名师团队，对培训学员进行教育实习指导。影子教师到校后既要服从实习学校的相关规定，还要按要求定期写调查报告、研修心得，上汇报课等。影子教师重在观摩学习、对照反思、实践体验。我们要注重原理知识、案例知识、策略知识的传授。培育对象要在真实的教学环境中、细致观察、研究中原名师的教育教学行为，把"听""看""问""议""思""写"等自主学习行为整合为一体，实现从知识迁移向实践能力的转化。我们会定期通过实习指导教师了解学员的研修情况，最后由专家和实习指导教师，即双导师，来给影子教师的实践环节评价打分。

5. 返岗培训实践

实践的内容与要求：一是上1节汇报课。要求学员提交教学设计和过程材料。二是在专业知识理念和专业技能等方面，指导顶岗实习生。要求学员提供听课记录，顶岗实习生提供学习心得。三是组织1次培训，提供培训方案、培训设计和培训效果评估报告。最后，学员们要对返岗实践做总结，写出返岗交流报告。

6. 研课磨课要围绕研修主题，按照研修任务，结合校本研修开展

研课环节着力开展课例研讨，进行对照反思，突出经验学习。磨课环节突出课堂教学问题解决，围绕教学目标、教学内容、教学方法与手段、教学评价等进行打磨，不断改进教学设计。同时，通过示范教学、同课异构、专题研讨等方式生成优质课、精品课。

7. 总结提升要开展研修成果展示，采取说课、上课、评课等方式展示教学改进成效

通过微课例、微案例、微故事等展示研修成果。要系统总结研修过程，梳理经验、反思问题、明确改进方向，生成具有代表性的成果，制定持续性个人发展规划。

（六）合理考评激励前行

第一，上1节优质课（10分）；第二，撰写1篇研修报告，研修学员依据研修内容自行命题，谈感想、谈体会、谈心得、谈收获、谈感言等，不少于5000字（20分）；第三，指导学员选1个课题，由学员独立撰写立项申请书（20分）；第四，进行1场专题讲座（10分）；第五，主持1次教研活动（10分）；第六，说课评课和课件制作（10分）；第七，实践表现（20分）；第八，考勤（以活动时的图片和作业为参考依据）（200分）。

满分300分，当培训结束时学员累计考核达到270分方可结业。

成长永远在路上

河南省濮阳市第三中学　路桂荣

2009年12月，濮阳市教育局挂牌成立了30个名师工作室，路桂荣名师工作室是唯一的初中语文工作室。工作室学员来自濮阳市五县二区，主持人路桂荣为中学语文正高级教师、特级教师、国家教学成果二等奖获得者。路桂荣名师工作室2010年被评为濮阳市优秀名师工作室，2011年被评为濮阳市样板名师工作室，2013年经河南省教育厅认定，挂牌成立中原名师路桂荣初中语文工作室。工作室现有6位核心成员和18位普通学员，曾多次迎接周口、平顶山、安阳、南阳等地教育同行的考察，濮阳市教育局也曾多次在工作室召开现场会。

一、一路跋涉一路歌

（一）定位高远，追求卓越

工作室成立以后，我们把"理想、责任、使命"确定为工作室的宗旨，把打造一流的专业团队作为奋斗目标。我们的指导思想是提升素养、聚焦课堂、引领成长、辐射生活。工作室的主要任务是养师才、练师能、修师德、铸师魂。工作室的定位是成为共振型团队、学习化组织、合作式平台、辐射源基地，努力营造出一个温馨和谐的精神家园，促进自己并引领同伴克服职业倦怠，走上一条成就学生、完善自己的学术自觉之路。

（二）立足现实，多元引领

1. 规划指路

我们制定了工作室三年发展规划，同时工作室每位成员也提交了个人三年发展规划和自我研修计划。工作室对学员的发展所设计的路径是能作课、能说课、能评课、写报告、作报告，用"路桂荣名师工作室档案袋"的形式见证成员的成长。在这个档案袋里，有个人发展规划、个人基本情况一览表、专业化成长一览表（包括一年中参加培训、自我研修、上公开课、论文发表交流、教科研、获得荣誉、其他活动等情况简述），其中专业化成长项目中的每一项内容都有一张表格需要具体填写，后面还要附上材料，例如教学设计、演讲稿、说课稿、讲座稿、论文、获奖证书复印件等。

2. 示范带动

常言道"喊破嗓子，不如做出样子"。2010年3月14日，工作室在濮阳市第三中学举行第一次研修活动，工作室主持人上了一节作文技法指导课《巧用诗词添文采》和专题报告《关于提高语文教学有效性的思考》。工作室主持人在报告中现身说法，梳理了记叙文、议论文、说明文的阅读知识点和能力点，指导现场人员根据知识点确定不同文体文本采用相宜的教学方法。此外，工作室主持人每年都在省市校及送教下乡活动中上示范课、观摩课，以此带动工作室的工作。

3. 读书养气

专业阅读是教师成长的第一要务。工作室要求学员从"专与博"的维度设计自己的专业阅读之路。读教育理论——明白学理，读名家实践——明白方法，读文学作品——增加底蕴，读人物传记——明白方向，读哲学经典——涵养心灵。工作室定期举行"共读一本书""读书报告会"活动。每期的交流研讨活动主题明确，让大家渐读渐思、渐悟渐明。让诸如"教学应有课程视野""基于学情厘定教学目标""用语文的方法教语文""'实'而'美'的课就是有效的课""知识与生活、生命相交融的课才是真正的好课"等理念成为大家的共识。

几年来，读书、交流、写作逐渐成为学员的重要生活内容。我们的多篇读书随笔、论文刊于《中学语文教学参考》《教育时报》《湖北教育》《语文建设》等报刊，年终总结时，一摞摞读书笔记、一篇篇读书随笔见证着学员们漫长而快乐的研读经历和沉甸甸的读书思考。

4. 观课固本

每一个成功的教师，都是从研究名师开始的。研究名师首先从观摩名师课例及其课堂教学开始。几年来我们列出计划，每个月通过集中教研和分散研修的方式研究一位名师的课堂教学，在观课中围绕名师选择了哪些教学内容、采用了哪些教学方法，以及名师的教学设计体现了什么思想等进行梳理和思考，这样就使得我们的教学设计上有思想，下有技术。我们从名家名师的教学实践中感受到语文教育教学的魅力，获得启迪的同时也受到了鞭策。

5. 磨课砥砺

2010年到2013年，工作室承包了濮阳市初中语文教师地方课程培训工作，每期五天，一学期最多举办四期。我们对来自全市的200多位语文教师进行认真培训和上观摩课，在每一次磨课中，我们不仅会收获备课的经验，也会深化对课堂教学境界的理解。在实践中我们共同感悟出——优质课堂是打磨出来的。

6. 讲座提炼

每一期的业务培训，我们既有理论引领，也有实践示范。为了促使成员尽快进行经验提炼，工作室逐步安排他们在市级培训中作经验介绍，于是陈敬彩《经典诵读——一条开满鲜花的小路》、白秀娟《班级管理和语文积累的双赢》和董金刚《推敲课堂——教学反思案例分析》的报告在地方课程业务培训中亮相，并取得了良好的效果。参与培训的老师惊讶于他们的才学和积累，更反思自己的不足和怠惰。目前，我们的6位核心成员都能作专场学术讲座，上、说、评、讲四项全能，活跃在省市各类培训会上。

（三）辐射带动，彰显特色

1. 送教下乡

作为工作室的主持人，负有带动辖区教师走专业化发展的使命。地方课程业务培训是我们发挥辐射引领作用的主要载体。除此之外，我们工作室成员积极响应教育局号召，利用星期天送教下乡，濮阳市五县二区的泥土路上留下了我们倾心教育的赤诚。送教下乡采用三级同课异构模式，市级工作室成员、县级教师代表、乡级教师代表同讲一节课，主持人现场评课，这种案例教学的模式更贴近基层教学的现状。理论如何转化为现实是广大农村教师的困惑，同样的内容，同样的学生，不同的理念，不同的教学设计，教学效果大相径庭。教学的变革首先是教师的变革，这一理念渐渐被广大农村教师所接受。

2. 市级培训

承担岗位培训，是工作室的一个重要任务，因为它是发挥工作室在全市产生辐射带动作用的有效载体。为了促进成员快速成长，工作室把地方课程业务培训的平台打造成展示成员成长的舞台。工作室章程里要求：每人每年至少上一节公开课、作一次说课示范、主持一次评课活动、作一次校级经验介绍。第一年工作室把提高成员的教学能力作为重点，于是就有计划、分批次地在每一期的培训中安排成员进行作课展示、说课展示、评课展示。实践证明，培训者比被培训者进步更快。我们拓宽思路，积极探索有效的培训模式，在工作室率先尝试"主体参与式"培训，核心成员作为主持人，组织小组讨论和成果展示活动。

3. 高校培训

走进高校，参与国培、省培教学任务，指导研究生校外实习是我们工作室发挥示范引领作用的又一平台。2010年以来，工作室40多次应邀到河南师范大学、河南大学、天水师范学院参与国培、省培教学任务。应河南省教育厅师范处邀请在中原名师年度会议上作经验介绍。应邀随河南大学、河南师范大学到林州、安阳、延津、封丘、宜阳、洛宁、清丰、内黄、泌阳、新县、濮阳县等地送教下乡。应邀到保定市徐水区，濮阳市市直、县区等学校作报告，十年来作报告300多场，《作文课程资源开发》《名师工作室的建立与运作》《语文名师成长案例及启示》《中学语文学业水平评价》《信息技术在语文课堂教学的应用》《校本研修的途径与方法》等报告深受培训老师好评。成员白秀娟最近几年应邀到河南师范大学等高校参与国培、省培，受到广泛认可。

我们的名师工作室呈树状结构格局，我是省市级工作室的主持人，我们工作室的成员同时也是各县区工作室的主持人，他们工作室的成员还可能是各学校工作室的主持人，这样一种模式就会产生波状辐射作用。如果说地方课程业务培训影响的是个体，那么工作室的这种结构影响的就是群体。

（四）反思沉淀，固化成果

1. 研修提炼

多年的语文教学实践加上最近几年的读书思考，工作室逐步提出"三生"语文主张，即生存化语文、生活化语文、生命化语文——语文教育的三种境界。

对学生来说，考试是学习绕不过去的一个话题，因此语文教学要解决的第一对矛盾就是语文学习与考试分数。语文学习必须关注学生的生存化需要。因此，我们通过课例研讨、文本细读、专题阅读、评议反思、专题汇报等形式的研修，梳理、培养学生积累知识、提高能力的技巧，用最少的时间解决学生学语文的生存性需要。

语文学习的外延和生活的外延相等。语文是实践性很强的学科，在学习中，丰富多彩的语文实践活动必然会走进我们的语文教育生活。开展结合教材的语文综合性实践活动，我们分配任务，编写活动方案，力求达到学生参与度高、活动充分、体验丰富的目标。结合节日，设计语文活动，如开展春节搜集春联、自创春联、清明节征文、端午节经典诵读、中秋咏月诗词书法大赛、教师节征文、十一祖国颂朗诵比赛、元旦经典诗文背诵打擂、成语接龙、成语猜词等活动，走进博物馆，了解濮阳的悠久历史；参观建市三十周年成就展，了解濮阳的今天；参观"三李"精神展览馆，了解濮阳的建设楷模；参观城乡规划馆，了解濮阳的明天。这样走进社会，参观考察，不断拓宽语文学习领域。读万卷书，不如行万里路，我们引领学生走向广阔天地的时候，也正是学生运用所学的良好契机。学生用稚嫩的笔记录下他们的所闻、所见、所感。2014年，一场赛事一夜之间让濮阳市第三中学成为龙城街头巷议的热点。我们工作室辅导的6名学生代表河南征战央视《中国汉字听写大会》，表现突出，为濮阳争了光，教师节表彰会上市委书记段喜中亲自为我校颁奖，命名我校为语言文字突出贡献单位。2015年4月央视汉字听写大会组委会邀请我参加第三届《中国汉字听写大会》全国巡回赛启动仪式并作为教师代表发言。

中国学生发展的核心素养是培养"全面发展的人"，分为文化基础、自主发展、社会参与三个方面。那么语文教育如何渗透核心素养呢？我们认为必须实现语文教育的生命化。我们的做法首先是通过诗词课程渗透传统文化精华，我以诗词文化为原点，设置专题，开发了一些较为成熟的作文指导案例。《巧用诗词添文采》，引导学生从诗词入文，提高作文的文化底蕴；《走过雨季》，指导学生结合古典诗词写自然的风雨、情感的风雨；《千古风流人物》，指导学生以教材中的文化名人为素材，结合诗文，表达感悟。还通过《感动中国》《开讲啦》《演讲家》等电视视频资源开发生命化作文教学案例，有意识地把每一次的作文指导过程实施成教做人的过程。

2. 固化成果

工作室成立之初，室刊《成长之路》就与我们相依相伴，目前已编辑到第八期。室刊的封面语是"我们怀揣教育的梦想走到一起，心有多大，舞台有多大，成长没有终点，路在远方……"我们的每一次培训、每一次成长都在室刊中留下了印迹。

我们的课堂实践能力在一节节示范课和观摩课的见证下不断提高，同时又用教学实录、教学设计、说课稿来记录；我们对语文教学生动性的探索，用丰富的活动来展示，又用《语文综合性实践活动案例》来固化；我们对语文教学生命化的实践，用一个个鲜活的案例来丰富，又用论文发表、专题报告的形式来交流；我们的探索既以课题的形式来呈现（如"信息技术环境下初中语文快速高效阅读教学的实验研究""以诗文诵读为平台提高学生的语文素养""构建自主互动共同体""中小学新概念快速作文教学实验研究"），也以校本教材的形式来表达（如《经典名句读本》《经典唐诗读本》《经典宋词读本》《走过雨季》《数风流人物》《佳作辑录》）。一项项课题的结题，一篇篇论文的诞生，一场场报告的成功，一项项荣誉的取得，固化了我们求索路上的汗水和执着。

二、而今迈步从头越

河南省教育厅启动了中原名师工作室培育"省级名师、骨干教师"工程。学员分散的现实要求我们用新的思路考虑师带徒的工作。

（一）培育理念

通过集中研修、课题研究、影子教师、研课磨课、总结提升等环节，支持培育对象进行日常反思改进，激励自主发展，促进培育对象研究中原名师成长路径、建构中原名师能力素质模型、制定教师专业发展规划、实现教师专业成长的层级进阶。

（二）目标定位

省级名师目标：上好课—会评课—会研究—会总结—会交流。

省级骨干教师目标：上好课—会评课—会研究。

（三）实施方案

课程分为集中研修和分散研修两个阶段。

1. 望闻问切

教学上提倡"以学定教"，师带徒的工作也应该以人为本。为了提高指导的针对性，我们要对他们进行望闻问切，了解他们的起点、需求、长处和短板，因材施教。我们要求每人准备一节15分钟的微型课视频，每人准备一个5分钟的朗诵录音，每人准备一个3分钟的个人简介录音，通过微信群组织网络视频答辩。通过以上形式初步了解他们的教学能力、理论积累及专业需求。

2. 集中研修

（1）影子跟岗。15名培育对象与中原名师工作室核心成员结对子，一名核心成员加一名省级名师和两名省级骨干教师组成一个研修小组。研修小组全程参与备课、听课、磨课、评课、辅导、批改等教学活动，了解基地学校的教学文化。

（2）学习交流。15名培育对象也都是当地教学的一把好手，工作室的功能之一就是组织合作化学习。我们组织语文教学论坛，核心成员与培育对象同台论道，交流分享，合作共赢。

（3）课题研究。生命化作文研究是工作室的核心课题。我们通过专题会议介绍课题的研究内容和实施策略，为培育对象列出嵌入式读书书目，引领他们以子课题的形式参与研究活动。

（4）教学展示。集中研修在上下学期各安排两次，上学期的集中研修主要以阅读教学的内容把握、教学设计和文本解读为主。下学期的集中研修主要以作文教学的指导、评讲及作文升格策略为主。第一次集中研修以吸收为主，第二次集中研修以展示为主。

（5）读书分享。每个人的阅读经验不同，我们在有限的集中研修期间要组织所有成员进行读书推荐活动，目的是将一个人的阅读收获变成集体的智慧，从而开阔大家的阅读视野，引领更多人去读好书，从而节约了时间成本。

3. 分散研修

分散研修包括师德提升、好书推荐、读书交流、课例研讨、评课展示，主要借助网络进行。分散研修阶段我们将采取小组合作方式，由一名中原名师工作室核心成员（省级名师）加一名省级名师培育对象和两名省级骨干教师培育对象组成一个团队，共分为五个团队。工作室将分散研修分阶段任务进行督导，组织交流。

（1）师德提升。在线观看电影《孟二冬》《为生命奠基》和"最美教师"视频，写一份不少于2000字的观后感。

（2）课例研修。上网观看有关余映潮、王君、王崧舟、肖培东等名师的上课视频，将教学实录、课堂教学还原成教学设计并作点评。

（3）评课研修。阅读《听王荣生教授评课》，看省优质课视频，写一份不少于1000字的评课稿。

（4）读书研修。阅读课题研究制定书目和潘新和教授的《语文：表现与存在》，写一份读书感悟。

（5）经验提升。总结返岗实践中教学方面的收获与探索经验。

（四）管理保障

（1）工作室成立师带徒工作小组，主持人任组长，核心成员任组员，全程参与此项工作的协调、实施。

（2）建立微信群、微信公众号，保证分散研修阶段工作的畅通和延续性。

（3）为培育对象在名师工作室安排办公学习地点，配备电脑及图书等相关物品。

（五）预期成果

（1）培育对象学有所获，教学能力提升，研究意识增强。

（2）积累阅读教学中不同文体的教学案例和微型课视频。

（3）探索教学研一体的网络研修机制。

（4）形成追求卓越、享受幸福的工作室文化。

名师家园，助力成长

商丘市第五中学　聂智

聂智名师工作室成立于2013年，于2015年12月被河南省教育厅命名为"中原名师聂智初中语文工作室"（以下简称"聂智名师工作室"）。工作室秉承"以德为先，德才兼备，乐于奉献"的准则，先后吸收成员30名，特聘专家导师3人。遍布全区的优秀教师——一群热爱教育的语文人，在工作室温暖相聚。本着"人文语文"的理念，从"一本课本教语文"到带领学生自主走进文本，很多教师在工作室的活动启迪之下，成为孩子心灵的点灯人。

一、在名师家园的土壤里传承"生本"理念

（一）扎根讲坛，诠释理念（指导思想）

聂智名师工作室坚持立足教学第一线，树立现代教育理念，提升科学与人文素养，不断探索和勇于创新进取，让每一位名师在成长中经历蜕变，完成梦想。对于在语文教学道路上孜孜矻矻的教师来说，讲坛就是扎根梦想的地方。"青春、生命、爱"是构成语文课堂的三原色，用浓浓的爱关注学生、关注文本，是工作室的准则。"人文语文"的教学理念要求教师在教育中做到"心中有生，教中有生"，用真实而有效的"生本"智慧温暖课堂，不宜刻意追求知识的系统和完整，尊重学生认识事物的客观规律，让学生在感性认识的基础上去认识事物，真实地体现语

文的人文性。

（二）锤炼初心，提升蜕变（培育目标及措施）

名师工作室的平台让我们的语文梦得以实现。回首过去，我们保留着刚毕业成为教师进入课堂时的"壮志情怀"，内心仍在不断地"冲突"着、"较劲"着。名师工作室这一平台将培养出一批具有高涨职业热情、先进教育理念、精湛专业技能的优秀语文教师，并帮助他们逐步成为有高度敬业精神的学习型、科研型、创新型、实践型名师，使他们在锤炼中提升，在蜕变中成长，全心全意投入到教育事业中，构建精彩的生命课堂。

1. 提升师德，成就名师之路

只有热爱才会让我们走得更远！优秀的教师之所以优秀就在于他们具有高尚的品行，具有真挚的教育情怀，具有崇高的教育理想。教育是一项讲奉献的事业，只有全身心地热爱，教师才会真正从"人的发展"的角度来思考教育、从事教育活动。在教育活动中，教师获得职业尊严、获得成就感，就会发自内心地热爱教育、钻研教育，乐此不疲。这二者是相辅相成的。

2. 加强学习，成就名师之路

认真阅读当代名师们介绍自我成长的文章，我们可以总结出一个最重要的规律就是：勤奋好学。读书是丰富知识底蕴最有效的途径。特级教师余映潮先生就爱读古今中外的教育名著和文学名著。工作室鼓励成员每天分时段读书，扩大读书范围，在规定时间内对指定的书进行深度阅读，使用科学合理的读书方法，及时写读后感、读书笔记，在追求"量"的同时注重"质"的提高。

3. 深入实践，成就名师之路

课堂，是教师发挥教育功能的主要阵地。因此，我们以课堂为载体，精心备课，专心上课，按照"实际、实践、实效"的原则，尝试改革，践行理论，形成有自己特色的教学风格。同时我们鼓励教师放下已有成绩，不怕暴露自己的不足，积极参加各种赛课活动，多上公开课，在"做中学，学中做"，通过读课磨课、观课议课、影子教师等形式，实现从"教书匠"向"教育家"的转化。课堂教学艺术的提升、锤炼、打造，是工作室的特色之一。

4. 不断反思，成就名师之路

《论语》中说："学而不思则罔，思而不学则殆。"在教学实践中，要坚持反思自己的教育教学行为，找出不足，积极客观地面对，在不断的反思中改进教育实践，逐步完善。让"实践—反思—再实践—再反思"无限循环，让我们的课堂焕发出勃勃生机。教师还应笔耕不止，将反思所得诉诸笔端，形成教育案例、教育故事、教育随笔、教育论文等，并坚持投稿。同时，梳理自己的教育历程，丰富自己的教学资源，形成有深度的教学思想。

5. 校本研修，成就名师之路

校本研修立足于学校，解决学校实际问题，是实践型名师的一种自我发展形式，也是实施课堂教学改革的示范，更是名师开展专题学习、更新教育理念、实施理论提升的过程。

聂智名师工作室的成员认真踏实地开展校本研修，每年定期以专题讲座或其他形式展示校本研修的成果，以起到带动和辐射作用；同时用研修的成果指导教学，在研修中提升，在提升中研修，坚持走立足实践的学术道路。

6. 师徒结对，促进名师成长

工作室成员以师徒结对为抓手开展工作。主持人聂智每年带两个徒弟，在教学设计、教学实施、命题技术、论文写作等方面对其进行一对一的专业指导。

（三）潜移默化，形成特色（特色与创新）

课堂是学校教育的主阵地，是学生获取知识的主渠道，是教师成长的平台，也是理论与实践结合的基地。本着"人文语文"的理念立足课堂，让理论在实践的沃土中扎根，关注学生，立足生命，让语文教学接近教育的本质，是聂智名师工作室的一大亮点。语文的课堂是充满情感的，通过教学活动把内在生命力解放出来，把教师的生命世界与学生的生命世界打通，才会充满魅力，这样的语文教育才能融入师生的生命。我们教育的最终目的是让每一个学生的个性充分发展，追求情智和谐的整体人格发展，让孩子的一生洋溢热情。

"熏陶感染，潜移默化"是实现生命课堂的基本方法。该方法重视语文的熏陶感染作用，让课堂教学自然生成。学生于潜移默化中加强感性认识，提升理性认识，同时在情感熏陶中培养高尚的道德品质、健康的审美情趣和积极的人生态度。语文是生命之声，是文化之根，是人的精神家园。我们坚持用文本的精神陶冶学生，用课堂的气氛感染学生，用教师的情感熏陶学生，让文本语言滋养性情，培育人格，塑造灵魂。

（四）桃李满枝，精彩人生（交流辐射）

（1）15位核心学员基于工作室平台，带动各自学校老师，通过参与工作室主办的各种专题讲座、公开课、听评课活动，实现快速成长，形成名优教师群体梯队培养的良性循环。

（2）搭建工作室博客交流平台，引领区域语文教研发展。聂智名师工作室的网络平台是我们的"对外交流窗口"。学员们将实践活动中的所感、所思、所得和所困记录在博客中，共享资源，共同讨论解决教学中的疑难问题和教师身边的实际问题，在相互切磋中，促进更多教师的发展。

工作室在示范引领方面的工作主要有：开设专题讲座60余次，工作室成员在省"多文本课题研讨会"上上示范课并作专题讲座，送课下乡12节，有3项省级课题获奖，通过"名师带徒"辅导的青年教师共有7节活动课分获市、区一等奖，工作室中共有6名教师成为省级骨干教师，同时通过专题讲座承担区、市重点培训工作。

聂智名师工作室自挂牌成立以来，在摸索中奋力前行，在努力中开拓创新，成员之间互帮互学、积极进取、共同前进，与名师沟通、交流、汲取营养，满怀热情地学习、反思、践行理念。

二、为名师的成长助力

工作室的带动，可以让一批教师成长为名师。聂智名师工作室从2013年正式成立以来，先后招纳学员26人，并承接了15名省级骨干教师的培育工作。学员遴选时，我们坚持注重培养对象的代表性和层次化。遴选范围涵盖不同学段、不同地区的教师，包括城市学校和农村学校的教师，也包括管理干部，如学校负责人等。我们坚持"德、才、情"并重的选拔原则，按照"骨干教师、学科带头人、名师工作室主持人"的名师成长路径，为名师成长助力。

（一）构建多元学习共同体，促进名师的专业发展

聂智名师工作室的成员是来自不同学段的一线教师，学习共同体按年级划分为三部分，各部分的成员根据学段的不同特色展开交流与学习。因每一位教师的分工、个性、特长有所不同，工作室本着尊重个体差异的宗旨，建构学习共同体，这种学习模式既有整体特色，又不失个体差异。异彩纷呈、取长补短的专业成长，才能彰显特色。其特征体现在：

1. 共同愿景

聂智名师工作室的所有成员对聂智老师的内心认同，是工作室顺利开展工作的关键。对名师的教育教学理念和特色的认同、对共同研究的专题的认同，是形成工作室共同愿景的基础。但实际上，更重要的是大家有着共同的人生追求和专业理想。因此，建立共同愿景，以共同愿景激发成员的个人愿景，是工作室建立学习共同体的关键，也是名师工作室的教育意义所在。

2. 主体关系平等

有了共同愿景并不代表大家要消除差异，而要建立平等的对话、交流关系。正如交响乐团运用不同乐器演奏成一曲交响乐那样，要建立让每一个人都能充分交流的共同体，即"和而不同"的共同体。真正使教师具有归属感，并最大限度地贡献出自己的智慧，分享他人的智慧和情感。

3. 学习内容专业

名师的成长离不开专业的学习内容。教师的专业化要求教师能胜任教育教学工作、具备专业素质，这也恰恰是学习内容的专业性。它不仅指名师具备的专业知识，还有专业技能、专业态度、专业精神和专业情感等。

4. 学习资源共享

共享优质教学资源是促进名师成长的有效途径，优质资源共享可推动名师成长链的循环性、阶梯性、互补性发展。聂智名师工作室利用网络平台上传优质资源、建立资源库便于成果分享。课题研究、学术研讨、理论

交流变得方便、快捷。推动加强优秀教学资源网络共享的建设,加大了微课、微型课的师资培训与建设,扩大了优质教育资源的覆盖面,实现了优质教育资源共享,推进教师的专业成长。

5. 组织形式多元

名师的培训有多种形式,这里主要采取理论研究与跟岗学习相结合的组织形式。理论研究主要有专家专题讲授、学员交流研讨、辅导教师集中点评、特色学校实地考察等形式。专题讲授主要是由专家、教授及一线知名导师承担。跟岗学习则采取分组的方式到学校进行一对一跟岗实习。

6. 学习实践相一致

注重学习和实践相一致,有助于全面了解教师教学理念和教学行为间的差异,进而通过研究使教师用教学理念指导教学行为,促进教师的专业成长。2015年11月,我们组织26名教师就自己的教育理念进行问卷自测,测试成员对不同教育学流派的理念的认同程度。

(二)打造特色成长,让名师破"茧"成"蝶"

名师的培养工作注重专业培训和文化熏陶结合,教育教学理论培训与教育教学实践观摩结合,师德培育与从教情怀感悟结合,内外兼修,引导教师从"德""能""才""情"等各方面找到提升的方向,最终实现质的飞跃,进入一种新的境界。

1. 涵养积淀,不求速成

(1)操千曲而后晓声,观千剑而后识器。名师需要积淀。做教育教学的示范者和引领者,需要丰厚素养,站稳课堂。丰厚的文学素养来自不间断的阅读,阅读的过程就是积累、内化的过程,弥漫的书香会潜移默化融入教学,解读教材的能力随之提升,课堂也会散发出独特的魅力。

读的书越多,越能感受到:阅读之于教师,其实就是划分教书匠和教育家的一个分水岭。一辈子教学,尽管勤勤恳恳,但从不或者极少阅读教辅材料之外的书籍的老师,终其一生,最多也只是一个熟练工而已。没有哪一个名师是脱离了博览群书这点而凭空"一夜成名"的。成为名师更多的是靠后天的积累。工作室全体成员把"让读书成为我们的生活,必须成为我们的生活……"作为对自己的要求。读书、写读书笔记,能使头脑中模糊的东西、零乱的东西变得清晰、有条理起来，思维也就会向纵深方面发展。不断地阅读，勤于学习，充实自我，这是成为一名优秀教师的基础。一个有理想的教师，一个要成为大家的教师，一个想成为教育家的教师，必须从最基础做起，扎扎实实多读一些书。

（2）遍觅金针辟蹊径，取他山石自成体。名师需要博采。名师的成长不是孤立的，名师既要有自己的独立个性，又要博采众长，涉猎广泛。语文教坛名家荟萃、流派纷呈，窦桂梅的主题教学、魏书生的民主教育、孙双金的情智教育、高万祥的人文教育、钱梦龙的导读艺术、赵谦翔的绿色语文、丁有宽的读写导练、李吉林的情境教育、程红兵的语文人格教育、于漪的探求语文教学综合效应等，他们都个性鲜明，建树颇丰，我们要注意汲取，注意结合自己的实际，努力形成自身的特色。

（3）峰回路转渐佳境，水到渠成开镜天。名师需要"蜕变"。名师成长不可能一蹴而就，也不会一帆风顺，他需要一直保持头脑清醒，一直记着自己的追求，一直不忘自己的身份，一直不弃自己的专长，走好业务成长的每一步。

要成为名师，必须有明确的专业发展方向，并不懈追求。聂智老师致力于"人文语文"的研究，长期以来，不仅集中精力进行课堂教学的改革试验，而且孜孜不倦地钻研，为自己的实践寻求理论支撑，形成了自己独特的教学风格，而且基本完成了理论的建构，取得了很好的效果并产生了较大的影响。

2. 立足课堂，打造特色

做一个善于研究的教育者，获得学科话语权。教师只有借助课堂这个载体才能实现专业发展的突破，只有借助科研才能完成从优秀到卓越的转变。名师的成长离不开课堂，而语文的课堂是有生命的，扎实而有效地开展有生命的课堂活动，就能打造名师特色。

（1）目标明确、定位先进。老师们结合文体的特色和学段特点，灵活运用教学媒介，将孩子们内心的热情点燃。每一个"生命课堂"都异彩纷呈地呈现了名师的特色，在"创新教学方式"的课堂上，大家都努力营造注重师生互动、心灵对话的氛围。聂智老师先后执教的《风雨》《乡愁》《猫》等，均是一节节精彩的有生命的课堂。

（2）做一个有意保持独特个性的人。作为名师，必须努力保持和发展自己鲜明的个性。这种保持和发展是一切从效果出发，讲究个性的科学和完善，注意个性的不断丰富和充实的结果。

名师一定要关注教育发展动态，关注教学模式和教学方法的改革，站在教育前沿，占领学科的制高点。

名师要以思考为常规，具有敏锐性，常常思考教育现象、教学行为，并从思考中获得启发，通过思考有所改变和提高。比如指导学生阅读，教师必须要有自己的独特见解，不仅是要学生去读，更要培养其阅读的方法，激发学生"悦读"，并形成"跃读"的独特路径。有了这样一些思考，我们对学生阅读能力的培养就会更立体，效果自然更佳。

名师一定要注重研究积累，积累到一定地步，就会去联系、去联想、去触类旁通。研究到一定程度就要及时去表达，与人交流，既可以进一步梳理自己的成果，又可充分吸取别人的意见，使自己的成果更全面、更科学。

路漫漫其修远兮，对生命课堂的探究永无止境，名师的成长继续立足于"坚持用更多精力，做对学生一生有益的事情"来呈现每一堂常态课，科学设计、创新教学方式、积极反思进取。

3. 引领促进，教学相长

教师从事着育人的工作，对工作质量的要求是很高的，所以，教师要想有质的飞越，就要时刻告诫自己要追求卓越，崇尚一流，拒绝平庸，注重自身创新精神与实践能力及情感、态度与价值观的发展。

（1）取长补短，共同发展。名师工作室作为一个教师专业共同体，本身并不是一个同质性的群体，每一位教师都有自己独特的教学经验和学习、成长经历，有个性化的知识结构、信念体系和思维方式。即使是执教同一内容的教师，在教学内容的处理、教学方法的选择、教学情境的创设等许多方面也尽显个人风采。不同层次的教师都有自己的见解，他们在交流与碰撞中，彼此启迪。参与的每个人都在研究与交流中得到不断提高，从而找到了践行新课改、提高教育教学质量的支点。聂智老师和闫爱华老师同课同构执教《乡愁》，同一本教案，风格迥异，各有特色。第二批工作室成员同课异构讲授《老王》，解读不同，形式不同，相互学习，共促成长。

（2）因材施教，培养特色。名师工作室中的名师承担起培养优秀青年教师的任务，充分发挥传、帮、带的作用。工作室根据每位学员的特长，帮助学员确立教学风格和个人教学特色，并制订计划开展活动，为他们提供学习机会，定期和不定期地帮助学员打磨教学特色研究课，在尊重学员的同时帮助他们把握发展方向，提出建设性的意见和建议，争取让学员从自己的教学领域中脱颖而出，全面促进青年教师的专业成长。名师工作室成员在聂老师的指点下，加入自己的特色，在市级的"师带徒"活动的展示中荣获一等奖。

（3）教学研讨，专业提升。名师工作室研训有浓厚的研究氛围，为教师提供充分实践的机会，经历成长的过程。执教各类公开课、研究课，在专家的指导下反思自己的教学，是多年来被证实的提高教师教学水平的有效途径。聂智老师自名师工作室成立之后，几乎每周都带着大家听课、评课，就课堂教学的各个环节给予指导。成员们在指导下反复磨课，提高课堂教学水平，并针对教育教学中的突出问题进行专题研究。袁伟老师的群文阅读课颇有特色，已成为河南省高质量的示范课，这就是在一次次磨炼和反思中不断提高自己的教育教学能力和专业素养的结果。

（4）科学研究，引领成长。开展教科研活动是促进青年教师专业成长最有效的途径，工作室充分发挥教科研的示范引领作用，发挥教科研专长，积极指导青年教师开展论文撰写、课题研究等教科研活动，同时外聘专家来工作室开展课题研究、论文写作等讲座，促进青年教师教科研水平的提高。2016年10月，工作室特邀河南省教研室主任丁亚红老师对工作室的成员进行指导，共同研究"散文教学"和"群文阅读"的课题，为青年教师更好地指引了研讨方向。

在语文教育教学这片肥沃而深情的热土上，聂智名师工作室的全体成员慧心思考，不倦追求，深深扎根教育教学土壤深处。厚积方可薄发，在润物细无声中，定会听到拔节的生长声！

传承创新　引领发展　合作共赢

新乡市第十中学　周丽君

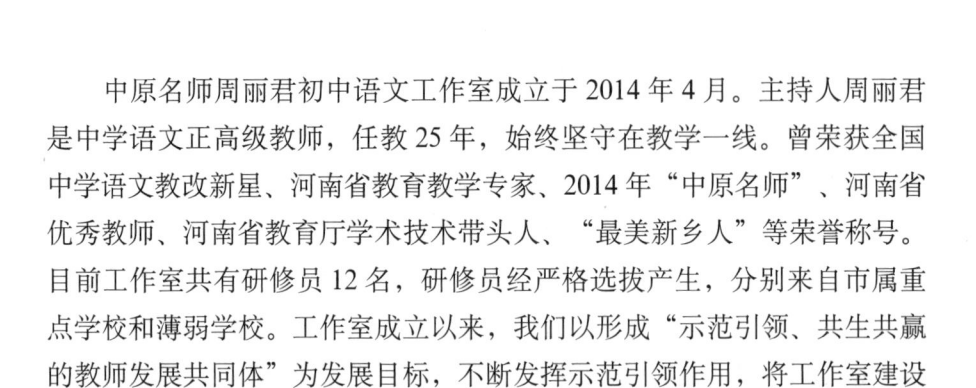

中原名师周丽君初中语文工作室成立于 2014 年 4 月。主持人周丽君是中学语文正高级教师，任教 25 年，始终坚守在教学一线。曾荣获全国中学语文教改新星、河南省教育教学专家、2014 年"中原名师"、河南省优秀教师、河南省教育厅学术技术带头人、"最美新乡人"等荣誉称号。目前工作室共有研修员 12 名，研修员经严格选拔产生，分别来自市属重点学校和薄弱学校。工作室成立以来，我们以形成"示范引领、共生共赢的教师发展共同体"为发展目标，不断发挥示范引领作用，将工作室建设成为教育教学研究的平台、名师骨干培养的基地、教育教学改革的论坛、教学成果辐射的窗口。

一、不忘初心，在反思中传承

（一）指导思想与发展理念

工作室成员秉承新乡市第十中学"阳光育人，多元发展"的教育理念，充分发挥专家教师的专业引领作用，帮助研修学员实现专业发展，以先进的理念、高尚的师德、良好的修养、丰富的经验、阳光的心态投入到工作中。我们努力建设学习型、辐射型、合作型的名师工作室，培养一支具有开放襟怀、合作意识、创新精神、成绩出色的高素质初中语文教师团队。

（1）学习型：学习和研究是工作室的第一要务，主持人在自身学习研究的同时，带动工作室成员自觉进行学习研究，使整个工作室始终洋溢着研究的学术氛围，并做到"研有成效"。

（2）辐射型：通过工作室成员三年工作周期甚至更长时间的共同努力，不断提升工作室在初中语文教育教学研究方面的影响力以及区域内的辐射作用。

（3）合作型：吸纳中青年教师，加大对中青年教师的培养力度，促使其向更高层次发展，建立名师与中青年教师合作互动的培养机制，使工作室真正成为青年教师抱团成长的基地。

（二）培育模式与具体措施

1. 多样化的培育模式

（1）导师引领指导：以周丽君为导师，以新乡市第十中学校级名师为辅助，导师全程跟踪引领。

（2）参与校本研训：研修学员平时跟随指导老师研训，全程参与学校的校本教研、年级组的集体教研、学科组的集体备课与听评课活动。

（3）同伴互动提高：在导师的主持下，研修员进行交流互动，互通不同地市的教育教学经验，为以后的长期交流奠定基础。

（4）个人学习研修：为研修员提供课堂教学改革的相关资料，要求学员在业余时间自学并做好学习笔记，养成自觉自主学习的习惯。

2. 重实效的培育特色

（1）浸润书香，提升素养。工作室成员每学期按照所列书目认真阅读教育教学书籍，撰写读书心得，定期举行读书沙龙，在阅读积累中丰富内涵、提升素养，共同打造"书香工作室"。积极开展读书沙龙展示活动，及时总结先进个人的读书经验，丰富思想，提升自我。围绕"阅读—感悟—成长—体验"主题，研修员结合自身的读书经历，和大家分享个人独特的读书体验。让读书成为生命的常态，让读书帮助每一个研修员书写更加绚丽精彩的人生！

（2）精雕细琢，研课磨课。发挥团队合作优势，研课磨课成为工作室最大的特色和亮点。研课磨课的形式有三种：

一是同课异构，活用教材显个性。工作室成员根据所教年级学段，选择同题材同节课进行"异构"或同题材不同篇目进行"异构"。这样就为教师提供了一个面对面交流互动的平台，教师通过对教材的深度钻研和个性化解读，彰显了活用教材、精选教学内容施教的个人特色。在"同课异构"教学研讨中，针对教学中的热点、难点问题，探讨教学艺术，交流彼此经验，共享成功喜悦。工作室成员从多维的角度，在多层面、全方位的合作探讨中交流、碰撞、升华，整体提升教师的教学教研水平。

二是作课赛课，融会贯通巧设计。除"同课异构"的交流研讨外，工作室还经常组织特殊的研课——对各类优质课、观摩课、示范课集体"磨课"。除授课老师精心备课外，全室老师拧成一股绳，协同进取，反复听课、议课，集全室之力打造精品课，虽然获奖的是个人，但每一节公开课无不凝聚着工作室全体老师辛勤的汗水和智慧的结晶。

三是听课评课，精做记录勤反思。听课评课、大量的课堂观察与反思是提高教师教学能力、业务水平、教学技艺的捷径。教师需在听名家名师、优秀教师、教坛新秀的课之后，抓住教学中印象深、有启发、有创意的环节或不足之处进行反思、推敲、总结。"自我反思"内容包含教育教学观念、方法、行为、效果等，"自我反思"方式有教学后记、教学随笔、教育叙事、案例分析等。"自我反思"的实质是反省、思考、诊断、自我监控教育教学中的实际问题，通过反思，不仅激发了教师的教学智慧，还实现了课堂教学效果的最优化。

（3）薪火相传，辐射影响。①一脉相承，带动区域教师成长。工作室作为区域性教学合作团队组织，其示范、带动、引领和辐射作用，不仅体现在一个研修员、一个学校的成长与发展，还体现在促进不同学校之间的相互交流和共同发展、带动区域教师的专业成长上。获嘉县照镜镇楼村中学岳喜红老师作为工作室的研修员，通过理论学习、实践研磨、课题研究等一系列活动，在专业方面快速成长。她于2014年获全国"真语文"说课大赛一等奖，于2015年获河南省优质课一等奖和河南省优秀教师称号，于2016年破格晋级为中学高级教师。为带动楼村中学语文组全体教师的学习和反思，岳喜红老师每次从工作室学习归来，都及时将所学所获和语文组教师分享交流，共同研讨。量的积累终会迎来质的飞跃，该校语文教师队伍整体素质不断提升，在教育教研方面频传佳绩。在工作室的引领下，岳喜红老师感受到专业成长的力量，也懂得了薪火相传的道理。2015年岳老师被获嘉县名师工作室聘为"名师"，成立了楼村中学岳喜红名师工作室，并多次到获嘉县边远学校送教下乡。岳老师在活动中积聚成长的能量，不断深入持久地发展，在自己成长的同时，也为其他老师的成长注入新的动力，发挥了对青年教师的培养作用。

②送教下乡，共享优质教育资源。为了真正实现工作室和乡镇、农村学校间的帮扶指导、资源共享，工作室坚持每学期组织送教下乡活动，范围涵盖辉县、封丘、延津、获嘉、原阳、新乡县等地。每次活动我们都要从人员遴选、课件准备、评课研讨、专题讲座等几个方面严格把关，让最优秀的研修员执教，送教法、送经验、送理念、送技能、送艺术，充分发挥工作室精英骨干的示范引领作用。2009年至2016年开展的20余次送教活动，不仅密切了校际间的友好合作往来，还加强了教师之间、学科之间的教研交流、信息传递、资源共享，为研修员的专业发展提供了宽广坚实的平台。

（4）互联互通，共同成长。"互联网+"理念的影响必将带来教育方式的巨大变革，也必将带来教育研修模式的全新途径。主持人带领工作室全休研修员勇立潮头，充分利用"互联网+"的优势，建立线上名师工作室，让研修模式更具延展性和想象力，让教师更具发展性和成长力。

①名师博客：利用博客发布研修主题，记录研修过程，积累研修反思；并通过丰富博文给予教师更多的研修资源，促使教师不断成长。

②研修群组：组建研修群，使研修更具动态时效性，使集体研修打破时间和空间的界限，真正为教师服务，以达到理论联系实际的目标。

③云盘资源：利用网络云盘等云空间，使教育教学资源更具开放性。教师可以从云盘中筛选有效资源使用，从而达到丰富提高自己和完善课堂的目的。

④微信公众号：通过工作室的微信公众号交流教育教学心得，反思教育教学行为，分享教育教学成果，探索语文教学真谛。

二、砥砺前行，在发展中创新

为充分发挥中原名师工作室对教师专业发展的指导、支持、提升和优化等功能，探索形成"名师带徒"式的培训模式，优化省级名师、省级骨干教师的成长路径，将工作室打造成为全省名师、骨干教师的培育基地，助力全省教师队伍梯队攀升体系的建设，工作室的设想是：

（一）培育理念

围绕研课磨课、课题研究、专家引领、读书交流四个模块展开研修，通过集中跟岗研修和返岗实践研修相结合的形式，提升参训教师的职业道德水平、课堂教学能力、教学评价能力、教育科研能力，使其成为学者型、研究型、智慧型的教师，成为学生潜能的唤醒者、教学内容的研究者、教师成长的引领者、教学艺术的探索者。

（二）培育目标

在省级名师、省级骨干教师的培育方面，工作室在对部分申报教师以及学校同层次教师进行调查的基础上，确定了培育需求。

课堂教学研究方面包括：初中语文课堂教学艺术的提升、对初中生语文核心素养的理解和把握、新课改的反思与实践等。

个人专业发展方面包括：专业成长的方向与途径、克服职业倦怠、专业成长的互助团队等。

能力素养提升方面包括：对教材文本的钻研解读能力、课题研究能力、反思能力、现代教育技术的运用能力等。

（三）实施方案

工作室采用理论与实践并重、专家引领与培育对象个人研修并重、观摩考察与反思体验并重、集中研修与返岗研修并重的实践性培育模式。通过影子教师的跟岗学习，专家引领的问题诊断，引导培育对象在任务驱动的基础上返岗实践，在交流、参与、体验中实现"做中学"，增强培训的针对性和实效性，达成培育目标。

1. 集中培育，共同成长

在名师工作室，培育对象通过一周的"研课磨课""课题研究""专家引领""读书交流""影子跟岗"活动，在集中研修中提升课堂教学、问题反思、自我发展等能力。

（1）研课磨课共提高。工作室将培育对象按照一位名师、两位骨干教师的配置分组，各组同备一篇课文（备课任务需在集中培训前完成），选两人进行同台展示。在这样的"同课异构"环节中，不同的老师根据自己的实际、自己的理解，自己备课并上课。由于老师不同，备课的结构、风格迥异，采取的教学方法和策略各有不同，这种针对同一内容用不同的风格、方法、策略进行的教学，更能体现教师对教材的深度钻研和个性化解读，更能彰显出教师活用教材、精选教学内容施教的个性特色。

每次展示结束，都要进行自评和他评，参训教师可以畅所欲言，共同分享这节课精彩的环节，指出还需改进的地方，集思广益让这一节课更完美、更艺术。在听课评课结束后，每位培育对象都要有文字性的总结，即抓住教学中印象深、有启发、有创意的环节或不足之处有反思、推敲、总结。研课磨课使教师对新课程理念把握更准确，对教材研读更深入，对学情了解更透彻，同时也使教师的点拨引导能力、临场应变能力、教学创新能力得以提升，实现教学水平质的飞跃，最终达成教学实践经验不断丰富、实践性智慧得以发展的目标。

（2）课题研究促成长。工作室鼓励培育对象结合自身教育实践，针对教育教学实践中的重点和难点问题进行专题研究。引导教师树立"问题课题化，课题大众化"的意识，通过教学反思、听课、评课、调查等形式，找到教学中存在的问题，从中提炼出课题，加强研究，形成成果，再将成果应用到教学实践中指导教学，提高教学质量。鼓励培育对象有意识地培养自己的问题意识，做教育教学的有心人。教师将教学过程中发现的新问题，激发出的新思考、新创意记录下来，通过讲述自己的教育叙事和教学案例，阐述新的思想理念。

同时，工作室为培育对象提供选题指南，培育对象三人一组，自由组成团队。选定课题后，培育对象按照开题答辩、中期汇报、结项答辩的流程完成课题研究。老师在返岗实践后，结合自身所选课题，积极开展调研，搜集资料，撰写文章。

（3）专家引领指方向。针对培育对象在教学过程、课题研究活动中亟须解决的共同问题，工作室聘请教研员、课题专家、高校教师、教育专家进行理论指导，帮助培育对象掌握先进的教育教学理念和方法，提升科研能力。专家引领既注重培训的"实用价值"，即专家指导在一定程度上要满足教师解决工作难题和提高工作效率的现实需要，通过培训让培育对象获得比较实用并且有效的方法或策略，又注重培训的"引领价值"，即专家引领应提升教师的精神境界，改变教师的心智模式，激发教师自我发展的内在动力，增强教师的职业认同感和职业尊严感等。在专家引领和谐统一两种价值的培训中，实现引领的高效能。

（4）读书交流长智慧。工作室积极开展读书展示活动，定期举办读书沙龙。培育对象围绕"阅读—感悟—体验—成长"主题，结合自己的读书经历，和大家分享个人独特的读书体验，在阅读积累中丰富内涵，提升素养，共同打造"书香工作室"。工作室为培育对象提供推荐书目清单，培育对象根据书目清单按类自选图书（至少3本），每次集中培训时上交不少于5000字的读书报告。在集中研修时开展读书展示活动，培育对象需以课件形式展示自己的观点和感悟。展示完毕后，参训教师可自由发言，交换意见。读书活动为教师搭建交流平台，形成进取、互学的氛围，帮助教师学习教育理论，更新教育观念，丰富教育智慧，促进教育创新，促进学习型教师专业成长。

（5）影子跟岗重实效。培育对象与中原名师、工作室遴选的优秀工作室成员结成对子。通过师带徒的形式，培育对象"如影随形"全方位参与听评课、备课、磨课、授课、教学评价、教研活动、班级管理、校本研修等教育教学过程，观摩学习、对照反思、实践体验、领略、感受、体验、学习名师的教学风格和特色，感受实践基地的校园文化建设，实现从知识迁移向实践能力的转化，提升教育教学能力。

2. 返岗实践，知行合一

研修教师应理论联系实际，以任务为驱动，依据培育要求，运用集中研修指导的理念与策略，在教育教学岗位上进行有针对性的师德师风、课堂教学能力、校本研修与课题研究、专业素养等方面的实践反思，完成研修任务，即教学设计、示范课、组织教研活动、课题研究、读书、个人发展规划等。以反思为核心，基于教师个人教育教学实践的反思性学习活动有助于提高研修教师自身的实践智慧。

3. 总结提升，完善提高

研修教师在专家指导下展示研修成果，可采取微型课、微课方式展示个人在学科教学方面的改进成效，以课题结题答辩的方式进行课题研究的成果总结展示。进行微故事交流，由培育对象系统总结研修过程，梳理经验，反思问题，明确改进方向，生成有代表性的成果，并制定持续性个人发展规划以指导今后的专业发展。

（四）组织管理与保障

工作室牵头建立教师发展学校与工作室两级管理机制，加强培育对象在集中研修与影子跟岗期间的管理，以及返岗实践期间的跟踪指导管理。工作室实行名师与骨干教师分组专人管理，负责了解学员研修、生活需求，组织协调研修事宜，以及任务考核管理等。建立微信群、微信公众号，利用微信平台发布任务单、推送研修成果、加强研修互动交流。学校在教学设施、安全保卫等方面统筹安排，为工作室高质量完成培育任务提供有力的组织管理保障。

工作室所在的新乡市第十中学，基础设施齐全，有图书馆、阅览室、阶梯教室、录播教室、塑胶操场、各种球类活动场、教师健身房等，实行一校三区管理模式，教研、读书氛围浓厚。工作室成员由经验丰富的高级教师和专业基础扎实、积极进取的中青年教师构成。以上条件为完成培育任务提供了有效保障，能够满足影子跟岗与集中研修的要求。

（五）考核评价

对培育对象的评价主要采取过程性评价和终结性评价相结合、定性评价和定量评价相结合的方式。过程性评价重点考查出勤、学习态度、研讨交流、实践教学、教研和读书等方面的情况，终结性评价重点考查各类成果质量及展示效果。同时建立培育对象成长档案，记录其成长轨迹。

（六）预期效果与生成资源

一是培养一批具有扎实专业素养、较强的教学科研能力和自我发展能力的省级名师与骨干教师。

二是形成"中原名师—省级名师—省级骨干教师"的学习共同体，发挥中原名师工作室的引领辐射作用，促进工作室建设与教师专业发展。

三是探索出"名师带徒"式的名师、骨干教师培育的有效模式。

四是基于学科课堂教学，建立集教学设计、课件、微课视频等内容为一体的精品课例资源库。

小学篇

从一棵树的挺拔到一片林的舞蹈

鹤壁市山城区实验小学　董文华

中原名师董文华小学数学名师工作室成立于 2016 年 3 月，核心成员 9 人，覆盖全市 8 所学校，包括 7 名小学数学教师，2 名小学语文教师。工作室秉承"学习、研究、合作""共建、共享、共赢"的发展理念，共同研讨、共生共长。领衔人董文华在鹤壁市山城区实验小学任教，是联合国教科文组织"为中国而教"项目组特邀培训师、教育部新世纪版课标教材优秀实验教师、首届河南最具影响力教师、河南省教学技能大赛特等奖获得者，出版教学专著《让小学生恋上数学》，参编《好班是怎样炼成的——小学班主任班级建设之道》。

一、从专业成长到生命成长

工作室在"学习、研究、合作""共建、共享、共赢"发展理念的引领下，向着学有专长、教有风格、研有建树、师有魅力的培养目标前行。成员们求上进、愿学习、肯吃苦、淡名利，通过读书思考、课堂研讨、课题研究、辐射引领、同伴互助等途径开展多种多样的活动，在理论素养、教学实践、教科研能力以及精诚协作的团队精神等方面都有了提升。

工作室聘多名外援专家：张文质是著名教育专家，生命化教育倡导人；孙明霞是著名教育专家；张宗奎是教育媒体人。强大的外聘指导团队给工作室成员的专业成长提供了有力的支持与帮助。

（一）勤学以修身

工作室自成立以来，每一位成员都恪守"修身自悟"的原则，大家一致认为"让学习为自己带来更多的机会"不是学生的专利，而是每个人成长的最好方式。成员以加入工作室后的充电学习作为自己的新起点、新挑战，虚心向专家学习、向书本学习。

工作室定期利用网络资源进行学习，确定周三为网络学习日，了解国内数学教学的最新动向，开启思路，扩大视野。围绕"数学教育国际视野""数学课程标准""数学本体性知识""数学教学热点问题""读懂学生""错误研究"等主题展开深入细致的学习，使工作室的教育研究之路越走越宽。

1. 以课例研修为载体，提升实践智慧

我们聚焦课例研修，紧紧围绕"以学为中心的教学行为的改进"这个主题，在"初教—研讨—定教"的研修过程中反复磨炼，改进教师的教学行为，促进教师更专业地教，学生更深入地学。

付丽娟执教《认识平均数》时，团队聚焦"新课程理念下如何进行概念教学，如何从统计学的角度理解平均数的概念，让学习真正发生"的主题开展研讨。课例几经修改，最终在和濮阳张素红名师工作室联谊活动中亮相，得到了专家的认可。

王婷老师执教《三角形边的关系》时，团队围绕"怎样的情境引入能激起学生的探究热情""怎样的探究活动是科学的、严谨的""如何克服摆小棒时两边之和等于第三边时对学生思维的干扰"等问题进行研讨。经过研磨，本节课获鹤壁市优质课大赛二等奖。

2016年7月23日，成员付丽娟和名师贲友林执教了《乘法分配律》的同课异构课，团队聚焦研讨主题：对于规律的教学，要尽力体现不完全归纳法的研究过程，还要尽力淡化对概念的咬文嚼字，用数形结合的方法从乘法的意义理解分配律。不仅思考"怎样教"，更重要的是思考"为什么这样教""还有没有更好的教学"。正因为有了这样一系列的思考，才有了一课再上、多课连上的立体实践；才有了"对自我的否定""对教学的重启""对教育的再思考"；才有了教好是基础，要教出数学味道，还要教出数学境界和人文精神的自我要求。

2. 依托教育网站，以写促思

工作室的成员相继开通了教育博客，他们记录自己的课堂以及研修学习和读书心得。以思导写、以写促思，虽然文字还比较浅显稚嫩，但是大家都能够坚持记录自己教育教学中的所思所想。只有坚持，才能越写越好！写，然后知不足。

3. 理念思辨，开展成长论坛

"能上课、能表达、能研究、能策划"，这是工作室的年度发展目标。工作室尽力搭建让成员展示和"PK"的舞台，让他们去挖掘自身潜力，相互鞭策，互为评价，共同进步。

工作室举行的"精湛专业、魅力人生"理论素养答辩会，也是对工作室成员的读书交流、研课送教、教学艺术等理论素养提升的检验。成员随机抽取答辩题目，题目涵盖教育学、心理学有关领域，涉及课堂、班级管理、教育理念、教育价值观等，且每个成员的答辩题目均不相同。然后给相应的准备时间即兴进行现场答辩。

学员之间的相处也是一种学习，每个人的个性和专业优势都不一样，有的教师课堂教学能力突出，有的擅长科研，有的在班级管理上有一套自己的特色。大家在一起同读、同写、同修，取长补短，这本身就是学习。

（二）游学以立言

什么是幸福？读了以后能想，想了以后能写，写了以后能讲，和更多的人分享，这就是幸福。

领衔人董文华先后到山东省五莲县育才小学、山东省乐陵市实验小学、苏州市枫桥中心小学、林州市第三实验小学等地进行课堂教学示范，还在郑州市航空港区新教师培训、周口市班主任培训、鹤壁市新教师岗前培训等活动中作班级管理、教师阅读与写作、教师专业化成长指导报告；成员唐芳、付丽娟、周小红、徐睿等人承担国培以及市区名师论坛、送教下乡任务。我们通过这些工作起到了区域带动、资源共享的引领示范作用。

此外，工作室还积极创新研修模式，和濮阳张素红名师工作室、郑州宋君名师工作室、南阳李付晓名师工作室进行跨地区研讨，对聚焦课堂教学、数学教师专业素养提升、核心素养在课堂等问题进行了有针对性的研讨。工作室还多次深入到民办学校，先后赴河南小樱桃·鹤壁晨光学校、浚县新镇镇世纪新星学校开展送教研讨活动，并鼓励他们多参与教研活动，创品牌学校、做品牌教育。

一个人可以走得很快，一群人可以走得更远。这一年工作室共有三十余篇文章在《教育时报》《师道》《福建教育》《小学教学》《发现（教育版）》《新世纪小学数学》等报纸、杂志上发表；成员多人被评为鹤壁市名师，市、区教学标兵，并在市级优质课中获得一等奖。

加入工作室，其实是寻找最好的成长伙伴。这里没有师徒，大家互为师长，互相见证，互相鼓励。在工作室任命仪式上团队曾许下诺言：没有完美的个人，只有完美的团队！大家一起共读教育书籍，共写教育随笔，共走教育旅程，共享教育生活，成为一个有品质、有趣味、有生命节奏、有教育情怀的精神联盟。

二、让研修成为教师成长的"关键性事件"

（一）目标定位

中原名师工作室要承担培育省级名师和骨干教师的任务，首先要明确教师职业生涯处于这一层次人群的职业生存状况和成长需求，了解培育对象如何发展，发展什么，以及怎样的研修才能让大家自觉投入又拥有持续的热情。

1. 客观分析

结合个人的成长经历以及平日的座谈和观察发现，大家平均教龄在10~15年左右，普遍存在以下几个特征：有丰富的实践经验，但缺少系统的、有目的的课堂教学研究项目；关注学科知识点，但对前沿的学习理论知之较少；参与教研活动时有想法，但视野比较窄，缺乏和"高手"的专业交流。

2. 理性判断

在分析培育对象作为学习者的优势和不足后，我们确定了在教育教学行动中学理论、反思经验，在与团队同伴的亲密合作中，以课例为载体，进行探索性研修的活动内容，这是教师们需要的。

（二）培育模式

专家引领、跟岗研修、任务驱动、同伴互助。

（三）培育目标

开阔教育视野，提升人文素养，提高教学技能，形成教学风格。通过培训，实现三个转变：从被动参与者到主动学习者，从聚焦课例到培植专业品质，从培训一批教师到打造一个"学习实践共同体"。

（四）研修形式

1. 导师负责制

省骨干教师、省名师培育对象的培养实行中原名师导师负责制。导师通过与进修学校和培育对象的联系与沟通，掌握培育对象在集中培训、分散研修中的动态，确保日常管理的实效性与考核的公正性。

2. 集中培训与分散研修相结合

中原名师通过专题报告、交流研讨、听评课等活动引领培育对象实现专业成长，充分利用培育工程项目办公室提供的资源优势，根据培育进程定期邀请课程实施、科研课题等方面的专家进行有针对性的指导，也可以根据自己的资源优势邀请外援专家进行教育理念、教育写作、生命课堂等方面的引领。教师们只有视野开阔了，才能站在高处做教育。

每次集中培训结束，培育对象根据工作实际，结合指导教师的要求开展教育反思、个人自修、专题研究等教育教学实践活动。

3. 定期研讨与跟踪指导相结合

中原名师对培育对象在教育教学实践、教研及专业发展中遇到的问题进行整理，对具有普遍性的问题总结形成讨论专题，集体研讨解决；个性问题通过网络或走进培育对象所在学校、课堂的形式，进行一对一或一对多的跟踪指导。

4. 任务式驱动与多元化学习相结合

中原名师通过公开课展示、专题论坛、读书写作、网络交流等多种形式，为培育对象搭建展示、记录和思考研修过程中新思想、新方法和新感悟的平台。

培育对象要按照培养方案，积极参加读书写作、跟岗实践、网络研修、课题研究、参观考察、专家入校指导等多样化、多地域的学习活动。

5. 接受培训与引领带动相结合

培育对象要将研修的教育教学理念充分运用到实践中去，通过各种形式在本市学科领域内发挥专业引领和模范带头作用，积极参加相应学科教师的观摩研讨培训。

（五）培养路径

1. 以深度阅读和教育写作来提升教师专业内涵

首先，培育进程中要求成员不仅阅读学科杂志，还要读教育理论经典著作、心理学书籍、童话等，拓展阅读的宽度、广度和厚度。我们采用"阅读·思考·交流"的方式，为大家提供必读书目、选读书目等多种学习内容，采用集中时间读、分散自由读，书面交流读书反思，撰写导读文章、读书笔记等不同形式营造读书氛围。读书不仅拓宽了大家的教育视野，更重要的是使大家保持内心的淡定，守住职业尊严，做学生心中的名师，帮助教师完成自我培养、自我教育的历程。其次，通过教育写作促进教师的自我反思和成长。写作实现了教师成长的第二次飞跃，使其成长之路越来越开阔。

2. 以深度学习来指导研究中的行为跟进

中小学教师的研修活动是以问题解决为导向的，是教师在解决教育实践问题过程中展开理论与实践的对话过程。理论上通了，实践上未必能做好，从理论到实践之间有一个很难跨越的鸿沟，即"懂得如何做"与"做"，不仅不相等，而且两者还不具有必然的因果关系。读来、听来的理念，会在教育情境中不期而遇；思索、碰撞来的理念，会在教育改革中经受检验、修正并得到延伸。从这种意义上来看，"行为跟进"是弥合理论与实践的一条较有效的途径。

（1）以同课异构为核心。确定以"同课"为主题，才能保证教师在一个共同的基础上进行比较式的研讨，可以从小学数学四个不同领域的教学内容出发，选择相关的课题作为同课异构活动的主题，围绕同一教学内容，基于"以学为中心的深度学习"进行深入的研讨，收集各种资源，学习相关理论，准备教学设计，并将设计付诸教学行动。

（2）以集体磨课为基础。磨课是提升教师教学水平、促进教师成长、优化课堂教学十分有效且必需的路径。"磨"，不仅仅是一个表面的、简单的活动过程，更是一个思想上产生触动、心智里迸发出火花，不断反思教育教学得失、反省教学理念和学生观的思维过程。

（3）以观课、议课为方法。不同教师分别就同一个内容进行不同风格的磨课、上课，团队全体成员参与观课、议课。观课、议课之前，成员收集相关资料进行学习，寻找理论支撑，为解决上课中存在的问题提供策略，也为观课、议课提供理论知识和分析问题的视点。

（4）用"理想的课堂"审视"现实的课堂"，完成课堂重建。教师最为深刻的学习来自有价值的、真实问题情境中的亲身体验、同伴交流、问题解决以及反思建构的过程。每一次研讨，不仅思考"怎样教"，更重要的是思考"为什么这样教""还有没有更好的教学""如何教更贴近学生"，这样的思考一步步趋向于更专业的教学反思和诊断，构成一种多维度、发散性的教学研究，丰富了对课堂和教育的理解。

3. 举办微报告、微论坛，提炼教学主张

在研修过程中适时开设微报告和微论坛，每人可以根据自己的优势选择主题。主题可以多样，如"做智慧型教师""见证成长""走向课堂深处""在角色中品味教学""我的团队我的家"等都是做得很好的主题。内容上可以分为读书实践交流、备课组经验建设分享、课堂教学感悟、教育智慧四大板块。研修过程中应把更多的话语权交给教师，因为榜样就在身边，智慧也在其间。在这些活动中清晰表达自己的过程，有助于教师完成从具体经验到抽象理论的提炼。

（六）考核评价

1. 显性目标

培育期内，实施"321"考评措施。即读3本教育论著、磨3节精品课例、带3位青年教师；写2篇高质量教育教学论文，上2次公开课；作1次区级以上专题讲座或主持1次教学专题研讨活动。

2. 隐性目标

真正的教育者，一定有"自我发展"的成长诉求，有豁达开朗的人生态度，有自觉寻求专业支持的意识，有悲天悯人的教育情怀。这份源自内心的"热爱"，绝不是一时的"短平快"，而是把深究、发展贯穿于整个职业生涯，完成从"匠"到"师"、到"家"的蜕变。培育过程能给成员带来这样看不见摸不着的熏染，好似播下了一颗希望的种子。

其实"平台""工程"只是一种外部动力，一种载体和方式。一年的培训，我们固然希望培育对象在教育理念、课堂教学、课题研究等方面有实质性的提升，但更希望每位培育对象转变在"培育工程"里的角色定位——从被培训者到创造者，希望这样的研修过程能让每一个培育对象感受到浓郁的文化氛围，唤醒成员专业发展的内驱力，在离开"平台"后，能够面向自我，向内寻求成长的力量，自己点燃自己，修身自悟，呈现出持久的热情和敏锐的洞察力，成为教育教学中的认知者、体验者、创造者，完成自我建设、自我规划、自我成就的蜕变。

学思行，引领成长的方向

驻马店实验小学　郝秀丽

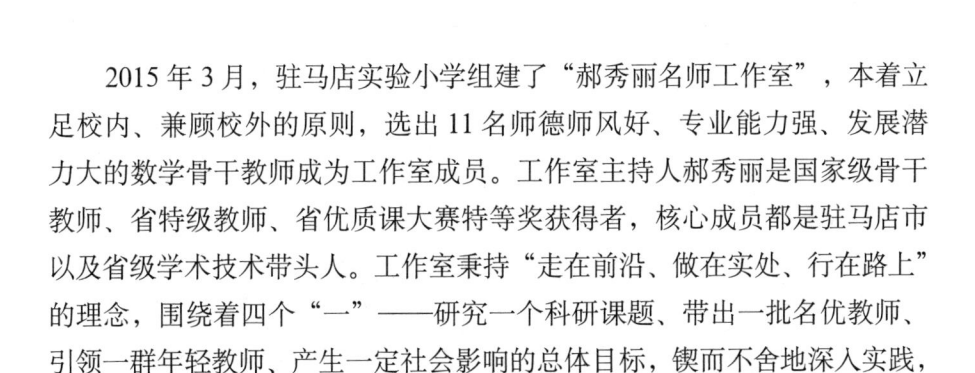

  2015年3月，驻马店实验小学组建了"郝秀丽名师工作室"，本着立足校内、兼顾校外的原则，选出11名师德师风好、专业能力强、发展潜力大的数学骨干教师成为工作室成员。工作室主持人郝秀丽是国家级骨干教师、省特级教师、省优质课大赛特等奖获得者，核心成员都是驻马店市以及省级学术技术带头人。工作室秉持"走在前沿、做在实处、行在路上"的理念，围绕着四个"一"——研究一个科研课题、带出一批名优教师、引领一群年轻教师、产生一定社会影响的总体目标，锲而不舍地深入实践，扎扎实实地开展工作。

一、工作室的发展模式及举措

  工作室确立了"领衔名师引领—核心成员驱动—年轻教师紧跟"的三级发展模式，形成教师团队化发展梯队，让名优教师彰显"风格"，骨干教师不断"升格"，年轻教师迅速"合格"。为了让大家朝着相同的目标奋斗，在共同的思想体系下发展教育教学，我们的路径有以下三条：一是精神的深层引领。我们努力将驻马店实验小学的理念文化精髓渗透到每一位成员心中，让追求卓越成为全体教师广泛认同的价值追求。二是工作室的文化建设。我们把工作室的室风定为"行思"，行，寓意着实践、行动、尝试；思，代表着思考、求索。要求每一位成员"为促进学生发展而行，为促进教师发展而思"。三是用"规划愿景"引领行动方向。我们商讨确定了团队"成为在全市乃至全省小学数学领域有影响的教师团队"的目标，确定了践行"行思"课堂，打造"行思"科研，引领"行思"阅读的方向。

（一）学习交流的工作坊

1. 以"名师课堂"为载体，系统地学习教育教学知识

工作室聘请驻马店市数学教研员鲍元申老师，2014年中原名师刘忠伟、张凤仙为特聘导师，为工作室的教研把控方向。工作室还依托学校的"大家讲坛"，聘请学术界著名的专家学者来讲学。让学员走近名师，与"大家"进行精神对话、沟通思想，从而开启思路、扩大视野、增添智慧。工作室开设了"名师课堂"，主持人郝秀丽先后给成员作了《我的教学主张》《教学＋研究＝专业成长》等讲座，用自己的成长经历告诉大家教师专业成长的途径——在实践中学习，在反思中提升，在研究中成长；吴剑春老师的《继承与创新》讲座，让课改以来有些迷茫的教师豁然开朗；郑艳老师的《探究性学习的思考与实践》讲座，为高年级数学教师的课堂教学实践提供了可行的办法……

为了让学员及时了解小学数学学科的最新动向，工作室创造条件鼓励成员外出学习，并在回来后的汇报中将学到的知识梳理深化，提高认识。2015年10月郝秀丽、杨春、郑艳等赴黄山参加全国第十二届深化小学数学教学改革观摩交流会，通过这次观摩，我们明确了课堂教学的发展方向——立足于学生的发展、把握好数学的核心素养、保持好学习的旺盛热情，在实践中着力培养大家的创新精神。

2. 以读促思，提高工作室成员整体素质

工作室十分重视培养学员的阅读习惯和阅读能力，有计划地定期组织学员开展读书活动。通过推荐书目、口头交流读书感悟、书面交流读书反思、撰写阅读导读等不同的形式，提高大家阅读的自觉性和积极性。大家一起重温雷夫·艾斯奎斯的《第56号教室的奇迹》，共同赏析《华应龙与化错教学》的智慧，品读刘加霞的《小学数学课堂的有效教学》中的策略。在读书中思考，在思考中前行。

3. 以"郝好老师交流群"为平台，发挥辐射带动作用

工作室创建了"郝好老师交流群"，与中原名师张凤仙工作室结成了"成

长共同体",另外还吸引了一批主持人所承担的国培培训、省培培训学员,每隔一周周四晚上8:00~9:30进行网上专题教研。每期交流全体工作室成员围绕既定主题进行研究讨论,并有专门的记录人负责整理讨论材料,研讨会后形成相应的教研活动记录。群成员来自不同省份、不同地市,在互动与交流中,我们的团队建设也得到了大力发展。源源不断的专业力量的加入,让我们从价值共享互融的视野中,寻求到了适合团队发展的更为宽阔的路径。

(二)经典课例的磨炼场

1. 以集体磨课为基础,提供互助和提升平台

"好课磨砺出",这是多年实践的经验。郝老师指导工作室成员以小组为单位,分别就"说评课"的主题进行广泛而深入的研讨,并在实践中不断地加以反思、调整、完善。仅在年轻教师苏露参加"说评课"的备课过程中,工作室就进行了五次磨课研讨,对教案切磋琢磨,对问题设计、活动开展、学情分析等细节进行推敲修改。集体教研会,是个人思想与集体思想发生碰撞、交融和提升的时机,也是工作室凝聚人心、激发斗志、互助提升的平台。

2. 以打磨公开课为核心,推动全员发展

执教教师在集体磨课的基础上,把教学设计向工作室及全体教师公开。上公开课前,执教教师首先围绕所选主题说课标、说教材、说学情、说预设、说思路、说意图;上课时,执教教师围绕既定的教学目标、教学思路,有计划、有步骤地予以展示;课后,执教教师反思课堂上的得失,参与听课的教师进行议课、评课。观课之前,每位教师都要对相关资料进行学习。我们把这种观课、议课称为"有备而来"。观课时,观察课堂上发生了什么,集中注意力及时捕捉课堂信息,推断执教教师教学行为背后的想法,判断执教教师的教学行为是否收到了预期的效果,思考效果与行为之间有什么联系;议课时,在课堂现象和事实的基础上,提出困惑、听取解释。上课、观课双方对彼此的意见进行深入的思考和讨论……力争把每一节公开课,上成示范课、优质课,让执教教师在打磨公开课的过程中,得以进步;听课教师在议课、评课之后,有借鉴,有收获。

（三）研究成果的生发场

名师工作室成立后，我们更加清楚地认识到工作室的职责就是要出经验、出成果、出思想。这就要求我们在常态化教研活动的基础上，以专项课题研究为抓手，系统研究，提升攀高，逐步形成成果。我们围绕着"提高小学生运算能力"开展了低年级"计算好玩"的设计与开发，推出"玩转计算""口算擂台""口算接力""数字牌"等项目。我们还把口算与体育运动相结合，走向室外。孩子们在游戏中口算，在蹦蹦跳跳中提高了口算速度，又培养了团队合作意识。

（四）名优教师的孵化地

郝秀丽名师工作室不仅在本地区发挥着示范、引领和带动作用，还将影响辐射到了郑州、许昌、商丘、安阳、阜阳等地。例如：主持人多次应郑州师范学院邀请，为省名师培育对象作《用反思提升教育生活的品质》《名师的特质——做一名反思性实践者》专题报告；多次受商丘师范学院邀请，为国培学员作《在品读课标中思考数学教学》专题讲座，结合教学实践对十个核心词进行生动的阐述和深刻的分析，引领教师们站在一定的高度把握数学教学的本质；应正阳县教师进修学校邀请作《生动有效数学课堂的追寻与思考》专题报告，用一个个生动、翔实的课例谈一线教师如何构建"生动有效数学课堂"，让学生更有效地获取知识技能、更有序地发展思维能力、更有机地提升数学思想、更有利地受到情感教育；多次承担驻马店市教师培训，分别为特岗教师、市级骨干教师作《让爱走在教育的前面》《爱自己就栽培自己》的专题讲座，用自身成长经历鼓励他们做忠诚于教育、爱岗敬业的教育人。

核心成员郑艳老师多次为驻马店市骨干教师作专题讲座及示范课，沈玉凤老师先后在正阳县、泌阳县为一线教师作《做孩子们心目中的好老师》专题讲座，吴剑春老师为驻马店市特岗教师作《小学数学中的继承与创新》专题讲座，为青年教师尽快掌握数学教学的方法提供了良策。

二、工作室的培育方案及要求

郝秀丽名师工作室对如何有效地培养省级名师和骨干教师形成了以下方案。

(一) 培育目标

通过组织具备条件的骨干教师到中原名师工作室进行为期一年的分模块、分阶段、递进式、实践型跟岗研修,培育一批省级名师和骨干教师,进一步发挥中原名师工作室对教师专业发展的指导、支持、提升和优化等功能,探索形成"名师带徒"式的培训模式,优化省级名师、省级骨干教师的成就路径,助力全省教师队伍梯队攀升体系的建设。

(二) 培养路径

让"好学、深思、力行"成为教师自觉行为的培养路径主要有五条。"自学—交流":有规定书目、自选书目,有网上交流、座谈交流等。"听讲—对话":有专家讲座、教师讲座,有当堂对话、笔谈对话等。这两条路径的共同点是促进"学"与"思"相结合。在此基础上还有三条"做中学"的路径:"聚焦课堂""聚焦科研"与"项目推进"。多年的实践表明,五条路径具有很多可观的优势。究其原因,其实就是"学—思—行"一体化的落实和可操作化。

(三) 培训思路和模式

2016年9月河南省教育厅印发的《依托中原名师工作室培育省级名师骨干教师试行方案(2016—2020)》中提出:培训采取专家引领、任务驱动、跟岗研修的模式,以教师师德水平和业务能力的提升为核心,紧紧围绕教师的师德水平、课堂教学能力、教学评价能力、教育科研能力、课程资源开发与利用能力、校本研修能力、学术交流能力和管理能力,通过集中研修、课题研究、影子教师、研课磨课、总结提升等环节,支持培育对象日常反思改进,激励自主发展,促进培育对象研究中原名师成长路径、建构中原名师能力素质模型、制定教师专业发展规划、实现教师专业成长的层级进阶。

1. 集中研修

集中研修重在诊断测评和系统学习。一般通过采取现场诊断、专题讲座、主题研讨、行动研究和成果展示等方式，定期开展主题鲜明的递进式系列研修活动，着力帮助培育对象解决教育教学中的突出问题，持续提升教育教学能力。

2. 课题研究

课题研究重在提升教师的教育教学理论研究能力。工作室秉承课题从教学中来，从课堂中来，从学生中来的理念，真正让课题研究服务于教学实践，解决教学中的实际问题，努力做到问题研究课题化，课题研究行动化，行动研究成果化。

首先，有针对性地介绍适合一线教师的科研方法，如行动研究法与案例研究法。重点介绍以课例为载体，将案例研究、行动研究、课例研究合为一体的研究模式，以提高工作室成员科研基础。

其次，开展"科研诊断"活动，活动分两段进行。

第一段是分组研讨。方式为"学员自述—同伴互助—专家点评"。首先，由学员围绕研究什么、为何研究、怎样研究陈述自己确立的科研课题，如研究的背景与现状、研究的目标与内容、研究的方法与步骤以及预期成果形式，并就制订计划或实施研究过程中遇到的问题、困惑寻求同伴与专家的帮助。然后，同组学员针对所述课题各抒己见，展开"头脑风暴"，提出修正与补充建议。最后，专家对此课题在选题、立意、研究方向（目标）与内容、课题研究的理论意义和实践意义，以及研究方法、研究步骤、成果形式等方面提出进一步的诊断意见与修改建议，并对大家的讨论作出点评。

第二段是集中交流。先由各组代表交流分组研讨的情况，而后由专家就诊断过程中发现的一些要点问题，如怎样缩小课题切口、怎样确立必要的研究假设、怎样明晰研究的思路等，结合诊断实例作深入的阐述。相对于课堂教学来说，学员的科研能力要弱一些，所以面对面的诊断、手把手的指导是非常必要的。

3. 影子教师

影子教师重在观摩学习、对照反思、实践体验。中原名师要注重原理知识、案例知识、策略知识的传授。培育对象要在真实的现场环境中，细致观察研究中原名师教育教学行为，把"听、看、问、议、思、写"等自主学习行为整合为一体，实现知识迁移和向实践能力的转化。

4. 研课磨课

研课磨课要围绕研修主题，按照研修任务，结合校本研修开展。研课环节着力开展课例研讨，进行对照反思，突出经验学习。磨课环节突出课堂教学问题解决，围绕教学目标、教学内容、教学方法与手段、教学评价等进行打磨，不断改进教学设计。同时，通过示范教学、同课异构、专题研讨等方式生成优质课、精品课。

5. 总结提升

总结提升要开展研修成果展示，采取说课、上课、评课等方式展示教学改进成效，通过微课例、微案例、微故事等展示研修成果；要系统总结研修过程，梳理经验、反思问题、明确改进方向，生成代表性成果，制订持续性个人发展规划。

（四）培训方式

本着"注重能力、讲求实效、更新观念、发展自我、形成特色"的原则安排培养计划。主要采用师徒结对、专家讲授等进行指导。教师之间进行观摩和研讨学习、听评优质课，参与交流研讨。教师自身通过课题专题研究进行交流学习，边学习，边研究，边实践，边总结，边提高。

1. 发展规划

每人写出具体的"发展规划"。

2. 专家培训

培训内容包括教育教学理论与实践、教育科研基本知识、师德修养、提高教育教学质量的策略与方法、现代教育技术等内容。采取专家讲学、名师讲座等方式。

3. 理论学习

培养良好的自我学习习惯，培训期间至少要读 2 本教育教学理论书籍，做好读书笔记，并写出心得。

4. 跟岗学习

定期进入名师所在的学校进行跟岗学习。

5. 教学反思

每周在教案中写好教学反思。反思内容字数不限，重在记录感悟、总结得失。

6. 教学展示

每学期至少参加一次校级或校级以上的观摩课、示范课、优质课展示。

7. 课题研究

学员必须承担工作室课题中的一项研究内容，亦可根据本人在教育教学中碰到的问题，开展小课题专项研究。及时总结提炼研究成果，形成研究论文或成果报告。

8. 观摩研讨

参加工作室组织的精品课例观摩研讨活动。要求教师围绕研讨专题带着问题听课，积极发表见解，依照示范课例及归纳小结将研讨成果迁移到自己的课堂教学中。

9. 教师沙龙

组织学员探讨教学体会，畅谈教学感受，倾诉教学困惑，研究解决方法，介绍成长经历，或就某个专题开展讨论，发表见解，展示才能。

10. 记录成长

工作室将建立团队成员发展规划与成长记录袋，并将其作为评估成长效果和筹划下一步发展方向的重要依据。

（五）培训中的六个注重

1. 注重学员主体

如同课改强调学生是学习的主体，培训也应让学员成为主体。比如，每次活动让学员针对主题提前准备，先学、先写、先说。教学诊断也是先由学员自行研究，独立开展教学现状与学情的调研。

2. 注重头脑风暴

让学员畅所欲言，充分展示自己的设想，在讨论、争辩的过程中深化认识、提高思辨能力。

3. 注重博采众长

工作室内部，除了专家团队的专业引领，来自各地的学员本身也是一个学习资源的富矿。工作室外部，除了请进来、走出去，各种媒体也能提供极其多元、多样的学习资源。实践表明，内外结合能够高效地提升学员的实践起点，促进其吸收内化各种学习资源。

4. 注重知行合一

通过行为跟进，将他人的真知灼见、将自己的改进设想付诸实践，才能将隐性的感悟外显，实现自我超越。毫无疑问，这个过程越及时越好。因此，我们自始至终提倡"知行合一"，以真正体现培训成效。

"博采众长"与"知行合一"不仅是有效突破学员专业发展瓶颈的策略，也是校本研修跳出原有水平的举措，消除了"听时激动，过后不动"的现象。

5. 注重突出重点

在致力于打造系统化培训课程框架、夯实特色发展基础的同时，还必须突出培训成效显现的重点。比如，打磨个人的精品课、研究的论文以及工作室承担的研训项目等，以此为抓手，借助任务驱动，促进做中学，在实践中出真知。

6. 注重资源整合

充分利用主持人的专业资源，将培育活动与名师工作室、区域教研、学科研究的相关活动加以整合、优化。这不仅有利于盘活资源，丰富培训的内容与形式，还能发挥中原名师工作室的示范辐射作用，从而增强培训效果，提高培训效益。

（六）评价考核方法

评价考核方法为自评、互评、室评三种考核方式相结合，对各阶段的表现进行公正评价。按自评 20%、互评 30%、室评 50% 的权重综合出学员的总成绩，最终接受省教育厅的评价考核。

1. 自评

由考评对象提交自评小结，并在一定范围内公开述职。

2. 互评

由组长组织小组评分。

3. 室评

由工作室主持人组织工作室成员集体讨论评分。

立己达人　互融共生

濮阳市开德小学　何风彩

何风彩名师工作室成立于2009年，是由濮阳市教育局组织建立并正式挂牌的濮阳市首批名师工作室。2014年4月，被市教育局评为"濮阳市首批优秀名师工作室"。2014年8月，工作室升级为"中原名师何风彩小学语文工作室"。主持人何风彩为河南省特级教师、教育部"国培计划"授课专家、河南师范大学特聘硕士研究生导师、濮阳市专业技术拔尖人才。目前，工作室有核心成员12名，其中3名为省级教学名师。工作室团队近些年执着于探索简约但不简单的"全营养儿童语文教育"之路，取得了突出的成绩。工作室主持人和核心成员被邀请到省内外教师培训班作示范课或专题报告100多场，得到一线教师的好评。

一、立己达人，建设中谋发展

（一）指导思想与发展理念

我们坚信：因为遇见，所以改变；因为改变，所以成长。成长是生命遇见互相影响后的改变，何风彩名师团队的精神文化追求是"立己达人　互融共生"。

工作室团队的教育追求是"仰望星空，坚守当初的教育梦想；脚踏实地，做实当下的教育小事"。工作室充分发挥中原名师何风彩的示范引领作用，带动区域内一大批小学语文教师专业素质的提高，把工作室打造成教育科研的基地，教师教育资源辐射的中心，教师专业成长的平台和精神家园。工作室主持人在成就别人的同时，实现自我更新成长，逐步走向"豫派实践型教育家"的成长目标。

（二）培育模式与具体措施

1. 研制精品课例，让生命在讲台上扎根

教师的成长主要通过课堂的改变来体现。研课、磨课是教师成长的重要方式，工作室团队通过共同打造精品课例实现教育思想互融共生，让青年教师脱颖而出，快速成长。何风彩名师工作室把研课、磨课当成常态工作，先后帮助青年教师王振卉、赵娜、安媛、孙利革等进行研课、磨课，让这些成员迅速成长起来。

王振卉曾经作为河南省代表参加全国青年教师阅读教学大赛并获得特等奖。工作室参与打造的《荷叶圆圆》《呼风唤雨的世纪》《唯一的听众》《称赞》《雷雨》等精品课例在全国各地进行示范课教学并产生了广泛的影响。

2. 承担培训工作，在启迪同伴时升华自己

有人说，最好的学习效果是自己教会了别人，所以，最好的培训也应该是让其本人去做培训者。近些年，何风彩名师工作室团队承担了国家级、省级、市级小学语文教师培训任务，主持人会根据培训班学员需要和工作室成员的特长设计相关培训课程。

每次接到培训任务，工作室成员都会有一定的压力，大家会仔细斟酌自己讲给教师的每一句话。因为我们知道，自己在讲座中呈现的每一个观点和案例都会影响到大批教师和他们身后的无数个学生。带着这份沉甸甸的责任和压力，工作室成员会精心准备每一个培训讲稿。大家反思自己的教育教学实践，审视一线教师在教育教学过程中存在的各种问题，并查阅大量的书籍和资料。给学员讲课时，自己原来思考的结果会更清晰，更有条理，同时脑子中还不断产生新的更多、更有价值的想法。

这样的培训经历，让工作室成员突破了一个个成长的瓶颈。他们没有了职业倦怠，总是期待在以后的教育教学工作中去尝试，去创新，去体验，去发现。不管是培训者，还是被培训者，这个经历使他们带着主动探究、互动分享的习惯，开始以后的教育实践和探索。

我们将自己的培训经历和心得记录下来，撰写了《培训给我们带来了什么》一文，2007年在《师资建设》杂志上发表。

3. 搭建教研平台，在反复历练中完成蜕变

每一个人的成长都离不开平台，中原名师工作室应该为教师的成长搭建足够的教研平台。工作室每年都按照工作计划开展丰富的教研活动，这些活动成了大家受益的专业平台。工作室活动形式有读书沙龙、主题教研、名师论坛、同课异构、技能大赛、送教下乡等。河南省教育厅师范处杨永盛参加了我们2012年首期名师论坛，称赞我们的名师工作室建设成效显著，在教师专业引领上发挥了重要作用。

在这个"互联网＋"的时代，我们的交流可以不受时间和空间的限制，达到沟通无极限的便捷程度。何凤彩名师工作室的网络平台有校讯通博客、公共邮箱、微信群、河南教育资源网等。工作室成员定期写教育教学反思，把反思上传到教育博客中，大家可以看到彼此的教育文章，进行交流。我们通过微信平台分享好的教育文章和教研活动文字及图片，彼此启发工作思路，以及对教育教学的深层思考。

4. 心系教育均衡，将示范引领延伸到乡村

何凤彩名师工作室成员中大多数人的童年是在乡村度过的，大家有着深深的乡村教育情结。工作室每年都承担义务送教下乡的工作任务，为此，我们确立了"工作室主题教研活动和送教下乡进行整合"的工作思路。同时，我们工作室还吸纳了两名乡村骨干教师。他们虽然在乡下工作，但有着浓浓的教育情怀，在教育领域有执着的追求和实际行动。我曾多次带着工作室团队走进乡村学校，进行主题教研活动。活动中，乡村教师和中原名师教研团队面对面，从一个个课堂关键事件中深入研讨学生学习语文的规律，提升了乡村教师的教育教学理念，培养了课堂教学技能。工作室还带着几千册图书到乡村进行儿童阅读推广活动，让广大乡村教师掌握有效的儿童阅读推广路径。

（三）管理保障

何凤彩名师工作室自2010年起，每年接受濮阳市教育局年终工作室业绩量化考核。考核量化指标有师德修养、专业成长、教育科研、团队合作、

示范引领、工作业绩、奖励加分共七项。考核制度给工作室带来了压力和动力。每年，工作室主持人要面对全市名师和市教育局负责师训工作的领导进行年度工作述职，教育局组织评委进行评定。通过考核，何凤彩名师工作室被评为濮阳市首批优秀工作室。

何凤彩工作室每年对学员进行量化考核，并制定了细致的量化考核方案。方案中明确规定了工作室成员需要完成的研修任务，以及量化标准，有力地促进了工作室成员的专业成长。

2014 年 8 月，何凤彩工作室升格为中原名师何凤彩小学语文工作室，同时开始接受省教育厅的考核，将工作室推向了更高的层次。

（四）成果与收获

1. 工作室成员快速拔节生长

工作室成员王振卉老师代表河南省参加全国优质课大赛获得特等奖，被邀请到全国各地做示范教学，多家教育媒体报道她的识字教学特色并开专栏发表她的教育文章，已成为河南优秀青年教师的名片；赵娜和王红妍老师参加河南省优质课大赛均获得一等奖，她们的精品课成为很多教研活动中的课例典范；程瑞华老师已经被省教育厅授予省级教学名师称号，并晋升了副高职称，多次被邀请到河南师范大学进行经典诵读教学专题讲座；赵娜老师每年在国家、省、市级报刊发表文章近 100 篇，成了多家教育媒体的重要撰稿人，2016 年被评为全国优秀辅导员，在北京人民大会堂，受到党和国家领导人接见；黄慧萍老师被评为市级学科带头人，还被提拔到了学校重要岗位。这些年，主持人何凤彩老师多次接待来自山东、河北等地的教育同行，为他们做公开教学，受到了广泛认可与好评。

2. 提炼了教育教学主张

中原名师何凤彩小学语文工作室倡导"全营养儿童语文教育"，创建"简约但不简单"的多课型语文课程体系；近些年在低年级实施"大识字教学"，所撰写的 4000 多字的文章《创建灵动而开放的识字课堂》在国家级刊物《小学语文教学》杂志发表，主持人何凤彩在许多小学语文国培班进行识字教学讲座，推广成功的经验。

二、互融共生，创新中共成长

（一）培养理念

中原名师何风彩小学语文工作室紧紧抓住河南省教育厅依托中原名师培育省级名师工程这一契机，通过承担培育任务，助推中原名师工作室主持人何风彩向"豫派实践型教育家"的目标走得更快，扎实做好培育工作，进一步提升工作室主持人和成员的教育教研能力。同时发挥中原名师工作室的示范引领、辐射带动作用，促使培育对象向省级名师和骨干教师发展。

（二）培育目标、任务

通过一年的培育工作，为河南省培育出有高尚师德、有教育情怀、有教育教学水平和教研能力的 5 名省级名师、10 名省骨干教师，同时在此过程中进一步加强中原名师何风彩小学语文工作室的建设，使其成为河南省"小学语文教育实践研究的基地""教师学习合作交流的平台""教师教育资源辐射的中心""教师专业成长的精神家园"，由此带动更多教师成长为省级名师和骨干教师，形成以中原名师工作室为核心的河南优秀教师团队。

（三）培育计划、思路和途径

1. 高品质阅读引领内涵发展

高品质阅读指的是阅读教育经典书籍和人文经典书籍。2017 年度培育对象全年阅读书籍 4 本，初步选定阅读的教育书籍有《有效教学》《陶行知教育文选》，人文书籍是《哲学与人生》《论语 300 讲》。要求学员做好读书批注，撰写读书报告 4 篇，每篇不少于 2000 字。通过高品质阅读涵养工作室成员朴素而高尚的教育情怀，把对教育的追求内化为自己的人生信仰，并怀揣教育信仰去追求教育理想，在教育实践中不断探索教育的真谛。

2. 跟岗研修共生教育智慧

2017 年度安排一次跟岗研修，跟岗研修时间为一周。跟岗研修期间，学员要全程参与中原名师何风彩的教育教学工作，近距离了解中原名师的教育生活具体内容和现实的节奏，感受校园精神文化。跟岗期间要求学员深度参与学校活动,从而达到资源共享,并在活动中实现教育智慧共生。

濮阳市实验小学是濮阳市开德小学的本部,是河南省的一所名校,有着丰富的教研资源和教师教育资源,每年在春、秋两个季节都安排有"真人读书馆""主题性学习展示周""与名师面对面"等重大教研特色活动。跟岗研修期间,工作室负责安排学员观摩濮阳市实验小学教研活动,并要求学员写出观摩体会。

3. 任务驱动提升教育能力

2017年度,工作室给学员安排以下研修任务:一是打造精品课一节,要求提供具体的教学设计、录像光盘、不少于1000字的课后反思。二是撰写教育文章4篇,每学期撰写2篇,全年4篇,每学期的2篇文章,其中一篇要求是工作室课题研究的内容,另一篇根据自己的工作特长自由撰写。三是撰写本年度读书报告4篇,依据年初确定的读书篇目,学员读完上交4篇读书报告。

4. 课题带动做强主题教研

小学语文教学低年级学段和中高年级学段的教学内容和教学对象有很大差别,为了使研究更具针对性,工作室安排让长期处于小学中高年级学段擅长习作和教学研究的学员参与"激活小学生语言积累的研究"课题;让长期处于小学低年级学段擅长识字教学的学员参与"'大识字教学'促进识字素养提升的研究"课题。学员一起做资料的搜集工作,发现教学规律,撰写研究论文,搜集教学案例,提炼教育教学主张。另外,针对部编新教材举办教研活动,研究部编新教材一年级下册,研究识字教学中随文识字和集中识字的优势整合。

5. 整合利用各类培训资源

工作室主持人何凤彩每年都会在河南师范大学、郑州师范学院、许昌学院、平顶山学院等高校国培班作专题报告,主讲的专题有《小学作文教学的难点和对策》《让阅读教学简约但不简单》《创建灵动而开放的识字教学》《爱是师德之魂》《如何建立小学课堂教学秩序》《我的成长我的路》《班主任的三项修炼》等,专题涉及作文教学、阅读教学、识字教学、师德修养、课堂组织、班级管理、专业成长等。何凤彩是教育部教师工作司命名的第三批"国培计划"授课专家、河南师范大学特聘硕士研究生导师、河南省中小学幼儿园教师教育专家，拥有不少教师培训资源，工作室将其进行整合利用，让工作室成员得以享用这些学习资源，从而获得更多的学习机会。

6. 建网络平台实现交流无极限

工作室建立专用微信群、QQ群和电子邮箱，便于大家及时地分享资料、交流思想、碰撞智慧。主持人每天通过给大家发送每日分享，文字内容或励志修身，或启迪教育智慧，或引发人生思考。

（四）组织管理

1. 建立健全组织

工作室根据每个培育对象的工作性质和特长，采用学员申报、主持人认可的办法选定学习小组组长、副组长、联络员、文字资料收集员、摄影摄像等专职，保证信息通畅，工作运转良好，信息资料收集及时。

2. 学校全方位支持

主持人何凤彩是濮阳市开德小学业务副校长，有丰富的业务交流平台，濮阳市实验小学是河南省教师发展学校，两所学校为研修活动提供活动资金、场地服务、学习资源等全方位的支持。

（五）评价与考核

1. 建立考核制度

从学员的学习出勤率、活动参与度、研修活动表现、任务完成质量等四个方面进行考核，并制定具体的学习研修考核方案。

2. 注重过程性评价

让学员在学年初明确一学年的具体研修任务。平时将学员学习情况、任务完成效果和研修成果按照方案细则进行量化考核，并及时发布考核结果，督促学员高质量完成研修任务。

3. 采用多元评价

为使评价科学、真实，取得应有的效果，本工作室评价的主体有三方：主持人评价占40%，学员之间互相评价占30%，所在学校的评价占30%。让每一位学员既立足本职工作，又积极参与工作室研修活动，并深入课题研究，全方位提升教育素养。

"五能"教师 从这里走向卓越

南阳市第十七小学 李付晓

李付晓小学数学名师工作室成立于 2012 年 8 月，2015 年 8 月被河南省教育厅命名为中原名师李付晓小学数学工作室。主持人李付晓是中小学高级教师、特级教师、河南省教师教育专家、河南省学术技术带头人等。工作室现有成员 22 名。全体成员秉承做"思考的行者"的理念，努力将工作室建设成为教师成长的平台、展示的舞台、研究的基地、示范的窗口、辐射的中心、名师的摇篮。工作室以"打造一支师德高尚、理论水平高、学科造诣深、业务技能精的'五能'教师团队"为建设目标，以"立足实践，专题研究"为工作理念，以"研究教学，培养教师"为工作重点，努力实现"成长有目标，教学有风格，研究有成果，教师有思想"的愿景。

一、建设工作室，确立"五能"发展目标

以中原名师的名字命名中原名师工作室，是创新之举，也是对中原名师及中原名师培育对象莫大的鞭策和激励。中原名师李付晓小学数学工作室成立以来，我们以课堂教学为切入点，以教学研究为着力点，以课题研究为支撑点，以读书学习为增长点，努力建设工作室，搭建促进青年教师专业成长以及个人提升的发展平台。

（一）筹建工作室

2015年7月，名师工作室开始筹建。从对照标准选址、购置设备，到布置室内文化、制度上墙，都得到了各级领导、专家的指导和帮助。在工作室硬件建设初具规模的基础上，我们按照自愿申请报名与学校推荐相结合的方式，选拔出15名工作室成员。这些成员中，既有城市教师，也有乡村教师，同时我们还聘请了10位专家担任学术顾问。随后，主持人和所有成员一道，集思广益，共同设计工作室标志、提炼工作室工作理念、确立工作室工作重点、讨论工作室目标定位等。经过紧锣密鼓的筹备，名师工作室成立了！看着全新的环境，憧憬着名师工作室的未来，心怀专业化成长梦想的我们舒心地笑了。

（二）管好工作室

一流的名师工作室，需要一流的规划、一流的管理、一流的成效。从名师工作室成立那天起，全体成员就下定决心，一定要成为最好的！

1. 确立"五能"发展目标

明确的目标是成功的起点，清晰的规划是成长的保障。根据《河南省教育厅关于深入推进中原名师培育工程的通知》精神，我们共同商讨确立了专业发展目标，即"做师德师能同铸，教学科研并进的'五能'教师"。"五能"即能上课、能学习、能研究、能写作、能讲座。我们认为"教是本，学是根，研是源，写是道，讲是术"，只有具备"五能"，才能成长为真正的名师。与此同时，我们共同商讨、制定了各类规划，包括名师工作室五年总体规划、年度工作规划、成员个人三年发展规划、个人年度读书计划等，做到年年有方案、人人有目标。通过制定规划，全体成员达成了共同愿景，明确了发展目标和努力方向。

2. 在规范管理中进行制度创新

在充分讨论的基础上，我们制定了6项重要的工作室规章制度——《李付晓名师工作室工作制度》《李付晓名师工作室成员考核评价制度》《李付晓名师工作室研修制度》《李付晓名师工作室考勤制度》等，为工作扎实、有效地开展奠定了基础。在具体实践中，我们除了实施"读书签名制"，还实施"活动签到制""任务清单制"。

3. 在创新方式中完善档案管理

在档案建设上，我们创新地实施了"移动档案"，根据方便管理、方便使用、发挥效能的原则，创新地把档案分为规划篇、学习篇、活动篇、成果篇、总结篇等9大类。

（三）用好工作室

1. 搭建网络互动平台

我们建立名师工作室博客、微信群、QQ群、校讯通4个网络平台，及时发布工作室的工作状态、活动安排和研究成果，上传课例课件、教学反思、教学素材等课程资源，积极开展网络教研，实现成果推广、资源共享和各成员之间随时随地的交流互动。

2. 开展形式多样的活动

除了学术交流、送教下乡活动，工作室成立以来，还开展了"公开展示课"活动，提升成员课堂教学水平；举行教材解读活动，使全体成员对教材的理解和把握能力得到进一步提升；进行信息技术培训，使成员们掌握了Focusky等软件的使用方法，能够自觉运用现代信息技术服务于教与学；举行"微型课竞赛活动"，扩展了成员们的专业知识；举行"中原名师培育工程课题开题论证会"，为工作室"做真研究，出真成果"提供了可靠的保证；举行年度工作总结交流会，对照目标，分析达成情况，反思不足，把年度例行工作会开成了催人奋进的动员会。

3. 示范引领，发挥辐射带动作用

"一花独放不是春，百花齐放春满园"。一年多来，我们名师工作室的主持人，在提升个人素质的同时，多渠道、多形式开展同伴互助、区域引领活动，把辐射带动更多教师走上专业化发展之路，作为自己的应尽职责。

（1）开展区域学术交流活动。2015年、2016年两次召开"李付晓教学主张研讨会"。在交流活动中，我们工作室成员以课例、专题讲座、互动交流的形式展示了工作室研究的成果。思想的交流和碰撞，擦出了一朵朵智慧的火花，让所有与会教师受益匪浅，使活动真正成为引领思想、碰撞思维、点燃激情、共生智慧的研讨活动，实现了引领、带动区域教师发

展的预期目标,取得了圆满成功。

(2) 开展送教下乡活动。为了使更多的乡村教师了解前沿的教育教学理念,主持人李付晓带领工作室成员五次"送教下乡"。每次活动都按照上研讨课、评课、作专题报告的流程进行,受益教师达1000多人。此外,我们工作室还积极参加区教体局开展的城乡学校"委托管理",两次深入学校托管的两所农村小学进行常规教学督导工作,对这两所偏远农村小学的教师进行专业引领,推动城乡学校一体化发展。

(3) 积极承担培训任务。工作室主持人李付晓兼任卧龙区进修学校教师,同时还被南阳师范学院聘请为国培教师,先后受邀在巩义市、南阳师范学院和邓州市、南召县、方城县等作专题讲座60多场。此外,工作室成员还参加了卧龙区教科所组织的"送教科研下乡活动",树立了"接地气,驱内力"的培训观,采用"体验式、参与式"的培训模式。这种针对参训教师所需的"菜单式"培训深受教师们欢迎,参培教师在收获教育知识、方法技能等的同时,激发了"向上、向善"的内驱力。

(4) 培养指导青年教师。在指导青年教师方面,工作室采取"思想熏陶、行动引领、分段达标"的方法,为他们搭建成长的平台,对他们进行细心的指导培训。为促进他们理论水平提升,工作室实施"读书签名制",督促他们多读书、勤积累。为促进他们实践能力提高,工作室成员围绕"构建自主学习下的目标化课堂"进行课例研究。通过一系列扎实有效的引导、培训,工作室所培养的教师都能够自觉践行教学主张,在专业化成长方面取得了阶段性成就。

"没有最好的个人,只有最强的团队。"经过一年多的建设,李付晓小学数学名师工作室已经进入良性发展的轨道。各项工作有序开展,充分发挥了名师在课堂教学、课改实验、课题研究、师资培养等方面的示范、指导、引领作用,辐射、带动了区域内小学数学教师专业素质的整体提升。工作室成员的教学能力、研究能力和学术修养都有了明显提高。

二、发展工作室,培养优秀青年教师

名师工作室有两项重点工作:一是进行学科研究,二是培养优秀教师。

因此，培养青年教师是中原名师工作室应尽的职责，也是一种使命。根据河南省教育厅教师〔2016〕758号文件精神，为进一步发挥名师的辐射、引领、带动作用，发挥名师工作室的指导、支持、提升功能，将中原名师工作室打造成青年教师培养的基地，每个中原名师工作室都将承担省级名师和省级骨干教师的培养任务。如何来承担这一任务？我们是从以下几个方面开展的。

（一）选拔培育对象

在选拔培育对象时，应遵循"自愿原则"，实施"双向选择模式"，把有强烈成长愿望的教师确定为培育对象。根据省文件中的选拔条件，各地初步遴选培育对象，然后由中原名师工作室按照培育名额和选拔条件遴选培育对象后，将名单上报省教育厅审核，确定最终参加培育者名单。

（二）制定培养目标

工作室制定的培养目标是"努力将培育对象打造成师德高尚、业务技能精湛的'五能'教师"，不断地锤炼教学技能，凝练教育智慧，形成教育思想，实现从"教书匠"到卓越教师的转变，不仅引领专业能力，更要引领精神层面，使培育对象不仅有能力、有风格，更要有思想、有情怀、有境界，实现对自身的超越。

（三）确立培养内容

工作室以师德水平和业务能力的提升为核心，紧紧围绕教师的师德水平和课堂教学能力、教育科研能力、课程资源开发等能力进行培育。围绕"五能"发展目标，具体培养培育对象以下五种专业能力：一是"教的能力"。引导培育对象提炼自己的教学观，不仅能上出好课，上出具有自己特色的课，体现自己研究方向的课，还能发挥引领作用，教别人把课上好。二是"学的能力"。引导培育对象既能向书本、专家、同事学习，也能向教育教学实践学习，不断提升学习能力。三是"研的能力"。引导培育对象树立"基于问题解决"的科研观，不仅能常处于研究状态，而且也能引领其他教师做研究。四是"写的能力"。读书和写作是教师成长的双翼，督促每一位培育对象坚持写作，写教育随笔，写教学反思，写学习感悟，写教育论文等，以提升写的能力，使其更加睿智。五是"讲的能力"。讲是教师专业之术，要为培养对象创造机会，走出去作讲座，从而促进他们总结提炼自己的教育教学思想和理念，增强他们的自信心，以生成更多的智慧。

（四）选择培养模式

对青年教师的培养采取名师引领、任务驱动、跟岗研修的模式，热情地对他们进行指导培训，使其专业快速发展，促其尽快成为省级名师和省级骨干教师。

（五）实施培养途径

规划是一种设计，目标是一种愿景。"规划＋行动""目标＋实干"，才能不断提升素质，最终成就卓越。为使培育对象快速成长，我们工作室采取如下的方法途径：

1. 坚持学习，固本厚基

深厚的理论素养、完备的教育思想体系是名师的标志之一，而学习是达成这一目标的首要手段。一是明确学习内容。引导培育对象树立"有心、用心、恒心"学习观，坚持读书学习，记笔记，做摘录，写感悟。让"欲要教好书，先做读书人"理念根植于每位培育对象心中。要坚持向培育对象推荐书籍，落实好读书的效果，通过写读书报告、开展读书交流活动以及口头测试等形式落实读书效果。每学期举行一次大型的读书汇报交流活动，每学年要向工作室博客上传2篇读书计划和2篇不少于3000字的读书报告。二是丰富学习途径。探索丰富的学习途径，实施"互联网＋名师"的策略。利用名师工作室博客、微信群、QQ群等网络平台，进行培训、互动、答疑解难。三是加强沟通交流。鼓励工作室成员多与名师联系沟通，汲取经验，碰撞思维，共生智慧。同时，主持人带领培育对象与其他名师工作室开展区域研讨交流活动，并结为成长共同体，共同提高，共同发展。

2. 坚持写作，提升水平

如果说阅读使人美丽，那么写作让人睿智。因为写作的过程，也是理清思路、发现问题、明确方向的过程。大量的写作可以提升写的水平，升华思的深度。引导青年教师树立"多思勤记"的写作观，及时反思、提炼、总结，形成文字，要求每位培育对象写出高质量、有创新价值的文章。

3. 坚持研究，形成思想

教育科研是名师成长的必由之路，是把思考和实践融合在一起的有效载体。工作室要引导培育对象坚持"工作课题化、课题工作化"的理念，在日常教育教学实践中，做到"善思考""多提炼""勤总结"，围绕研究课题、教学主张开展研究、撰写论文、整理成果，重点研究课堂。名师工作室要经常性地为培育对象搭建课堂教学水平展示、研究、提高的平台，以促其快速成长，每学期都要举行一至两次大型公开展示课活动，每次活动都要有侧重点。此外，还可以开展会课、同课异构、个人教学思想研讨会等活动，使培育对象在不断的实践、反思中快速成长。

4. 定期访谈，诊断释疑

定期对培育对象进行访谈，是一条比较好的培养途径。中原名师和工作室聘请的导师与培育对象进行对话有重要的意义，因为针对个体，进行一对一的评价和诊断，指导更有针对性。指导的过程也是即时性点评和指点的过程，可以解决培育对象的个性问题。

5. "影子工程"，提升能力

名师工作室将根据实际情况，实施"影子工程"。每学期跟岗学习两周，让培育对象在观摩学习中，对照反思，实践体验。中原名师要毫不保留地向培育对象传授知识技能，进行思想、实践上的引领。培育对象也要认真观察、研究中原名师的教学行为，以促进自己实践能力的提升。

（六）落实管理措施

为使中原名师工作室培养优秀教师的工作扎实、有序、有效，我们采取了如下的措施：

1. 建立"三个机制"

李付晓小学数学名师工作室通过建立以下三个机制对青年教师进行培养：

（1）规划机制。工作室要结合省级名师和省级骨干教师的培养方案，制定名师工作室发展规划、年度工作规划。与此同时，中原名师要指导培育对象制定切实可行的个人发展规划、个人年度读书计划等，具体可操作的发展规划为培育对象成长为河南省名师和骨干教师奠定基础。

（2）管理机制。一是制定完善的管理制度。在了解实际情况的基础上，中原名师要带领工作室成员和培育对象制定、完善和学习工作室重要的规章，为工作扎实、有效地开展奠定基础。二是具体实践落实制度。对培育对象实施"任务清单制"管理，就是依据工作室年度工作计划，把每学期工作任务以"清单"的形式在学期初下发给每位培育对象，成员根据清单内容认真完成，并将完成情况记录存档，作为考核的依据。实施这种管理办法，可以让每位成员清楚自己的目标任务，及时完成任务，提高管理效益。

（3）导师机制。李付晓小学数学名师工作室聘请高校专家、教科研部门的专家等组成导师团队，承担咨询、指导、诊断、评价等服务，为成员营造良好的成长环境。

2. 实施"分段达标"举措

李付晓小学数学名师工作室引导培育对象做"五能"教师，采用了"分段达标"的方法。第一阶段，重在培养"能学习，能上课"的能力；第二阶段，重在培养"能研究，能写作"的能力；第三阶段，重点培养"能讲"的能力。为达成阶段目标，工作室将根据培育既定方案开展相应的活动，为培育对象的成长搭建平台，同时鼓励培育对象的个性发展，为他们的创造提供舞台，让他们的个性得到张扬。

3. 建立培育对象成长档案

在培养的过程中，李付晓小学数学名师工作室要建立学员成长档案，记录学员的成长轨迹。档案内容包括培育对象申报表，各种规划、计划，课题研究材料，教学设计，教育随笔，读书计划心得，各种奖励证书等。

（七）评价考核方式

李付晓小学数学名师工作室对培育对象的培养力求规范、科学，在科学评价中注重成员的成长过程。在评价种类上，工作室采用两种评价方式：期总结和年评价。在评价方法上，按照《李付晓名师工作室培育对象考核评价制度》要求，采用量化积分办法，重视过程性评价。在评价内容上，一看静态材料，二看活动表现，三看发展成效。在评价结果运用上，对于考核优秀的培育对象，在名师、骨干教师的选拔上优先考虑。此外，每学年末要召开总结会，每个培育对象进行 10 分钟左右的陈述，并接受导师的质询。这样的评价，督促培育对象积极参加各项活动，较好地完成自己承担的任务，促使其尽快成长为优秀教师。

"奋斗有幸福，创造无止境。"建设发展工作室，任重而道远，但对于今后的发展，我们信心坚定，方向明确。人，因梦想而伟大，因团队而卓越，因感恩而幸福，因学习而改变，因行动而成功。我相信，在项目办领导的关怀支持下，在浙江师范大学导师的培育指导下，我们中原名师工作室一定会培养出更多的优秀青年教师，为实现教育强省之梦而助力。

"1+X"研修模式，让成员成长与绽放

南阳油田实验小学　刘娟娟

刘娟娟小学语文名师工作室成立于2014年4月。主持人刘娟娟，教育硕士，是中小学高级教师、河南省师德先进个人、河南省教师教育专家、河南省优秀教师。刘娟娟27年坚守小学语文课堂，主研习作教学，著有习作教学专著《教你发现语言密码》。工作室成员16人，除主持人外，有教学经验丰富的骨干成员5人，新参加工作缺少教学经验的青年学员10人。骨干成员在团队中引领示范，和主持人一起带领青年学员成长进步。工作室以"成长与绽放"为主题，以"1+X"为研修模式，使全体成员在成长中绽放，在绽放中成长，实现共同提高。

一、关于工作室的建设与发展

（一）指导思想与发展理念

为了贯彻执行《河南省教育厅关于深入推进中原名师培育工程的通知》文件精神，充分发挥中原名师及其工作室的示范、引领和辐射作用，按照建设"学习型、辐射型、合作型"名师工作室的要求，努力将名师工作室建设成教师培养的基地、名师展示的舞台、教学示范的窗口、科研兴教的引擎、教育改革的论坛，打造区域性教学合作团队，搭建促进中青年教师专业成长以及中原名师自我提升的发展平台，努力形成一支在南阳基础教育领域中有成就、有影响的高层次教师团队，进一步为推动河南基础教育

做贡献。

刘娟娟小学语文名师工作室建设与发展的主题为"成长与绽放"。

1. 打造有特色的发展共同体

以工作室主题"成长与绽放"为核心，以习作研究为重点，形成独有的工作室文化，形成工作室特色和品牌。共同读书，共同研究，共同成长，享受教育的幸福。在成长中绽放，在绽放中成长。

2. 让骨干成员"绽放"

帮助和督促骨干成员提炼自己的教育特色，能作报告，能上公开课，能进行课题研究，能以"写"为形式，形成反思习惯，每学年至少有一项获奖或有文章发表，成为南阳油田实验小学语文教育的引领者。

3. 让青年成员"成长"

使青年成员能尽快上好每一节课，能独立完成个人专项领域的教学任务，能养成写反思、记教学随笔的习惯，每学年至少有一项获奖或有文章发表，成为南阳油田实验小学语文教育的生力军。

4. 解决语文教学问题

在每一个学年，全室能解决关乎语文教学的一两个突出问题，为区域内语文教学做贡献。

5. 发挥示范引领作用

名师工作室要充分发挥示范、引领和辐射作用，利用自身优势，采取特色教研、送教下乡、结对帮扶、专题讲座等形式，积极、主动地承担教育厅安排的河南省名师、河南省骨干教师培养任务，并通过他们将名师工作室的成功经验和研究成果推广辐射到其他学校，为河南省教师整体素质的提升做贡献。

（二）培育模式与具体措施

工作室自成立之日起就确立了以"1+X"为形式的工作室培育模式。

1. "1+X"含义

"1"指的是工作室的共性研究，"X"指的是每个成员的个性研究。工作室围绕共性的"1"开展活动，成员根据要求学习和落实。在一个学期中，每个月用教学随笔的呈现方式完成下面四项"1+X"，"1+X"要求工作室的每一位成员在每一个学期中，带着这样的四个"1+X"去享受教育。

"一个研究点+X"："一个共性的研究 + 学校或个人兴趣的研究"。

"一本精读书+X"："一本精读的专业书 + 泛读的兴趣书"。

"一节公开课+X"："一节理念指导下打磨的课 + 理念指导下的家常课"。

"一双教育眼+X"："一次建立生活与教育的有效连接 + 日常感悟心"。

2. "1+X"呈现方式

每个月至少一篇教学随笔，每学年至少有一项获奖。

3. "1+X"呈现平台

校讯通的公共博客——刘娟娟小学语文名师工作室账号与密码成员共用，共同登录，实现资源共享、智慧共享、互动交流、学习提高。同时，名师工作室博客下链接学员的博客并将此链接同学校网站建立链接。

4. 活动方式

每两周组织活动一次，活动后通知下一次的活动主题与内容。活动的开展灵活多样，听讲座、听课评课、交流学习体会、交流读书收获、好课研讨、专题讨论、主题碰撞等均可。

工作室成立三年来，以"1+X"为活动形式，开展了一系列扎实有效、有影响的活动和卓有实效的研究，在区域内产生了良好的影响，对青年教师的成长起到了积极的作用。

三年来刘娟娟小学语文名师工作室的共性研究已经进行了三项，分别是语用研究、博客互动研究、"四线两面"习作创新研究。

围绕着每个时期的共性研究，工作室成员通过读书、上公开课、日常教育发现等开展教育教学研究。工作室成员面向油田全体小学语文教师进行了两次大型活动，一次是"博客互动"与习作教学专题讲座，一次是语用研究专题下的"发现语言密码 照亮习作之路"，受到了一致好评，目前，工作室的研究成果已经在学校全面推广，工作室的这项习作特色专题研究也于2016年10月形成习作教学专著《教你发现语言密码》发行，同时，刘娟娟及工作室成员也应邀到各地作关于习作教学的专题培训，先后到汤阴、巩义、信阳、郑州等地传播工作室的研究特色及成果，一线老师非常认可讲座呈现的工作室研究成果，认为有实效，接地气。

工作室共性研究外的个性研究是指在进行工作室要求的小课题研究外，结合学校的研究方向和自己的特色进行的研究。工作室一共进行过两次"X"研究的展示，在专题活动中，工作室主持人刘娟娟分别给大家进行了"总分段训练"的课堂教学展示，进行了"外貌描写"教学法如何出新的示范，在工作室主持人刘娟娟的引领下，大家的研究也精彩纷呈。在第一次的展示中，陈菲的"班级表扬课"让大家眼前一亮，深受启发，参加工作室活动的南阳市油田第五小学校长看过之后，就在全校推广了班级表扬课，这也是工作室辐射引领作用的体现。王晓玲老师的小组合作研究收到了促进班级整体提升的效果，将接班时的 9 分差距缩短到了 5 分，在全校的质量分析会上，王晓玲老师作了典型发言。朱惠平老师"课内与课外如何进行链接"的研究给大家如何开展生本教育提供了很好的借鉴，在后来的油田教育中心语文教学全员培训中，朱惠平老师给全体语文老师作了培训。岳照存老师和朱春兰老师的儿童诗研究引来了工作室的新成员，他校酷爱写儿童诗的青年教师也因儿童诗研究被吸引，通过申请加入了工作室团队。

（三）管理保障

1. 学员选拔

本着自愿申报与学校推荐相结合的原则，学校和工作室主持人沟通后进行了成员的初步选拔，最后报上级教育主管部门同意并召开专门会议。会议由教育中心领导及工作室成员所在学校校长及全体工作室成员参加。按照建设"学习型、辐射型、合作型"名师工作室的要求，工作室招收"学习型"的学员，把有学习欲望、愿意自我提升的老师吸收到工作室，这是基本点；招收"辐射型"的学员，把工作室成员分成两个阶梯层次——能引领的骨干型和初涉讲台的学员型；招收"合作型"的学员，学员要有合作精神，包括学员与学员之间的合作、工作室与学员所在学校的合作等，它们能够给青年教师提供成长的合力。

2. 聘请学术顾问

油田教育中心副主任李冰有丰富的教授培训经验，油田第五小学于溟慧校长在经典诵读、三阶作文以及语文教学方面的研究都非常深入，我们聘请他们做工作室的学术顾问。担任我们工作室顾问的还有教育中心主要领导、师训部门领导、教研室的语文教研员以及工作室成员所在学校的校长等。

5位骨干成员中有4位是学校中层干部，一位是年级组长。他们的业务能力都非常强，重在以"绽放"的姿态，在工作室的工作中发挥引领作用；10位青年学员都是近两年新分到油田的青年教师，通过在工作室的学习，重在以"成长"的姿态，在工作室中学习进步，给工作室培养青年教师提供可借鉴的模式。

3. 建章立制

一流的名师工作室，需要一流的规划、一流的管理，这样才有一流的成效。工作室制定并明确工作室主持人及成员职责，制定名师工作室发展规划、个人发展规划、个人读书计划等，做到年年有方案、人人有目标，通过制定规划达成共同愿景，明确发展目标和努力方向，促进个体发展，每个学期结束后，工作室成员以"我的教育生活审计"总结一学期来自己的目标达成情况，总结时围绕工作室"1+X"的主题内容自我检查、自我审计。同时，用读书"签名制"、活动"签到制"、任务"清单制"保障活动效果。

（四）特色与创新

刘娟娟小学语文名师工作室的特色就是"习作教学"。工作室成立三年来，始终围绕着习作教学确立研究点，"语用研究"从教材中词句的语用落实到生活中的运用，都是为提高学生的表达能力服务的；"博客互动"研究则从利用信息技术平台如何上好作文点评课的角度研究提高作文点评实效的途径；"四线两面"创新作文研究分别从迁移创新、想象创新、记实创新、探究创新的角度开展习作内容研讨教学的系列活动。每次活动让学员都非常有收获。

梯度成长是工作室的又一个特色，工作室成员除有教学经验的骨干教师外，其他10名都是入职不久的青年教师，其中一名工作不到一年就加入工作室，这也体现了工作室在青年教师成长中的作用和价值。

二、关于工作室承担教师培育工作的设想

根据河南省教育厅的要求,为了优化省级名师、省级骨干教师的成就路径,助力全省教师队伍梯队攀升体系的建设,中原名师工作室将承担省级名师、省级骨干教师的培育任务,承担青年教师培养的任务,对于这项工作,工作室有如下设想:

(一)培育目标和任务

1. 培养省级名师、省级骨干教师

通过刘娟娟小学语文名师工作室的"联动培训"与"主题研修"模式,分模块、分阶段、递进式、实践型跟岗研修,培育出 5 名省级名师和 10 名省级骨干教师,让受训的 15 名教师达到"四项全能":能上公开课,能做报告,能做课题研究,能写教育反思。

2. 探索工作室培育教师新模式

探索和"学院派"不同风格的"一线名师"育名师的培训模式,寻找省级名师、省级骨干教师的专业化成长路径,形成优秀人才培养的长效机制,实现中原教育崛起的理想,进一步发挥中原名师工作室对教师专业发展的指导、支持、提升和优化等功能。

3. 在"育人"中"育己"

来自河南省各地市的省级名师与省级骨干教师也是各地教育教学精英,有很多值得大家学习和借鉴的地方。通过培育省级名师和省级骨干教师活动,让中原名师在博采众长、兼容吸纳中提炼自己的教育思想,完成省教育厅对中原名师期望的"豫派实践型教育家"定位,从而为新一轮的培养奠定更好的基础。

(二)培育思路

以教师师德水平和业务能力的提升为核心,紧紧围绕教师的师德水平、课堂教学能力、教学评价能力、教育科研能力、课程资源开发与利用能力、校本研修能力、学术交流能力和管理能力,进行多样化的培育。

培育思路总体模式："联动培训+特色研修"。

1. 联动培训：从广度上让受训对象感受中原名师的教育智慧

调动豫南小学语文中原名师工作室联盟资源，实现两个共享：一是资源共享；二是智慧共享。豫南已命名的信阳市第九小学周雁翎中原名师工作室在"养读课程"开发中有独到的经验，汝南县第三小学王红艳中原名师工作室在"经典教育"中有丰富的智慧，南阳油田实验小学刘娟娟中原名师工作室在"小学生习作教学"中有值得借鉴的经验。三个工作室各承担一周体现自己工作室研究成果的省级名师、省级骨干教师的培育工作，负责组织三个工作室前来培育的15名名师和30名骨干教师的学习与管理。联动培训时，负责培训的工作室根据自己的教育教学研究特色确定培训内容和培训方式。

2. 特色研修：从深度上让受训对象学习本工作室的教学特色

接受培育的15位教师在走进中原名师"刘娟娟小学语文名师工作室"培育之前，都是当地的佼佼者，有较为成熟的教学经验，甚至有一些教学成果。到工作室接受培育期望尝到的是"刘娟娟小学语文工作室"的"特色餐"。因为习作教学研究是我们工作室的特色，所以，我们就以特色为方向，既展示已有成果，又进行深入探讨。

（1）围绕特色的集中研修。刘娟娟小学语文名师工作室三年以来主要研究习作教学。受训教师来到油田实验小学后，刘娟娟老师为他们作工作室特色研究的专题报告：一个是"四线两面"课题的主要内容，另一个是关于如何发现语言密码，照亮习作之路。同时，工作室骨干成员岳丽萍老师为他们作想象创新专题讲座；工作室骨干成员朱惠平老师为他们作关于课内外阅读路径的探索讲座；工作室骨干成员李正见老师为他们作关于习作记实创新方面的尝试讲座。还聘请信息技术能手陈荣团老师作微课制作专题培训。

（2）围绕特色的小课题研究。"刘娟娟小学语文名师工作室"的课题是"四线两面"。在这个总课题下，设立5个子课题。在学员了解完工作室特色之后，将学员分成五个小组，分别是迁移创新研究组、想象创新研究组、探究创新研究组、记实创新研究组、两面研究组，深入研究体现此课题的课堂教学和路径，用课堂教学、学生习作等指导学生习作创新。

在小课题研究中采用案例研究的形式，主张学员广泛搜集相关资料，进行课堂实录，进行思考和实践，在课堂中进行实际学习运用，并形成自己的教育教学构想而自成一家。

（3）围绕特色的微课制作尝试。在关于习作教学的微课制作中，一是将工作室已有的研究开发成成果，二是将研究中的收获最后制作成微课，通过展示自己的研究成果，让学生去实践和运用，提高信息技术运用能力。

（三）培育形式

通过专家引领、任务驱动、跟岗研修的模式，集中研修、课题研究、影子教师、研课磨课、总结提升等环节，支持培育对象日常反思改进，激励自主发展，促进培育对象研究中原名师成长路径、建构中原名师能力素质模型、制定教师专业发展规划、实现教师专业成长的层级进阶。

培训特点：分模块（理论学习、课堂教学、实践研修、课题研究）、分阶段（跟岗学习、分散实践、总结反思）、递进式（有主题、系列化）、实践型（问题诊断、解决；实践—反思—实践），帮助培育对象解决教育教学中的突出问题，持续提升教育教学能力。

1. 研课磨课

首先是展示课例，参训的每一位教师上一节体现自己教学风格的课，其他参训教师进行听课评课。然后在展示课的基础上，将学员分成三个组，汇集团队智慧，申请"同课再构"或"同课异构"，进行研课磨课。

2. 跟岗研修

一是跟中原名师听课学习，二是参与中原名师工作室所在学校的教研活动，参与听课、教研发言等。以"影子教师"的形式，细致观察中原名师及中原名师团队中优秀教师的教育教学行为，或者当见习班主任，通过听课、询问、反思等形式，记录收获，指导自我成长；并对听课总数作出要求，最后考核。

3. 特色展示

在培训的中后期，采用 5 名省级名师培育对象用专题讲座体现个人发展方向的形式展示自己的学习思考；省级骨干教师培育对象用读书收获或专题小报告的形式展示自己的收获。名师展示的重点是突出自己的教学特点和教学研究特色，骨干教师展示的重点是突出自己在本次学习和以往教学融会贯通后的所得。

4. 读书交流

在学习培训的过程中，根据培训内容，确立阅读书目，进行学员间的图书漂流，交流读书心得，撰写读书收获。

5. 网上交流

建立工作室 QQ 群、微信群，学习期间每周进行一次网上专题教研，每期由一位培养对象主持，提前申报确定当期交流主题，全体成员围绕主题做好相关学习准备，活动当晚通过 QQ 群的语音、图片、视频以及文字等多媒体手段进行围绕既定主题的交流讨论。讨论结束后主持人负责整理讨论材料，并形成教研活动记录，每期汇编成册。

（四）评价考核

1. 建立档案

建立培育工作档案制度，并由主持人兼管；培育对象的计划、总结、听课、评课记录、公开课、展示课、教案等材料及时收集、归档、存档，为个人的成长和工作室的发展提供依据。

2. 管理机制

工作室对到刘娟娟小学语文名师工作室参训的全体教师进行分组，确立班长、组长，并对每次活动进行考核，建立活动"签到制"；根据活动内容（公开课、读书、活动发言等）给每位学员分配任务，并对活动效果完成情况进行考核，检查完成情况，落实任务"清单制"。每个成员都要根据活动安排结合自己的特点制定培训学习规划，最后围绕规划总结反思，争取参训有收获。

3. 量化考核

培育结束后，对培训前和培训中的内容进行资料归纳总结，并撰写总体反思。具体考核可以安排成员进行专题汇报，工作室按量化考核表的内容对培育对象进行量化打分。

让师出有名亦有实

许昌市襄城县文昌小学　刘忠伟

　　刘忠伟小学数学名师工作室成立于 2014 年 3 月，共有 11 名成员。工作室被主持人命名为"群山部落"，是希望成员有山的意志和情怀。主持人刘忠伟是 2016 河南年度教育新闻人物模范。工作室以"提炼个人的教学主张"为主线，培养每一位成员提炼并形成自己的教学主张，突出自己的教学特色与鲜明的教学风格。"发出一种声音，打磨一种风格，构建一种课堂，做好一项课题，修炼一种技能，办好一份室刊，形成一种成果。""七个一"是刘忠伟小学数学名师工作室近期研究的重点。以课题为抓手，打磨教学风格，提炼教学成果，让教学主张更有生命力，是刘忠伟小学数学名师工作室的不懈追求。2015 年教师节，《教育时报》以《提炼每个人的教学主张》为题，对工作室进行了专题报道；2016 年，以《迎着光，向思想更深处漫溯》为题，对工作室倡导的中原名师小学数学共同体进行了报道。

一、从个人发展走向群体发展，点亮名师成长的生命底色

（一）发展理念

　　以提炼每个人的教学主张为统领，培养每一位成员提炼并形成自己的教学主张，突出鲜明的教学特色和教学风格，是我们名师工作室的发展理念。从经验上升到理论，再由理论反刍于实践，沿着这样的路径探索和研究，

成为最好的自己。工作室以课堂为主阵地,以课题为抓手,以共读共写为成长途径,激发成员专业成长的内驱力,在不同口味的"个性化发展套餐"中,达到从内部向外部突破的目的。

(二)培育模式和具体措施

1."特色餐"——点亮名师生命底色

在"群山部落",有共读共写的"读书大联盟",成员通过共读为生命发展打造亮丽的精神底色。在"盟主"刘忠伟的经营下,每个月都会赠送成员一本书。不仅如此,还有主题式阅读的读书生活成为成员智慧行走的方式。每周一下午的"书香大讲堂",数学建模、概念教学等成了主要的交流话题。"寻常一样窗前月,才有梅花便不同",思辨让成员思想得到碰撞、素养得到提升,在阅读中开始仰望教育的星空。

"群山部落"有自己的"百家讲坛"——"文昌讲坛"。每学期"群山部落"都会邀请高校教授、省市教研员到工作室,对成员进行理念的引领。"学生核心数学素养的解读""厚重课堂之读懂学生"等专题,让工作室成员不断反思课堂教学,和自身的思想产生激烈的碰撞。思想的风暴,让成员进行着一场静悄悄的革命。"群山部落"成员把全国著名特级教师的课堂作为研究目标,南到浙江参加"千课万人"课堂观摩活动,观摩全国著名特级教师的风采;北到北京参加"吴正宪名师工作站"活动,学习全国著名特级教师工作室经验。

享受专业阅读,聆听窗外声音、呼吸新鲜空气,一道道精神"特色餐",为教育生命加温,对工作室未来的发展起到了导向作用。"群山部落"在"仰望星空"中开阔成员视野,提升了发展层次、行动品质和精神境界,增强了名师成长的信念。

"特色餐",给了成员"仰望星空"的冲动。

2."自助餐"——修炼名师教育涵养

"群山部落"的成员有一个坚定的信念——"一定要有自己的教学主张"。在"盟主"带领下,他们进行内省性的课堂研究。研究课堂,反思课堂,总结课堂,梳理课堂,从感悟教学风格,到凝练教学风格,再到创新教学风格,在梳理和总结中不断演绎、建构,逐步形成个性化见解和主张。

追求"本位、本色、真实、真情"的真问题课堂是工作室成员的教学追求。数学课"朴实、清新、灵动"是工作室成员卢晓燕提出的教学主张,成员王伟红提出了打造"人课合一"的理想课堂……每一名成员都能够提炼出自己的教学主张,都有着自己对教育的独特见解,且鲜明的教学特色是工作室成员走向成熟的显著标志。期待每个人的教学风格,能够像一株株幼苗一样茁壮成长,终究有一天能够长成一棵参天大树。

"群山部落"向学生提供"童话般"的数学教育。我们提出了"本真课堂"的课堂教学理念。我们对比不同版本的教材,开展基于主持人和成员、成员和成员之间、不同版本之间的深度"同课异构"活动;我们"厚读教材",关注并深入解读每一节课的编排意图;我们"厚研专家",认真分析曹培英、郑毓信等名家相关课例分析文章。通过睿智的解读、巧妙的设计、周密的构思、经典的课例回归学科本位,还原数学本色,关注学生"真思、真学、真需、真趣",真正践行了课堂的"本真"。

"自助餐",让成员开始"脚踏实地"的征程。

3. "营养餐"——发出本土名师声音

"群山部落"有一份凝聚工作室心血的"室刊"——《教研在线》。"室刊"既有教师的读书感悟,又有课堂研究案例,更有教师的教学主张。学会课前思考,记录课后反思成了成员每天的习惯。《教研在线》是思辨后的抒写,工作室成员找到了发表教育见解、飞扬教育思想的平台。当闪烁着智慧与经验的一篇篇教学设计,一篇篇深刻的教学反思,发表于"室刊",见诸期刊报端,这些生命成长中的一个个节点,一次次教育生活的剪影,都被完美地记录。

"营养餐",使成员享受"秋收冬藏"的喜悦。

(三)特色和创新

1. 从个体发展走向群体发展

为了突破专业发展的瓶颈,2015 年,我们召开了年度工作室成果展示会,邀请省内知名专家,对研究成果把脉问诊,找寻更多的成长路径。2016 年 5 月在商丘,6 月在三门峡,工作室和中原名师张凤仙工作室、苏邦屯小学数学名师工作室进行联合教研活动;7 月,工作室团队成员参加了《教育时报》主办的河南教师成长学院活动。通过一系列自我突破的活动，生命个体找到了归属感，成员在抱团成长中，更清楚地找准目标和方向；成长源动力被更好地激发，凝聚出了破茧成蝶的力量。

2016年，工作室联合全省8个中原名师小学数学名师工作室，构建全省第一个中原名师共同体，突破名师工作室单打独斗的传统研讨方式，共同体活动体现了前沿性、公益性、发展性，融汇了小学数学名师工作室研究成果。这种新的专业生活方式，吸引了来自全省的近千名教师参与会议。我们在实践中肩负起"点灯人"的责任，带领更多的数学名师向着明亮前行。《教育时报》课改导刊以《迎着光，向思想更深处漫溯》对活动进行了专题报道。

2. 提炼每个人的教学主张

自2014年以来，工作室以培养每一位成员提炼并形成自己的教学主张为核心理念，开展相关活动。通过典型课例研究，深入探讨和学习曹培英、郑毓信等名家相关课例分析文章，组织专门的研讨，多轮解析课堂，反思课堂教学，经过梳理、凝练、创新，完善教学主张。以课题为抓手，打磨教学风格，提炼教学成果，用理论来充实、改造自己的经验，使经验拥有"理论"因子，变得具有普遍性、规律性和解释力，让教学主张更有生命力。

（四）成果与收获

1. 传播中原好声音

这些年来，工作室立足自身教学实践，在不同的舞台发出自己的声音，参加各种培训以及论坛活动，展示了自己的课堂，介绍了自己的成长经历。通过分享课堂和成长经历，给青年教师起到更好的启迪作用。由小到大的发声，汇聚在一起，终能弹奏起一首动听的乐曲。

2. 著书立说

教育思想产出的最好方式就是著书立说。2016年，主持人的专著《突围名师成长的"高原期"》正式出版。有影响力的成果，才能在满园春色中有自己的一席之地，才能站在历史的潮头，以更宽的视野、更高的境界、更大的气魄、更新的举措、更优的实践，来完成未来教育家之梦。

3. 在科研中提升

2014 年工作室参与了吴正宪的弟子张红娜老师的厚重课堂课题组的研究。2015 年以来，团队参与省教研室小数核心课题组，作为省教研室小学数学室刘富森主任的"小学生数学素养表现特征及评价研究"课题组核心成员，工作室成员参与了省教研室小学数学室全国课题"小学数学综合实践内容的开发与实施"课题研究。2015 年以来，工作室团队开展了省级课题"构建基于概念教学的典型课例的研究"的实验，已取得阶段性成果。

二、整体规划与个人发展相辅相契，让师出有名亦有实

（一）指导思想

根据河南省教育厅对中原名师工作室的功能和职责要求，结合刘忠伟小学数学名师工作室的研究成果，遵循省级名师以及骨干教师的发展规律，充分发挥名师工作室及主持人的研究专长，力图在课程体系、团队建设、培训方式、基地建设、跟踪服务等环节不断创新，培养好省级名师及省级骨干教师梯队，同时助推中原名师在豫派实践型教育家之路上越走越远！

（二）培育目标

1. 愿景修炼

（1）学会自我规划，培养一批区域内"拔尖型"教师。通过体验团队协作研究的方式，与工作室共同成长，规划学员自我发展的有效途径。通过培育，点燃工作激情，基于学员专业素养和发展需求，深入挖掘资源优势，培养一批"拔尖型"教师。

（2）培育一批中原名师工作室成员，发挥工作室辐射作用。通过培育，促进学员教育理念、理论知识、教学教研能力的整体提升。选择优秀成员进入名师工作室，提升中原名师工作室影响力，扩大中原名师工作室研修范围，推动"名师"从优秀迈向卓越。

2. 学术修炼

（1）提炼教学主张，凝练思想，形成风格，成为区域科研排头兵。通过培育，倡导学员研究课堂，反思课堂，总结课堂，梳理课堂。在教学风

格打磨中，成员从感悟教学风格，到凝练教学风格，再到创新教学风格，不断演绎、建构，逐步形成个性化见解和主张。

(2) 提升素养，在理论学习中提升综合能力。共读共写，实现名师和骨干教师的高位突破，开展共同阅读活动，培育学员的读书习惯。

课题带动，用理论支撑和引导课堂教学，在有方向的教学实践研究中，使名师和骨干教师的发展层次以及行动品质更上一个台阶，提升名师及骨干教师的核心素养。

通过专家引领和主题研修，深入研讨和总结培训经验，培育成员开展深层次的教学研究，引领学科教学教研工作，提升专业发展技能。

课堂再造，结合名师带动和集中学习，使研修学员在专业知识和学术水平、课堂教学能力、课题研究能力等方面的综合素质得到提高。

3. 心智修炼

(1) 开阔视野，在中原名师小学数学成长共同体中感悟成长。邀请名师、专家，对学员进行引领，组织学员参加有影响力的课堂观摩活动，通过中原名师工作室成长系列活动，在"仰望星空"中开阔成员视野，使成员感悟名师成长轨迹。

(2) 构建网络"工作站"，在多维度平台中转变思维方式。通过教育论坛、微信公众号、网络直播等网络传播和在线互动平台，工作室的培育过程成为动态的工作站，基于网络直播平台建立"读书大联盟""视频直播分享站"，在加强与全国网友互动的过程中，使网络研修成为工作室的一个资源生成站和成果辐射源。

（三）培育计划

1. 培育内容

通过三道大餐，在完成一个又一个任务中积累经验，在专业再思考中积聚智慧，在不断的积聚中凝聚出破茧成蝶、破壳新生的力量。从实际出发，研究"真课题"，投入"真研究"，善于"真思考"，关注"真问题"，感受到成长的压力，从而把压力转化为持久的动力。不断发现新问题、寻找新思路，在较高水平上实现再发展。带领区域内名师团体走出相对狭隘的圈子，深入教育的本质，成为有"影响力"的实践者。

（1）版块研修，提升青年教师的教育内涵。研修包括：

专题研修：通过确定"基于真问题"的课堂教学和"提炼教学主张""聆听窗外声音"三项专题培训，对核心教学问题进行深层次解读，提升研修成员的教学理论素养。

教育故事：开展多层次的自主研讨活动，以及名师和骨干教师之间的深度交流活动，主题为"我和我的课堂""我和我的学生"，基于名师和骨干教师，选择不同主题，分享课堂教学故事，体验教学智慧，学习教学方法。

校本研修：通过三个层次，即参与中原名师组织的校本研修活动—学会策划校本研修活动—主持一次有特色的校本研修活动，学会制定高层次的校本研修计划，能够开展高水平的校本研修活动，通过校本研修，真正形成发现问题、解决问题的研修主渠道。

专家面对面：建立成长的"百家讲坛"——"致远讲坛"，邀请省教研室专家对教师专业成长、课题研究、学科教学进行指导，带领成员参与省教研室小学数学室的课题研究活动，全方位与省内专家课题组接轨。

课题研究：开展中原名师课题研究，学员经历研究过程，在共同探讨中思考和发现课题新问题，使学员在参与活动中，基于真正的问题，确立自己的课题研究方向，并开展小课题研究。

（2）打磨风格，提炼每个人的教学主张。每一名成员都要有自己对教育的独特见解，鲜明的教学特色是教师走向成熟的显著标志。打磨教学风格的核心阵地就是课堂，在课堂研磨中学员反思、提炼、建构教学风格，并形成对自我教学风格的初步定位。

课堂再造：依托成员和中原名师之间、成员与成员之间"深度同课异构"活动，以及成员自身的同课再构活动，提升教师"读懂课堂"的能力。

同课再构：（省级名师）省级名师选择一节课，实行两次上课，针对上过的课，再次上课，同课再构。

同课异构：（省级名师、工作室主持人和成员）

开展省级名师、工作室主持人和省级名师培育对象之间的同课异构活动，导师和学员同上一节课，在深度研磨课堂的过程中，在观课议课中，互动交流，深层次解读课堂。

专家引领：工作室将聘请省内外小学数学教研员或有关专家学者开设讲座，每位学员每次讲座后递交一篇（每篇不少于1000字）学习的心得体会。

名师课堂：工作室主持人展示课堂研究成果，工作室学员通过"真问题"教学研修，参与到观课、议课、评课活动中来，感受和体会教与学的角色互换，同时完成对课堂教学的思考。

风格打磨：在工作室主持人的带领下，学员进行内省性的课堂研究，研究自己的课堂，反思调整自己的课堂，总结归纳自己的课堂，并通过写作提升自己的课堂，在"我的课堂天天有，我的课堂我做主"的基础上，坚持"突出一项，改革一项，研究一项，获得一项"，以"我的教学主张"为题初步感悟自己独特的教学风格。

（3）网络名师室，打造全天候教研。建设网络名师工作室，研修成员自主制定研修方案，细化研究主题，形成网上交流研讨、网下教研、网上发布成果的研究体系。

各个由名师和骨干教师组建的研修团队之间，通过研修社区，定期发布不同版本教材的研究结果，并通过网络社区，开展不同版本之间的深度课堂研讨活动。

学会利用微信公众号及美篇制作文章，借助直播平台，形成开放的网络直播体系，足不出户就能看到其他研修成员的教研活动，让更多的人参与到实验与研究中来。

（4）读写生活，为名师成长加温。包括：

共读一本书：在一年的时间内，赠送成员2本书。开展"书香大讲堂"以及"带着一本书来约会"等专项读书交流活动，提升学员基于培育过程中的读写能力，为以后的案例撰写打下基础。

读书大联盟：开展不同"阅读主题"的读书活动。每个月泛读一本书，在网络读书交流会中每月针对一个主题进行专项交流。

2. 阶段安排

第一阶段：研修主题——基于"真问题"的课堂教学。

培训方式：集中研修。

第二阶段：研修主题——提炼个人教学主张。

培训方式：集中研修。

第三阶段：研修主题——聆听窗外声音。

名师工作室观摩：选择名师工作室观摩学习。

名师课堂观摩：选择省内外课堂观摩活动。

第四阶段：考核主题——名师骨干课堂观摩。

3. 研修预期成果

举行课堂观摩研讨会，微专题分享交流会，读写生活交流活动——分享体会"四个一"，即每月一篇读书感悟，每学期一个精品课例，每学期一个教育故事，每学期一次微信公众号文章上传，结集名师工作室特刊《与名师一起成长》。

4. 研修方式

发挥学员主体作用，整合"讲授、诊断""参与、分享""任务、自主""体验、实践"等培训方式，增强实践性、实效性。

(1) "参与式"培训，注重互动。以中原名师工作室主持人为主，通过专题分享教研成果，引领学员进行专项学习，针对每位学员的实际情况，开展深层次的学习交流活动，提升学员的理论素养。

(2) "主动式"研讨，注重引领。以学员的学科能力提升为核心，突出课堂教学实践中问题特征与方法价值，关注学员普遍存在的问题，解决学员困惑，引领学员在体验中提升。

(3) "分享式"体验，注重交流。正式学习与非正式交流相结合分享研修成果与学习心得。以书香大讲堂、教育故事分享为载体，营造学员参与的情境，让学员积极主动地、创造性地介入到活动中，从而获得教育教学经验，在多元视角的研讨和观点的碰撞中提升学员发现问题、分析问题、解决问题的能力。

(4) "任务式"驱动，注重实践。通过课堂再造以及深度同课异构，强化基于教学现场、走进常规课堂、研究典型课例，引导学员在参与体验中收获提升，发挥团队成员的集体智慧，打磨精品课堂，将研与培有效结合。

(5) "网络式"研修，注重提升。开展网络研修活动，通过网络论坛、QQ群、微信群、中原名师微博、微信公众号等平台，建立全方位的网络研修机制；指导学员参与国内比较有名的网络研修网站，获得网络研修学习的有效资源。

（四）学员管理和要求

1. 构建精细化的管理团队

（1）梳理专业人生。每位学员都需制定自己的成长规划，要确立目标并明确实现目标的举措；在研修结束时，客观分析所取得的成绩和存在的不足；研修负责人对教师目标完成情况进行考评，并提出针对教师以后成长中的重点建议。

（2）健全成员档案。建立规范的工作室学员个人成长档案，全面记录学习和培养过程情况。健全网络传播平台，及时分享学习心得和体会。

（3）规范日常管理。工作室引领组每日举行一次工作例会，总结前一天活动，布置近期工作，开展学术研究；加强与其他工作室、研究团体的交流与互动，实现资源共享、思想碰撞、共同提高。

2. 提供良好的保障措施

（1）设立学员活动室。为学员安置舒适的办公环境，购置必要的办公用品和图书报刊等。

（2）提供相关活动经费。学校全面积极支持名师工作室成员开展工作，并为工作室活动提供经费保障。

（3）设立奖励机制。对于成果突出、业绩显著的名师工作室研修学员，其取得的教育教学科研成果有通过"名师工作室"进行推荐、推广的权利，中原名师负责人可向报纸、杂志以及上级业务单位推荐。

（五）考核评价

1. 专业成长（20分）

每月一篇读书感悟，每学期一个精品课例，每学期一个教育故事，每学期一次文章发表。

2. 集中学习（40分）

过程参与，包括培训心得和体会、课堂再造等过程的参与情况。

3. 成果展示（40分）

省级名师培育对象通过课堂展示及教育写作，省级骨干教师通过微专题或课堂展示及教育写作，展示培育结果，接受培育周期的最终考核。

构建语文教师发展成长共同体

商丘市第一实验小学 马娜

马娜,商丘市第一实验小学语文教师,河南省学术技术带头人,河南省教育教学专家,全国小学语文教师素养大赛特等奖获得者。马娜名师工作室是2015年河南省教育厅命名授牌的小学语文名师工作室,成立至今共发展成员20人,其中国家级骨干教师1人,省市级学科带头人、骨干教师8人。工作室遵循教育厅的要求,借助于内外合力,以"专业引领、互学共进、共同发展"为宗旨,为工作室人员的专业发展搭建平台,多渠道、全方位地引领教师专业成长,力争形成有较大影响的、具有引领和辐射作用的小学语文骨干教师群体。

一、工作室建设与发展

(一)指导思想

我们的定位:商丘市小学语文教师"研修的平台""成长的驿站""辐射的中心"。

我们的追求:通过对语文最本质的思考,享受教育、自觉成长。

我们的特色:依托课题研究,开展实践研修。

我们的语文思想:构建"浸润 积淀"式语文课堂。

（二）培育模式与具体措施

1. 培育模式

工作室的培育模式主要有以下几种：一是基于课堂教学的培育方式——课堂研究，二是基于专家指导的培育方式——名师大讲堂，三是基于同伴互助的培育方式——"青蓝工程"，四是基于校际合作的培育方式——送教下乡，五是基于网络平台的培育方式——网络教研。

2. 具体实施

到底是什么力量使得工作室能够一点一点地朝向良性发展？如果把工作室建设看成一个体系，我们把工作室的发展归纳为四种力量的体现：精神力量、结构力量、主体力量、场域力量。

（1）精神力量的凝聚——基于教育追求的价值共识。我们怀揣教育理想，饱含专业情意，创办这个名师工作室，希望打造一个建设性的平台，希望它能够凝聚更多惺惺相惜的"同路人"，助力语文教育回归本应具足的纯粹。成员的选拔很关键，我们一致认为工作室成员必须具备这样几个特质：第一是真感情。真的热爱语文教学、热爱学校、热爱课堂、热爱学生，抛却功利心。我们相信，一个教师，只有用心倾注感情，才会有自身长远的职业发展。第二是真实践。教师只有扎根于现实的土壤，才能不断探索教育的高度，拓展教育的深度，与每一位教育人并肩的一定是坚韧而有智慧的行动者，所以我们更倾向于那些"躬耕的身影""铿锵的足音"。第三是真思索。一个老师要有观点，有见识，有个性，对语文教育有深入的思考，勤于反思和总结，有自己的教育思想。守住这三个"真"，一切障碍都不是问题。

（2）结构力量的创生——基于机制保障的确立。在工作室的筹备过程中，我们常常感到忧虑、紧张。正所谓"知止而后有定"，只有知道目标在哪里，想要的是什么，我们才能守住初心，笃定前行。我们思考和讨论：我们希望呈现一个怎样的工作室？工作室又该如何运行？于是我们设定了工作室的建设目标及定位、工作室三年发展规划、成员培养方案、工作室章程、管理制度以及评价机制，明确的目标是成功的起点，科学的规划是成长的保障。这种组织结构的创生，为工作室活动的开展提供了保障，工作室才能够一步步朝向良性发展。

（3）主体力量的释放——基于活动的自我实现。我们认为，使教师最快地成长并找到职业幸福感的最佳途径就是教育科研，因为做课题往往以任务为驱动，能够促使教师用研究者的眼光看待教育教学的问题，善于把教育教学中的困惑、问题用课题的方式去研究解决，能够使一个老师实现从教书匠到教育家的飞跃。因此，我们把依托课题研究开展实践研修作为本工作室的建设特色，所有的活动紧紧围绕课题展开。近几年，工作室紧跟学校教育改革的步伐，先后参与了"先学后教""群文阅读""国学素读"三次课堂教学改革，并申请立项了三个省级课题："基于先学后教的小学语文高效课堂校本教研的研究""群文阅读中选文策略的研究""小学国学校本课程的开发与研究"。设置的五个层面的活动也都围绕着课题展开，下面仅以第三个课题为例谈谈活动的开展情况。

第一，培训学习，开阔视野碰撞思想。一是送教师外出培训。2015年11月带领教师到山东观摩参加国学研训活动，12月赴陈琴工作室学习经典诵读。二是请专家来工作室指导。2016年1月7日，邀请了应天书院专家团来工作室举办国学讲座，引领教师品读国学经典，丰富人生智慧。3月23日，邀请了邯郸市复兴路铁路小学的李海红老师进行关于素读经典的授课和讲座。8月28日，工作室迎来了国家教育行政学院研究中心主任、北京师范大学博士生导师于建福教授，讲座的内容为"国学经典价值与中小学经典教育"。10月15日，邀请了北京大学"家长教育与人才成长"课题组国家讲师王虹老师进行中华传统礼仪文化的培训。这种走出去和请进来的培训方式，从理论与实践层面引领教师认识了解当下开设国学的时代意义及具体操作模式，为课题的开展提供了丰厚的理论支撑。

第二，读书交流，内涵积淀固本厚基。想要获得长足的发展，不能仅仅停留在几节课和几本证书上，必须有深厚的底蕴来支撑。于是，我们把读书视为专业成长的奠基工程，阅读大量的专业书籍、学科知识并广泛涉猎人文知识。课题研究往往要有文献综述，为了做好课题研究，工作室成员共同研读了很多与国学和课程有关的文献和书籍。比如，浙江师范大学林一钢教授的《校本课程开发与教师素养刍论》，袁行霈主编的《国学研究（第三卷）》，曹胜高老师的《国学通论》，王财贵的《儿童读经教育说明手册》，李振村的《撒播经典的种子——陈琴和她的经典诵读课》。

先给老师们推荐这些阅读书目和文献，然后把共读、自读结合起来，定期开展读书交流活动，最后撰写读书报告。目前，读书已成为工作室成员的习惯，每个人都能够进行自主阅读并能学以致用，这为他们专业成长的可持续发展奠定了坚实的基础。

第三，课例研讨，研磨课堂激发智慧。国学课应该怎么上？如何让学生喜欢？如何让每一个学生从经典中受益？这是我们一直思考的问题。工作室成员积极参加学校的组内教研，并主动承担国学研讨课活动，通过教研和研讨会渐渐地摸索出一些方法和门道。工作室针对"如何吟诵古文"提出了自己的见解和主张，我们鼓励每一位教师根据自身特点和学生实际，大胆进行课堂教学研究，勇于建构富有个性和特色的课堂教学模式。比如，教师们发挥聪明才智，创立了"故事串联法""主题教学法""情景表演法"等行之有效的方法，有效地调动了学生学国学的热情。

第四，"青蓝工程"，同伴互助共同成长。为了充分发挥工作室成员传、帮、带的积极作用，发挥"青蓝工程"的育人功能，逐渐锻造青年教师向骨干教师、名师型教师方向发展，工作室分别于2015年10月和2016年3月组织了"青蓝工程"徒弟汇报课和师徒同课异构课，经过一学年努力，结对的青年教师在教育教学方面都有了明显的长进。

第五，定期教研，助力课题有序推进。为了使课题实验和调查研究做得更扎实，工作室定期开展教研活动、阶段小结会、专题研讨会等，交流工作中的得失，分享经验，共同查找问题，想办法解决问题，及时总结实验进程中有价值的信息、资料，提炼成果。通过前期一年左右的实践探索，我们先后确立了环境、学科、活动三大课程群，以及专题课程、隐形课程、微型课程、实践课程等多重课程形态，确立了课程目标和阶段目标，提炼了有效开发国学课程资源的策略和方法；参与编写了校本课程"经典诵读"，参与了课程的实施，并对相关研究资料进行汇总、分类、整理，形成结项成果，撰写课题结题报告，申请结题。可以说课题研究有效提升了成员的学科课程建设能力。

(4) 场域力量的迸发——基于作用发挥的区域辐射。我们主要通过以下三点发挥名师的专业引领和辐射带动作用：

第一，送课下乡，上下联动资源共享。2015年以来工作室成员多次到商丘市周边县区进行送教下乡活动，既使上课教师从中得到磨炼，又使听课教师从中受到教益，从而实现双惠双赢。我们有理由坚信，随着这项活动的经常开展和不断完善，必将有力地推进商丘市小学语文教育教学科研向纵横拓展，日渐形成携手共进，优势互补，上下联动，资源共享，城乡教育教学质量全面提升的可喜局面。

第二，学术研讨，带动区域教师专业成长。我们通过展示课例、学术报告、交流研讨等方式带动区域的教师专业成长。2016年10月河南省鹤壁市福源小学教师团队和虞城县第二实验小学教师团队来到学校，和工作室成员一起交流新课改和国学教学经验。11月1日，来自株洲、焦作、开封等名校的校长、教师代表齐聚学校，考察观摩学校国学启蒙教育的实践与探索。

第三，项目支撑，是机遇更是挑战。2016年9月河南省下发了《依托中原名师工作室培育省级名师骨干教师试行方案（2016—2020）》的通知，这是省教育厅对教师培育模式改革的重大机制创新，是中原名师走向豫派实践型教育家的助力工程，是构建开放灵活现代教师教育体系的一项重要举措。它对于我们来说是机遇，更是挑战。这项机制更加重视实践跟岗研修，使教师成长路径更优、"名师带徒"培育更畅，是教师培育模式的一项新的改革与实践。

二、省级名师培育方案

工作室深刻领会文件精神，努力探索省级名师、骨干教师培养途径，我们深知培育任务的重要性，为了顺利、科学、高效、富有特色地完成各项培训工作，特拟定了此培育方案。

（一）培育理念

合理利用商丘市教师教育教学资源，充分发挥名师的引领作用，通过组织骨干教师到工作室进行为期一年的分模块、分阶段、递进式、实践型跟岗研修，培育认定一批省级名师和省级骨干教师，进一步发挥名师工作室对教师专业发展的指导、支持、提升和优化等功能，探索形成"名师带徒"

式的培训模式，优化省级名师、省级骨干教师的成就路径，助力全省教师队伍梯队攀升体系的建设。

（二）培育目标

1. 努力培育学术型教师

以此次培训为契机，努力提升名师和骨干教师的教育理论水平，丰富自己的学识，从而适应新课程发展和改革的需要。

2. 努力培育专家型教师

以科学家的研究态度、研究习惯、研究方法，将教学实践中闪现的思维火花及时捕捉，并能总结提炼为教育理论成果。

3. 努力培育创新型教师

"逆水行舟，不进则退"，引导名师和骨干教师必须有一种危机感，静心致力于学科专业素养提升的研究，增强课程的理解和实施能力。

4. 努力培育有影响力的教师

促进学员专业成长的可持续发展，让培训学员在当地小学语文教育发展中发挥带头示范和辐射作用。

（三）实施方案

根据河南省教育厅对培育省级名师和骨干教师所提出的培养模式的要求，我们形成了如下的培训工作实施方案：

1. 集中研修

由于我们的培训人员分布地域广，时间难以集中，因此研修任务纷繁复杂。为便于管理和及时研修，我们实行线下研修和线上研修两种集中研修方式。

（1）线下研修。这种线下集中研修实行分段研修，采用每学期集中研修两周的办法有序推进。每次集中研修包括四个板块的内容：一是听课、评课。组织参训教师参与实验小学及兄弟学校的课堂听课、评课活动。听课后每一位参训学员都要进行课堂诊断式的评课。听课、评课结束后举行工作室全体参训成员课堂教学能力全方位展示活动，参训教师要上一次教学研究课，并撰写出教学反思，促使形成和完善自身鲜明的教学个性和特色。二是专家引领。每学期聘请知名教育专家、特级教师、名校长来工作室讲学或者开设讲座，传经送宝。特聘商丘师范学院教授全程参与指导，把握工作室培训的研修方向。三是研修访学。扩大与区域内其他名师工作室开展联合集体研修活动的范围，适时安排参训成员参与外出学习考察，到周边省市的特色学校参观学习，参加高层次学术交流会议，提供与省内外名优教师相互切磋教学技艺和研讨的机会。返回后组织交流经验。四是名师论坛。正在推行的新课改使传统的接受式学习方式向探究性学习方式转变，设置名师论坛，围绕"你认为语文课程的本质是什么？""学生的语文核心素养有哪些？如何提高学生的语文核心素养？"等问题开展专题讨论，促使参训教师深入思考语文教育的本质。以上四种研修方式，听课、评课和专家讲座约为一周时间，研修访学和名师论坛约为一周时间。

（2）线上研修。工作室建设和利用好工作室博客和参训研修者个人博客，积极开展网络在线互动式研讨，对"学科主页""教研博客"等项目所辖栏目实施任务驱动机制，原则上要求每一位参训教师每周要在对应的栏目上传一篇优质教案、一篇优秀作文设计、一篇学生范文，每月还要上传一节优质课堂实录，形成"众人拾柴火焰高"的格局。

2. 课题研究

通过审查材料发现，遴选出的培训成员中有不少已经参与了市级以上立项课题研究，有些也有了自己关于学术专题的思考。要求各成员在原有研究的基础上，对问题进行更深入持久的关注，以进一步提升科研水平。没有承担课题的也要根据自身的教学实践申请课题，及时地在教育教学行动中检验、实践、推广研究成果，也可以参与到本工作室承担的省级课题中来。课题研究可以在线上进行，研究要有过程性材料、有反思、有总结，使博客成为参训研修者进行课题研究展示的平台。

3. 影子教师

每一次的线下研修听课、评课环节，名师工作室主持人率先垂范，作观摩研讨课并进行一次专题讲座。参训人员集体评课。

4. 研课磨课

除了集中研修，参训教师带着研修主题回到各自学校，要主动听课、评课，并进行示范课、观摩课、研讨课的展示，磨课环节可以通过线上研讨进行全员的参与，通过磨课打造具有自己鲜明特色的优质课、精品课、典型课。并通过名师带徒做好青年教师的培养工作。

5. 总结提升

从参训开始到参训结束，参训人员要撰写"个人研修计划""个人年度发展计划""个人读书计划""个人读书报告"，每次研修后撰写研修心得，在培训的最后阶段要撰写"个人研修总结"，要求研修总结全面翔实，能梳理出自身在工作室跟岗研修的收获和成绩。

（四）组织管理与保障

1. 工作室主持人负责制

工作室主持人对参训教师的管理全面负责，一是安排班主任对参训教师的学习和工作进行指导，二是安排专人做好参训教师的管理和考核，三是协助参训教师解决好培训期间食宿和安全问题，组织对参训教师的研修成绩进行鉴定。

2. 通过网络平台跟进培训进程，提供个性化指导服务

建立培训微信群，通过网络平台及时与参训学员交流、沟通，提供个性化的指导，工作室主持人通过这个平台及时跟进培训进程，宏观调控，发现问题及时纠正。通过学员的学习日志、心得体会、跟岗日志、活动照片、教学实录等素材的积累，扩大影响力。

3. 以学校为依托，提供资源保障

商丘市第一实验小学是商丘市中小学教师培训基地，多次承办省培项目，有着丰富的专家资源库，作为河南省校本教研先进校，其语文学科被列为省级重点教研学科，学校校本教研模式多样，形式丰富，国学校本课程和多文本校本课程的建设和实施已取得阶段性的成果，因此可以充分利用学校校本资源的优势，为参训教师的全方位学习和考察服务。

（五）考核标准

参训结束后，参训教师需准备如下考核材料，作为考核的重要指标。

1. 个人专业发展目标计划

明确个人发展目标或个人特长发展目标，认真制订专业发展目标计划，

培训总结。

2. 读书笔记
系统做好理论学习，撰写读书笔记，每学期要求撰写读书笔记10000字以上，并择选优秀文章上传名师工作室博客及个人博客上相互分享交流。

3. 公开课或讲座
至少每学年开设一节校级以上公开课或讲座。

4. 课题研究
积极开展课题研究，开发校本课程资源，辅导学生从事研究性学习活动。

5. 教学总结
善于反思、学习、挖掘，及时总结教育教学过程中的得与失，及时撰写学习过程中的感受，及时分享教育前沿知识等，定期上传文章。

6. 学习和研究中的过程性材料及成果
加强学习和研究过程中师生的资料积累，包括读书笔记、听课笔记、学生活动资料、发表的论文、研究课、示范课教案、讲座稿等。

（六）预期效果与资源生成

工作室接受培训任务后，一定要认真履行培训任务，营造共同研究和学习的环境，使省级名师、骨干教师由"教学型"教师向"教学研究型"教师转变，并提高骨干教师团队的教学领导力，使他们在教育改革与发展中发挥示范、引领作用。

培训结束后整理本项目成果并展示，成果包括名师和骨干教师培训结束论文集、名师和骨干教师经典观摩课课例集、名师和骨干教师主题论坛荟萃、名师和骨干教师总结反思作品集等。

名师工作室，引领教师智慧地行走

郑州市金水区实验小学　宋君

宋君小学数学名师工作室成立于 2011 年 11 月，是郑州市首批 50 个名师工作室之一，2013 年成为郑州市首批网络名师工作室，2015 年成为中原名师工作室，2016 年加盟全国中小学名师工作室。工作室的经验和做法先后被《中国教师报》《河南教育》《教师博览》等报纸、杂志报道，被一线教师誉为"有思考、善研究、最接地气的团队"。工作室主持人宋君是全国教育科研先进个人、河南省优秀教师、河南省学术技术带头人、河南省教师教育专家、河南省首届名师、第二届河南最具成长力教师，先后在 CN 类刊物上发表了 200 多篇教育教学文章。

工作室有 8 名成员，由领衔人、核心成员、发展对象三级梯队组成。工作室的活动开展以教师培养机制创新为动力，以活动为载体。名师工作室以"成长有力量，教学有智慧，教师有特色，好课有品质"为愿景和追求，凸显"名师引领，资源共享，全员提高"的教师专业发展战略。

一、智慧实践，理想照亮前方

（一）加强硬件建设，为名师工作室活动开展奠定物质基础

依托学校资源，建立名师工作室办公区域。学校为名师工作室提供了面积大约为 60 平方米的办公室，按 8 人规模配置必要办公设备，包括桌椅、书柜、专业书籍资料、计算机、打印机、宽带网络、投影仪、照相机、摄

像机等。

这些设备的配备,为名师工作室活动的开展提供了必要的物质保障,为工作室活动的有效开展奠定了物质基础。

(二)明确目标定位,为名师工作室的发展定好风向标

名师工作室突出针对性、实效性、实践性和先进性,以教师培养机制创新为动力,充分发挥示范、引领、带动和辐射作用。工作室一直倡导与课堂教学实践相结合,采用双轮驱动,即名师工作室个人教学主张和专题研究并进,专题研究以"小学数学课外阅读"和"读懂学生"系列为主,在研究的过程中打造精品课例,总结、提升实践智慧和理论思考。

名师工作室的主要任务是加强名师队伍建设,培养中青年骨干教师,建立起名师与中青年教师合作互动、共同发展的新平台,实现名师资源共享最大化,具体目标如下:

第一,充分利用名师资源,发挥名师效应,促进教师专业化成长,加强业务学习,提高自身综合素质,提升教师实施新课程的能力,全面提高教育教学质量。

第二,关注名师本人和青年教师的成长过程和成功经验,提炼个人教育经验和方法,逐步走向理论化,逐步形成名师的教学风格、特色乃至教育思想。

第三,通过3年一个周期的培养,遵循优秀教师成长规律,使名师工作室培养的青年教师具有较高的教育理论结构水平,具有较强的教育科研能力和自我发展能力。

(三)落实具体措施,提升名师工作室的效能

1. 加强理论学习

工作室成员要系统学习数学学科的前沿理论与课程改革理论,要求做好读书笔记并定期在工作室网络平台发表读后感,交流心得体会,以同伴互助的方式实现成员的共同成长。

每学期初,工作室会将本学期的共读、选读书目推荐给工作室研修学员。每月3日和18日公布工作室成员必读书目阅读内容和选读书目,每

月上传分享 2～4 篇读书笔记到名师工作室网站，大家一起阅读交流，分享心得。

2. 做好专题研究

成员要积极参加工作室确定的科研课题，制订好课题计划，在研究的过程中，及时整理、反思、总结生成的问题，通过行动—反思—研究—实践等方式，培养系统的分析与反思能力，努力提高捕捉问题、系统分析、自觉反思与深入研究能力。

3. 积极参加各类活动

名师工作室主持人带领研修学员积极参加各级教研活动和各级各类教育教学相关比赛，发挥名师的示范辐射作用。主要形式是：

第一，自主学习。工作室确定必读书目和选读书目，每位成员依据自己的情况制订读书计划，并将读书内容和读书心得登载到工作室博客中，定期交流。

第二，个别指导。针对个体的不同情况开展具体的指导。

第三，个案研究。从典型案例入手，剖析教师专业成长路径。

第四，专题讲座。针对成员在课题研究活动中急需解决的共同问题聘请专家开设讲座进行解疑，指点方向。

第五，沙龙活动。每月举行一次学术沙龙或教学经验、体会交流活动，分享彼此的成功和快乐。

第六，相互观摩。将工作室成员达成一致认识的问题在现场活动中进行实践，相互观摩，学习评价。

（四）制定规章制度，为名师工作室顺利开展活动提供政策支持

1. 会议制度

每学期召开两次名师工作室会议，讨论本学期工作室计划、教研活动等安排。期末召开一次工作室成员的总结会议，展示学期研究成果、分享成功经验、探讨存在的问题等，督促课题实施，并解决实施过程中的难点问题。

2. 学研制度

名师工作室成员平时学习以自学为主，每月针对研究主题集中两次进

行网络交流，同时积极参加各级各类教学研讨活动。

工作室成员在每期的自我发展计划中明确学习内容、学习目标，根据目前及今后教育教学改革趋势在教育教学理论等方面进行有选择性的学习。

建立"每月一主题"研讨制度，由工作室研究项目的负责人根据研究方向确定主题，每月集体研究一次。

工作室全体成员必须参加工作室安排的传、帮、带工作，完成工作室的学习、研究任务，并有相应的成果显现，努力实现培养计划所确定的目标。

3. 交流制度

合作互动：宋君小学数学名师工作室定期与其他名师工作室进行学术研讨交流活动。

网络交流：工作室网站、工作室成员博客及电子档案资料须及时更新，开通评论、留言等服务，公布个人电子邮箱、QQ号，以取得更好的交流效果。

区域交流：宋君小学数学名师工作室针对某一主题，努力一个学期进行一次或两次的专业讲座，对全省、全市、全区或国培等相关数学教师进行辐射引领。

4. 考核制度

第一，主持人根据考核制度对工作室成员进行考核，主要从思想道德、理论提升、教育教学能力、研究能力等方面考察是否达到培养目标。

第二，考评采用达标制，分为"优秀""合格""不合格"三个等次，对获优秀等次的成员进行奖励。

第三，组织评选宋君小学数学名师工作室优秀课例和优秀研究成果等，对相应的优秀课例和优秀研究成果进行奖励。

5. 经费制度

第一，宋君小学数学名师工作室根据下拨款额制定预算，做到精打细算，把钱用在最需要的地方。

第二，对工作室成员参加的各项学习、培训、课题研究、成果奖励与推广及其他教学研究活动等，都给予适当的经费保障。

第三，工作室成员个人开展与工作室相关活动需使用经费的须书面向工作室负责人提出申请，并报主持人审核。

第四，专项研究经费由相关单位根据经费使用范围和财务制度有关规定进行监督管理。

二、智慧引领，探索发展新路径

宋君小学数学名师工作室围绕"智慧教育"作为工作室研究的切入点，工作室的愿景与追求是"成长有力量，教学有智慧，教师有特色，好课有品质"。以"信心、智慧、机遇、读书、写作、研究"为工作室教师专业成长的源泉。倡导做智慧型教师，构建智慧课堂，培养智慧的学生，享受智慧的教育。

（一）确定专业发展目标，找准前进方向

通过为期3年的培养计划的实施，促使名师工作室研修学员在教育教学方面成为本校、本地区教研教改的带头人；工作室成员在实践中不断提升自己的理论水平，通过参与工作室确定的课题研究，逐渐形成独立开展课题研究的科研能力；在本校、本地区的教育科研活动中（包括校际交流、各级学科会议、各级学科培训和论文与经验的交流活动等），发挥名师的示范辐射作用。

（二）找准专业发展策略，引领研修教师智慧地行走

在名师工作室的专业发展中，我们始终坚持以团队的方式一起行走。在教师专业发展中，我们名师工作室始终坚持"12345"的实施策略：

1. 一个核心：促进研修教师的专业发展

作为名师工作室，我们的核心是促进教师的专业成长。在研修活动安排中，紧紧围绕"促进教师的专业发展"这一核心组织开展工作，不断促进工作室研修学员的专业发展。

2. 两个平台：网络教研和常态教研相结合

在名师工作室的课题研究活动开展中，以常态教研为载体，做好做实网络教研。进行"数与代数"领域的一人一节研讨课活动，举行"图形与几何"领域的同课异构、"统计与概率"领域的课堂教学展示和"综合与实践"

领域的专题研讨活动等，总结提升小学数学 4 个领域的课堂教学策略。

　　名师工作室通过营造浓厚的学习氛围，展开积极的理论学习，促使全体成员扩大教育视野，提升理论底蕴。细细品读之外，工作室的全体成员在每月 20 日通过名师工作室 QQ 群交流自己的读书心得，并将自己的读书随笔上传至宋君小学数学名师工作室的博客，做到智慧碰撞、开心共享，为数学研究走向深入"蓄智"。

　　工作室成员除利用集中研讨聚能量的形式外，还充分利用"网络"这一有效的方式进行随时随地的问题交流。针对 "你认为目前制约你进步的最大因素是什么？""近期在'图形与几何'领域你有什么困惑？""关于后进生，你做了什么？"等主题于每月 26 日进行网络研讨，交流困惑，共享智慧。

　　3. 三种策略：读书、写作和研究

　　读书、写作、研究成为促进教师专业成长最有效的策略，是教师进行行为研究的最好依托。

　　（1）读书是最好的备课。朱永新教授在《读书改变人生》中谈道："在一定意义上说，一个人的精神发育史，就是一个人的阅读史……充实而有意义的人生，应该伴随着读书而发展。"书籍是学校中的学校，对一个教师而言，读书就是最好的备课。正是在这种思想的指导下，我们名师工作室一直坚持着这样的阅读活动。没有理论的支撑，反思是肤浅的，是没有深度的，所以只有"学习精彩，反思才会持续精彩！"作为教师，需要借助阅读修炼内功。宋君小学数学名师工作室鼓励教师多读书，鼓励教师间加强读书交流，使每一位教师关注读书，热爱读书，善于读书，形成良好的读书氛围，使教师养成读书的职业习惯，让读书成为生活中的趣味，通过读书活动促使教师真正成为研究型教师。

　　（2）写作是很好的梳理。苏霍姆林斯基说："我建议每位教师都写教育日记。"教育日记对教师的日常工作颇有用处，它是教师进行思考和创造的源泉。所以教师应做到用心书写，将每天工作、生活中一个又一个鲜活的教育实例记入教学随笔中，并用心体悟，梳理出教育思想。

　　（3）研究是理性的审视。每学期，在理论学习的基础上，通过课堂教学的形式，用心致力于"小学数学课外阅读策略的行动研究"的实践探索。

在每位成员精心备课、用心实践的基础上，积蓄关于小学数学课外阅读策略的问题与思考，在一步步的实践中提升教师的专业研究水平。

4.四种途径：立足常态，促进发展

途径一：举行课堂教学研讨活动。通过研讨活动让彼此多一些沟通和了解，多一些分享和交流，让工作室成员彼此尽快熟悉，更有利于名师工作室工作的开展，在积极的活动开展中提升名师工作室的效能。

途径二：举行研究成果分享活动。不断提升研修学员对研究的深入思考，不断加深对自我教学风格的打磨。这样的分享活动是研修学员专业发展历程中最有意义的展示。

途径三：在常态课中寻突破。深入教师一线的课堂，解决教师教学中存在的真实问题，更能帮助教师明确教学中存在的优点和问题，促进教师的专业成长。

途径四：进行网络交流。每月利用网络进行一次阅读或专题交流活动，分享彼此的经验和做法。这样的研讨基于教师的真实感受和思考，让经验得到共享，让智慧在交流中迸发。

5.五次研讨：扎根课堂，展示风采

回顾宋君小学数学名师工作室的活动开展，最难忘的是工作室先后在金水区实验小学、金水区沙口路小学、金水区南阳路第一小学、河南农业大学附属小学、金水区柳林镇第七小学等学校举行的5次"图形与几何"领域的课堂教学展评活动。在金水区实验小学的课堂教学展评活动中，我们看到了动起来的精彩；在金水区沙口路小学的课堂教学展评活动中，我们看到了思考和操作使学生的空间观念得到了发展；在金水区南阳路第一小学的课堂教学展评活动中，我们懂得了在辨析中发展学生的空间观念；在河南农业大学附属小学的课堂教学展评活动中，我们懂得了删繁就简发展学生的空间观念；在金水区柳林镇第七小学的课堂教学展评活动中，我们知道了如何将生活经验转化为数学经验，发展学生的空间观念。随着研讨的深入，我们还在思考：如何抓住教学内容的本质，发展学生的空间观念？如何让学生在实践活动中发展空间观念？……

在课堂教学展示活动期间，无论工作室哪位教师上课，工作室全体成员都积极参与，走进上课教师所在的学校，虚心听课，用心反思，积极开

展"图形与几何"领域的问题研讨,名师工作室导师给予适时的专业引领。在这样的氛围中,我们勤于思考,乐于研究。在一次次"听课—反思—研讨"的过程中,我们深深感受到:扎实、有效的课堂教学活动,获益的不仅仅是上课教师,对工作室全体成员的教育理念和教学实践水平也是一次又一次深层次的促进与提高。

宋君小学数学名师工作室先后举行了读书沙龙、美文共享、读后感交流、教学问题研讨、聆听专家讲座、与专家进行面对面交流、课堂观摩等活动,让成员们在不断的交流、思考中迸发教育的智慧,不断超越自我。工作室搭建了一个平等对话、交流的平台,使研修教师在其中碰撞智慧的火花、生成新的思想,逐步形成自己的教学风格和特色。成员在思辨中沉淀学术思想,追求教学的真谛,工作室真正成为他们凝练学术思想的地方。

作为名师工作室,需要成员各展所长,各尽所能,需要成员不断地在思考中去追求自己的教育主张,凝结教育智慧。

在追求卓越的过程中,我们将在智慧之路上不断探索,不断前行。

格局有多大，舞台就有多大

驻马店市汝南师范学校附属小学　王红艳

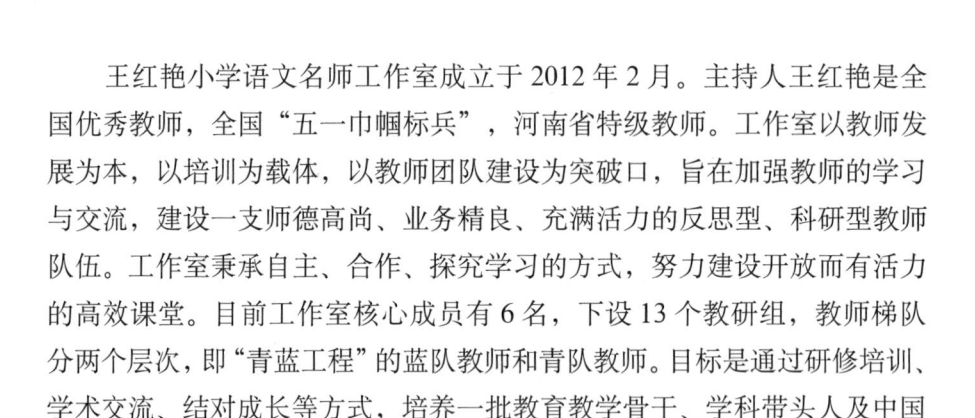

　　王红艳小学语文名师工作室成立于 2012 年 2 月。主持人王红艳是全国优秀教师，全国"五一巾帼标兵"，河南省特级教师。工作室以教师发展为本，以培训为载体，以教师团队建设为突破口，旨在加强教师的学习与交流，建设一支师德高尚、业务精良、充满活力的反思型、科研型教师队伍。工作室秉承自主、合作、探究学习的方式，努力建设开放而有活力的高效课堂。目前工作室核心成员有 6 名，下设 13 个教研组，教师梯队分两个层次，即"青蓝工程"的蓝队教师和青队教师。目标是通过研修培训、学术交流、结对成长等方式，培养一批教育教学骨干、学科带头人及中国好教师。

　　近年，工作室承接省、市、县级校长培训、骨干教师培训、教师培训共 52 次。2015 年 11 月、2015 年 12 月，《教育时报》分别以《格局有多大，舞台就有多大》《人的成长：名师工作室的生命力所在》对工作室作了专题报道和经验介绍。可以说，工作室以卓越高远的顶层设计、扎实有效的活动开展、不断放大的专业影响力，吸引着市内外的教育翘楚慕名而来，辐射带动一方教师迅速成长。目前，工作室成员足迹遍布省、市、县各地。

一、构建大格局，绘制成长蓝图

（一）依托名师资源，打造"名师工作室"

王红艳小学语文名师工作室制定了"以点带面、结对联动、辐射引领、互惠双赢"的工作方针，让青年教师与名师成员、教学骨干结对成长，使一大批青年教师得到了快速发展。

工作室的成员在主持人王红艳的带领下，认真学习和研究教育教学理论，积极探究符合自身特点的有效教学方式、方法，并加以总结提升。工作室定时开展教学实践活动，课题研究成果丰富。

工作室每学期为教师购买大量教育专业书籍，订阅学科专业报刊，定期开展理论学习，"名师上小课""观摩名家教学视频""研讨课例""辩课议课""听课评课"等专项活动更是每月必有。

在积极提升自我专业素养的同时，王红艳小学语文名师工作室成员创新校本研修模式，面向全体教师积极开展"名师专项讲座""课例研讨""磨课研课""示范课""公开课"等活动的同时，充分利用网络平台，及时发布工作动态和研究成果，不断更新、充实课程资源库内容，将工作室建设成为教师培训的基地、名师展示的舞台、教学示范的窗口。

（二）实施多元研修模式，提升教师素质

1. "青蓝工程"结对模式

"青蓝工程"是工作室提升教师专业化发展的一张名片。工作室的名师们通过搀扶新教师"学走路"，试着让新教师"自己走路"，让新教师感知不同课型，一个阶段确定一个主题进行指导、突破等方式，使新教师的教学能力有了质的飞跃。师傅们也在传、帮、带中积累了丰富的经验，使自己的专业素养提高到了一个新的层面。

2. 案例研修模式

案例研修模式即从典型案例中获得启迪、寻求解决问题思路的方式。工作室运用这种模式进行研修时，精选出了具有代表性、典型性的案例，然后组织各级各类教师进行深入讨论。采取"同课异构"法，以"同研一

节课"的课例形式，充分发挥教师个体、教研组集体的作用。另外，工作室还构建了"合作备课+相互观课+反思型说课+参与式议课"的合作发展型教研模式，从而增强校本教研的时效性，提高校本教研的层次和水平；并把备课成果上传到学校名师工作室的教学资源库，让每位教师吃透教材，把握重难点，力促课堂高效。

3. 课题研究模式

在校本研训中，王红艳小学语文名师工作室坚持以课题研究为抓手，"科研兴教，科研兴校"的办学理念已深入每一位工作室成员心中。首先，工作室建立健全教科研组织，成立以主持人为组长，业务校长为副组长，各学科组教研组长和骨干教师为成员的教科研领导小组，形成行政、教研、领域、班级一条龙的教科研网络。每学期各教研组根据教学研究的需要，确定一个主题，各教研组按组开展小组专题教学活动。围绕专题全组共同研究，人人作课，相互观摩，随时研讨，形成一种人人参与、相互交流的研究氛围。

如今，工作室引领下的"课题提升工程"呈现出生机勃勃的景象，科研硕果累累。其中，王红艳主持的"小学国学经典教育的实践与研究"获国家教育部成果奖；"小学生校园文明礼仪养成的教育策略研究"申报国家级研究课题成功，现已结项；骨干成员们主持的"信息化教学背景下的语文课程资源整合"立项国家级课题；"课内外阅读同步，提高语文素养的实践与研究"等近二十个科研课题已经在市级立项或结项。

4. "走出去，请进来"模式

为开阔眼界、拓展思路，工作室利用专款经费组织大批教师赴郑州、南阳、南京、桂林、北京、上海等地参加优质课观摩、聆听专家讲座，汲取教育名家智慧，吸纳课改众家之长，帮助教师们快速地成长，解决他们在教学中遇到的实际问题。

多年来，工作室开展结对帮扶，与驻马店市第十九小学构建教师发展共同体，选派优秀教师支教，承接了驻马店市第十九小学为期两周的"一对一"影子培训，并定期开展听课、评课交流活动；与驻马店市十二中小学部、驻马店市实验中学小学部三校联谊举行"同课异构"活动；成功举行"五课一赛"活动，在这一教研平台上教师们积极探究，勇于展现自我，并能有针对性地提出课堂教学中出现的问题和不足，阐明自己的认识和观点。

工作室还组织课改能手、骨干教师到汝南县梁祝镇中心校、汝南县三门闸乡白庙小学、能仁学校等兄弟学校进行"送课下校"，确山县、新蔡县、正阳县等地的学校也相继来工作室进行参观，交流课改心得，教师们的专业素养、作课水平在"走出去"中得到提升。

5. 开放课堂模式

工作室为了全方位提升教师专业素养，推出了"开放课堂"活动，并使之系列化、常态化推进，让学生家长以及社会各界人士走进名师课堂，听评指导。事实证明，"开放课堂"是促使教师自我学习、自我钻研、自我加压行之有效的研修举措。

6. 反思笔耕模式

"最是书香能致远"，工作室号召全体成员通过读书提升自己的精神境界，保持阳光的心态，消除职业倦怠，寻找到新的兴奋点，创生出新的富有生命力的教育理念、教育方法，创造充盈的教育人生。

目前，工作室要求成员一学期至少读一本教育专著，坚持写读书笔记。如今，读书已经成为我们的一种生活方式，一种职业习惯，读书增加了成员的"底气"。工作室成员勤于把自己的读书心得、教学经验加以提炼总结，撰写论文，积极投稿。近年，成员教师在省、市级各级论文或征文比赛中获奖近70人次，在市、县两届征文活动中获奖人次均居第一名。

（三）强化制度管理，保障设施到位

为了教师专业发展能够科学化、长效化，工作室以主持人为组长，结合实际制定并完善了各项制度。坚持把参加各级培训、校本教科研的业绩作为工作室成员业务考核的重要依据，以发挥激励作用。

在经费投入上，学校将每年度公用经费的15%列为名师工作室专项资金，用于支持工作室活动开展。对教师外出培训听课以及开展校本教研、教师培训，购买教师专业发展所需要的设备、图书、报刊、资料等，学校、市、县主管部门都给予了大力支持。

（四）完善评价机制，凸显课堂亮点

在教师的专业化成长进程中，只有完善评价激励机制，才能充分调动教师的主观能动性，激发成长活力，促进教师不断提高。

王红艳小学语文名师工作室采取教师自评、互评和学生评、家长评等多元化评价方式，构建教师成长发展体系，制定出符合工作室实际情况的评价标准。在管理制度中，工作室把教师专业上的成长作为教师的教学业绩进行量化，倡导成员所在的学校把考评结果作为各项评优评先和职称评定等最重要的一项。可以说从科学决策，到工作推进，再到绩效考核，工作室已经摸索出了一套行之有效的竞争机制，激活了教师们的成长热情，并将其转化为学校持续发展的内动力。

在工作室的稳步运行中，主持人王红艳带领成员们研发了"12345"高效课堂指导模式，特别是导学案的研备，更是花费了大量的心血和汗水，有效地提高了教师们课堂教育教学的质量和效果。

二、搭建大舞台，规划成长路径

成绩属于过去，未来任重道远。如何充分发挥王红艳小学语文名师工作室的示范、引领、辐射作用？本着共同成长的原则，工作室努力打造名师群体，构筑人才建设高地，促进教学改革，推动教育均衡发展，始终走在成长的路上。

（一）指导思想

以名师为引领，以课程为纽带，以王红艳小学语文名师工作室为载体，充分发挥名师在教育教学中的示范、指导、辐射作用，创新优秀教育人才成长培养机制，造就高层次骨干教师团队和专家型教师研究群体。

（二）目标任务

工作室将以"专业引领、互学共进、共同发展"为宗旨，努力打造小学语文高端研修组织，努力成为"研修的平台、成长的驿站、辐射的中心"。

1. 抓项目促研究

确立十个教育管理方面的小课题，展开研究。

2. 建平台促推广

每学期至少开展三次大型展示和培训活动，如报告会、论坛、专题讲座等。

3. 集成果促成长

工作室成员每学期至少有一篇关于教育管理的论文发表或与大家进行交流，然后结集成书，作为今后培训工作的资料。

4. 育名师促引领

一个培训周期后，每位学员都能成长为一名有思想、有特色、善生活、重研究、能教书、善育人的优秀骨干教师或名师。

（三）实施过程

任务驱动秉承"三个一"：主持或参与一项课题、讲授一节示范课、撰写发表一篇教育教学案例。

第一季度（1月至3月）　前期筹备：成立"名师培养"领导小组，负责全面落实名师培养工作。建立教师专业发展档案，完善学员发展性评价体系。

第二季度（4月至6月）　跟岗研修：以影子培训为主要研修方式，以磨课研课、上课评课为载体开展活动。工作室针对参训成员个人特点量身定制适合其发展的个人成长规划，安排专门的导师进行一对一辅导，导教导学，使成员们在实践层面上积累一定的经验和认知。

第三季度（7月至9月）　中期汇报、专家引领：通过阶段小结、理论学习，指导参训成员把实践知识转化为理论专业素养。组织成员赴外地观摩优质课，聆听专家讲座，汲取名家智慧，进一步提升和完善自己。

第四季度（10月至12月）　总结汇报：开展专业发展论坛、课题总结汇报、名师头脑风暴、经典课例分析与研究等总结性活动。实施过程性材料量化考核，根据学员表现，评选出优秀学员，并把对学员的考核结果装入学员档案袋。

（四）实施思路

将教育实践与教育理论、教学活动与教学研究、教师素能与教学质效、自我成长与辐射带动相结合，在工作室团队的带动下，省级名师及骨干教师学员们能及时问、及时思、及时议、及时写、及时改，在小学语文专业领域，行走得更快、更远。

（五）实施途径

为挖掘教师专业发展的资源，工作室努力搭建名师学员专业发展的平台。

1. 共同体平台——携手并进

让工作室成员与名师学员结对成长，建立名师培育对象发展共同体。通过网络展示每位学员的教学思想、代表性成果、公开课课例等，确立名师学员在区域学科教学中的引领地位。建立名师发展共同体研修QQ群、微信群，实现名师间的即时交流、资源共享，加强名师间的合作，共谋专业发展。

2. 吸纳型平台——取长补短

鼓励名师学员与外界进行学术交流。采用"走出去，请进来"的办法，增加对外交流与合作。在这方面，我们工作室有着丰富的践行经验：曾与驻马店市第十九小学、驻马店市实验中学小学部、驻马店市第十二初级中学小学部、驻马店市第三小学、确山县实验小学五校联谊构建学习发展共同体，多次组织成员赴北京、上海、厦门、桂林、南京等地观摩优质课，使一大部分教师得到专业化的快速成长。

3. 教研型平台——把脉问诊

定期组织名师发展共同体例会，开展名师课堂教学示范、专业发展论坛、名师头脑风暴、经典课例分析与研究等多彩活动，为名师学员展示新成果、收集新信息、学习新知识、思考新问题提供广阔的平台。

4. 科研型平台——点石成金

积极与省、市基础教研室及各大院校联系，为名师课题研究搭建平台，向核心期刊推荐优秀作品，与有影响力的出版社联系，推荐名师发展共同体成员出版教育教学专著，积极向上级教研部门推荐学员的成功经验、案例，为名师发展共同体成员上公开课、参加论坛或在教师培训中发挥名师作用争取机会。

5. 辐射型平台——群星璀璨

名师学员在自身发展的同时肩负着引领教学的重任，为完成培养和指导区域内中青年教师的成长这一重要使命，工作室要充分发挥他们"千里马""领头羊"的作用，引领、促进区域内学科教师的专业发展。

（六）制度保障

1. 工作室管理制度

工作室与每位学员签订"名师工作室学员协议书"，在个人专业化成长方面制定周期发展目标，为骨干教师及名师学员制订具体研修计划，安排培训过程。

2. 学习活动制度

每学期选定并深入研读两本以上教育专著，结合教育实践写出读后感并进行交流；每月上一节研讨课，成员间互相听课，参加讲座。建立学员成长手册，要求内容完善，过程清晰，体现成长过程。

3. 课题管理制度

工作室学员做到人人参与研究教育教学、人人参与课题。工作室主持人对课题研究过程进行动态管理，聘请导师对课题进行指导。

4. 经费使用制度

合理安排使用下拨的启动经费和项目经费，专款专用。由工作室根据经费使用范围和财务制度有关规定进行监督、使用、管理。

5. 总结交流制度

培训周期结束后，工作室及时召开总结会议，收集培训中各级各类有关资料，总结量化工作室学期工作及参训学员学习情况。

（七）评价考核

工作室学员的考核由名师工作室工作领导小组实行，主要从思想品德、理论提高、管理能力、教育教学能力、研究能力、技能水平等方面考察是否达到培养目标，并把对学员的考核结果装入学员档案袋，作为评选优秀学员及名师学员进一步发展的重要依据。

一路同行，相伴成长

焦作市实验小学　王文霞

中原名师王文霞小学语文工作室成立于 2015 年 9 月，工作室主持人王文霞为中小学高级教师，曾荣获河南省学术技术带头人、河南省教师教育专家等荣誉称号。工作室目前有 24 位成员，经层层选拔后产生，成员中有市级名师和骨干教师，也有成长诉求强烈的青年教师，大家为了一个共同的目标而聚集在一起。工作室自成立以来，本着"搭建名师研修、交流、传帮带的平台，发挥名师示范、引领、辐射的作用"这一宗旨，求真务实，开展了一系列行之有效的活动，将名师工作室建设成了教育科研的基地、资源辐射的中心、优秀教师成长的摇篮。

一、凝心聚力，共建务实创新团队

（一）工作室建设

1. 指导思想

立足教学一线，以校本研修和课题研究为依托，坚持自主学习与名师示范、引领和辐射作用相结合的原则，借助计算机网络等新型多媒体为辅助途径来开展教育教学研究活动，将工作室建设成为教师发展的共同体及教学示范的窗口。

2. 工作目标

以课堂教学研究为抓手，通过学习理论、教学观摩、课例研讨、课题研究、撰写教育教学随笔等方式，构建教师专业成长平台，有效培养一支师德高尚、理念先进、业务精湛，能够凸显课堂教学风格并有一定影响力的小学语文骨干教师队伍。具体目标是：第一，打造优秀团队。第二，开展教学研究。第三，开发教学资源。第四，发挥辐射作用。第五，争创优质成果。

3. 自身建设

工作初期，工作室制定了工作章程、规划方案、成员发展计划、规章制度、考核细则等，并与各位成员签订了工作协议。而每位成员也制订了个人的发展规划、读书计划、年度工作计划等。学年末，每位成员均进行了工作总结，工作室也对每位成员进行了年终考核。完善的制度保障使工作室的各项工作得以顺利开展。同时，工作室结合每位成员的特点将其分为活动策划、网页建设、课题研究等6个组，使每位成员间分工明确、职责清晰。工作室还建立了微信群，使成员之间方便联络，利于沟通，并促使其关系和谐融洽。此外，工作室还开设了博客，设置了"团队风采""教学反思""教育随笔""课题研究""学习交流""资源共享""工作动态""集体备课""专题研修"等九个栏目，每位成员每月都要上传优秀的教学反思和教育随笔，"工作动态"随时更新，"资源共享"全员建设，"集体备课"人人参与，"课题研究"一月一换，博客成为工作室成员的网上教研之家，也成为工作室对外宣传、课题推广、发挥辐射作用的重要阵地。

（二）工作措施

1. 加强学习，提升素养

（1）提高个人修养。引领成员形成良好的专业生活方式是工作室的职责所在。2016年，工作室曾两次组织成员参加心理健康教育培训，专家对教师职业幸福的解读及对调整心理状态方法的传授，非常有利于成员进行自我调节，使其精神饱满地投入到工作中去。接下来，工作室组织成员再次学习了《中小学教师职业道德规范》，每位教师均自查自评，整改提高，增强了其依法治教、以德治教的意识。

（2）充实知识储备。"没有理论上的成熟就没有真正意义上的成熟。"工作室要求每位成员每个学期均要完成不少于20万字的读书量，坚持理论联系实际的做法，书写读书笔记，每个月要上传一篇读书心得至工作室博客。2016年，全体成员还共读了苏霍姆林斯基的《给教师的建议》，并参加了信息技术能力提升培训，在工作室的带领下，每位成员都散发出人人争做新时期优秀教师的耀眼光芒。

2. 实践研修，促进发展

（1）开展研修活动。工作室坚持每周组织一次校本研修和一次网络集体备课，每月组织一次专题活动和一次网络专题研修。

①校本研修。校本研修为每周二下午进行，分为校长点课、集体评课和集体备课三个环节，内容涉及"学导和谐课堂""六步作文教学""树课程""古诗词课程"等学校重点课题和校本课程的研究。

②网络集体备课及网络专题研修。网络集体备课的程序是：每周一主备教师将教学设计发至工作室博客，周五之前其他成员观课议课，完成评论。网络专题研修一月一次，工作室定期在博客上发布研讨话题，每位成员先针对话题涉及内容进行思考、学习，然后跟帖研讨。工作室每周、每月都会对评论进行统计，统计结果纳入年终考核。

③专题活动。每月一次的专题活动形式丰富多样，有树课程赛课、课题研讨、与外地名师同课异构、复习课研讨、论文写作研讨、群文阅读赛课、课题论证会、读书沙龙……这些活动增强了团队的凝聚力，促进了成员的思考与学习，提高了其教学能力。

（2）致力课题研究。工作室担负着引领青年教师实现专业成长的职责。工作室结合在新教师课堂教学中存在的问题申报了省级课题"小学语文新教师课堂提问存在问题及改进策略的研究"。在专家的引领下，全体成员脚踏实地、认认真真地作研究：上百万字的文献阅读，两万多字的文献综述撰写，课题的反复论证，调查问卷、访谈记录、观察量表的多次修改，教学案例的反复推敲，这些均体现了全体成员严谨求是的科学态度。

工作室鼓励每位成员申报课题，使其以研促学习，以研促发展，人人争做科研型教师。2016年，工作室共成功申报了5项省级课题、1项市级课题，另有8位教师作为主要成员参与了省级课题的研究。还有8位教师主持的县、市级课题结题并获奖，5位教师主持或参与研发的校本课程分别获市一、二等奖。

（3）发挥辐射作用。"一花独放不是春，百花齐放春满园。"发挥示范、引领、辐射作用，名师工作室义不容辞。

①学术研讨。2016年4月15日至16日，在焦作市教育局和焦作市实验小学领导的大力支持下，工作室围绕"提高小学低年级语文新教师课堂提问有效性"这一课题的研究方向，组织开展了学术研讨活动，与会教师达到300余人。活动中有成员和特邀名师的同课异构，也有工作室主持人的课堂教学和专题报告，另外还有焦作市小学语文教研员、焦作师范高等专科学校教授、教育部基础教育课程教材发展中心付宜红副处长的精彩报告。学术研讨活动集中反映了工作室近阶段的课题研究成果，专家报告引发了大家更多关于教育教学的思考。

2016年12月，在焦作市教育局的大力支持下，工作室与开封名师开展了区域联合教研活动，共同研讨如何上好复习课这一主题。工作室主持人王文霞和开封名师同课异构，分别执教了一年级的拼音复习课，焦作市500余名语文教师参会。精彩的课堂教学和专家点评，使与会教师对复习课的意义及有效策略有了新的认识。

②送教下乡。工作室每学期都组织送教下乡活动，借助课堂教学这一载体，以观摩课和主题讲座的形式，将最新的教育教学理念和教学方法展现给农村学校的教师，以期有效提高农村教师的教育教学能力。送教下乡范围涵盖了温县、修武、武陟、博爱等地。工作室还派出了吴巧红、范艳玲等优秀教师每周二到帮扶学校——修武县黄村小学支教。为了农村教育事业的发展，工作室全体成员愿尽绵薄之力。

③影子培训。焦作市实验小学为国培基地，每年都要承担国培学员的影子培训任务。工作室里每一位实验小学的成员均是影子培训中的指导教师，每位教师带10名左右的学员进行为期一个月的影子培训。一个月的时间，工作室的成员和学员们朝夕相处，作示范课，为学员们进行辅导课，课后召开反思会等，相互之间建立了深厚的友谊，在互帮互助中相互促进，共同提高。主持人王文霞为国培学员作《六步作文教学研究》《以问促学，培养学生自主学习能力》的专题报告，深受学员好评。

（4）做好学生工作。教是为学服务的，工作室开展所有活动的最终目的都是为了学生能够获得更好的发展。2016年，工作室的每位成员均踏踏实实地做好了以下学生工作：主持人王文霞为焦作市实验小学500多名学生及家长作报告《吃苦是福》，组织全校学生开展语文月活动，组织学生参加"焦作市汉字听写大赛"，并取得第二名的好成绩；宋新菊老师带领"小梅花班"在市新教育活动中作展示；刘小军老师所带的班级被评为"市文明班级"；马丽、范艳玲、王文利老师被评为市优秀班主任；杜焕云老师辅导多名学生在作文比赛中获奖；范艳玲老师组织的校园文化月活动和吴巧红老师组织的实践月活动赢得了全校学生及家长的好评……这些成绩的取得，凝聚了老师们的心血与汗水，饱含着老师们对教育工作和对学生的热爱。

（5）推动专业成长。工作室鼓励每位成员书写教育随笔和教学论文，并派成员外出学习，向焦作市教研室推荐成员上观摩课和上报课题，通过学校向杂志社集体投稿，开展师徒结对子活动……工作室所做的这些工作都是在为成员的成长铺路搭桥。

2016年，工作室共有25节公开课和教学设计获县级以上奖项，其中毋趁心老师执教的《少年闰土》获省一等奖；共有18篇论文、教学实录、教学随笔发表在正规刊物上，其中主持人王文霞的论文发表于中文核心期刊《语文教学通讯》。师徒结对子也取得了一定的成绩：主持人王文霞培养青年教师3名，2名执教市级观摩课，1名参加市教师技能大赛，并获二等奖；吴巧红老师辅导付子月、韩乐意老师辅导李正娟获市优质课评比一等奖；行爱娟老师辅导张鹏翼获市优质课评比二等奖。

另外，宋新菊老师荣获"中国好教师"称号，李娜老师被评为省优秀教师，主持人王文霞被评为河南省学术技术带头人，韩乐意老师被评为河南省教师教育专家，吴巧红老师被评为省师德标兵，毋趁心老师获市"五一巾帼奖"，过江、刘小军老师被评为市师德标兵，暴文静老师成长为省级骨干教师，李艳华老师成长为市级骨干教师……

二、开拓进取，共创百花齐放局面

2016年9月，工作室被河南省教育厅授予"中原名师王文霞小学语文工作室"称号，按照《依托中原名师工作室培育省级名师骨干教师试行方案（2016—2020）》的通知，工作室将承担起培育省级名师及骨干教师的任务。

（一）端正思想，勇于承担

"依托中原名师工作室培育青年教师及省级名师、骨干教师"，这是一项意义重大的举措。给名师工作室加任务，促进中原名师提升教育教学及管理能力，这无疑将助推中原名师再成长，助推名师工作室再发展；专家引领，任务驱动，跟岗研修，"以育代评"的模式必将培育出更多的优秀教师。

作为一线教师团队，承担起培育省级名师及骨干教师这样艰巨的任务，压力巨大，充满了挑战。但是"心有多远，你就能走多远"，"没有做不到，只有想不到"，工作室的成员愿齐心协力，攻坚克难，借助培育省级名师及骨干教师这一东风让工作室再上新的台阶，为河南教育的发展贡献绵薄之力。

（二）结合实际，整体构思

1. 培育理念

以人为本，遵循教育教学和人才成长规律，依照河南省教育厅《依托中原名师工作室培育省级名师骨干教师试行方案（2016—2020）》的通知，完善和落实选拔、培训、考核、激励等培养机制，突出针对性、实效性、实践性和先进性，按照理论与实践相结合、自主与交流相结合、学习与应用相结合、反思与提升相结合的原则，通过自主研习和集中研修，切实提高培育对象的个人修养和专业素质，促使教师实现专业成长的层级进阶。

2. 培育目标

从 2017 年到 2020 年，力争每年培育 5 名省级名师和 10 名省级骨干教师。按照专家型、科研型教师所必备的综合素质结构要求，以理论学习、课堂观摩、主题研讨、课题研究、网络研修、专家引领为主要研修模式，聚焦小学语文课堂，开展系列教研活动。通过实践反思、同伴互助，解决教学实际问题，有效推动培育对象的专业成长，帮助每位培育对象在学科上形成自己鲜明的教育风格和教育艺术，实现其发展目标。

（三）严格要求，精益求精

1. 选拔对象

工作室认真审查培育对象材料，选拔勤于钻研、勇于创新、有强烈自我发展需求的老师进入工作室。培育期间，如发现学员有敷衍了事、消极懈怠的情况发生，在多次劝说无效的情况下应劝其退出，培育对象宁缺毋滥。

2. 制订计划

工作室要求每位学员结合自身实际情况制订个人发展规划及读书计划，目标要明确，内容要具体，不空洞，不盲目，具有可操作性、可衡量性。每位学员要按计划工作、学习，年度末要结合计划进行总结、反思。

3. 制度保障

建立工作室的工作制度、考勤制度、网络研修制度、学习制度、奖惩制度、档案管理制度等，与每个学员签订《名师工作室成员工作协议书》，为每个学员建立个人成长档案，确保工作室各项工作有效开展。

4. 任务驱动

工作室培养对象要完成以下任务：第一，每年读 1 本教学理论专著，并结合学习撰写 8 篇感悟体会。第二，每学期听课数达到 30 节以上。第三，每学期开展 1 次教学展示活动或送课下乡活动。第四，主持或参与 1 项课题研究，结合课题研究每学期撰写 1 篇有价值的研究论文。第五，按要求完成集中研修、网络研修、影子培训的各项任务。

5. 合理评价

工作室将依据省教育厅《依托中原名师工作室培育省级名师骨干教师试行方案（2016—2020）》的通知制定出考核方案，对培训人员进行公平、公正的考核，最终对每位学员进行合理的评价。考核方案做到目标导向正确、平时考核与阶段考核相结合、自我评价与考核小组考核相结合，以此调动起教师自我成长的积极性。

（四）稳扎稳打，有条不紊

1. 自主学习

工作室鼓励培育对象自学，写读书笔记。工作室组织培育对象共同参与读书沙龙活动，通过真诚的沟通与交流，大家分享智慧，分享见识，丰富知识储备，提高文化底蕴和文化修养，形成进取、互学的氛围，积极构建学习型教师团队。

2. 集中研修

结合教育热点和教学实际，针对共性问题，工作室聘请专家学者开展专题讲座。定期开展"以生为本，以学为主"的递进式系列研修活动，通过主题研讨会、现场诊断活动等多种方式，探讨研究如何在语文课堂上实现"以学为主、学导和谐"的教学模式，在潜移默化中帮助培育对象提升教育理念，提高其教育教学能力。此外，工作室还举行专业成长交流会，使培育对象根据自身的专业成长经历，认真总结，通过交流让培育对象分享其中的经验，并督促其更加主动自觉地学习，不断完善，成为学者型、专家型的优秀教师。集中研修期间，工作室要求学员做好研修笔记，撰写研修心得。

3. 课题研究

工作室将内部课题介绍给学员，学员加入工作室的课题研究中，共同探讨，共同研究，以研促思考，以研促学习，在将工作室课题做好的同时激发起学员对教育教学的研究热情。同时，工作室要求每位培育对象结合自己的教学实际情况、学校情况积极申报课题，在日常教学中深入扎实地进行尝试与探索。培育对象在课题研究中不仅要重视理论研究，更要重视实践研究，要在实践中有所发现、有所感悟，通过科研提升认识，及时总结经验，逐步形成教学成果，提升发展高度。

4. 影子培训

工作室要充分利用现有的资源，组织工作室成员认真研究如何更好地开展影子培训，全体成员要团结协作、合理分工。此外，工作室还要组织、安排好学员的学习与生活。影子培训期间的活动安排要做到集中与分散相结合、学习与反思相结合、观摩与实践相结合，做到既有集中研修、交流，又有分散跟岗学习、实践。影子培训期间要采取任务驱动制，要求教师完成一定数量的作业，作业包括听课笔记、反思、教学设计等；要求每位教师上研讨课，在磨课、研课中反思、改进，提高教师的教学能力。

5. 网络研修

参加培训的人员来自全省各地，为方便交流，培训人员要充分利用工作室的网络平台。博客上的"专题研讨"要定期发起话题，学员要人人参与；"集体备课"要求每周有一位教师上传教学设计，大家跟帖议课；"教学反思"与"教育随笔"专栏要求教师每月至少各上传一篇，促进教师写作水平的提高；"课题研究"专栏要求教师及时发布自己对关于课题研究的相关内容……网络平台将会拉近大家的距离，使学习、交流变成常态化。

凝心聚力，砥砺前行

商丘市胜利小学　张凤仙

中原名师张凤仙小学数学名师工作室于 2014 年 4 月成立，主持人张凤仙数学追梦二十余年，一路耕耘一路收获，曾先后获得河南省中小学幼儿园教师教育专家、河南省学术技术带头人、河南省农村中小学教师培训专家讲师团成员等称号。工作室旨在打造能肩负起名师引领作用的教师团队。工作室成员既潜心教学研究，又在丰富多彩的课堂实践中历练自己，本着不闭门造车、勇于开拓的理念，在与时俱进的培训学习中不断创新，与其他中原名师结成教学同盟，与兄弟学校共享科研成果，以此不断学习，不断发展，不断强大。

一、徜徉在学习的海洋中，提升专业能力

（一）指导思想与发展理念

工作室遵循教育规律和教师成长规律，立足教育改革与发展的需要，以促进教师专业发展、整体提升教师队伍素质为核心，以发展教师学科专业水平和提升教师专业素养为工作目标，以团队协作为研究方式，以课堂教学为主要阵地，着力于区域性教研共同体的构建，努力发挥工作室的团队引领作用，有效推动区域小学数学课程改革实践进程，以此吸引广大小学数学教师的研究兴趣，努力形成一支在基础教育领域中有成就感、有影响力的高层次教师团队。

（二）培育模式与具体措施

不断提高自身和成员的理论修养，加强理论学习，这是一切教学和科研的基础，也是教师专业成长的必然途径。

1. 培育模式

（1）从集体共学到积极自学。"要天天看书，终生以书籍为友，这是一天也不断流的潺潺小溪，它充实着思想的江河。"让书籍有效增加教师的文学底蕴，《数学教育心理学》《数学教育哲学的理论与实践》《给教师的建议》《走进儿童的数学学习：小学数学教学心理学》《给青年教师的建议》等从通俗的教育实践案例到专业的教育理论书籍，细细品读、研讨与交流，将会使教师们获益匪浅。此外，我们工作室为每位成员订购了数学专业期刊《小学数学教师》，成员们相互交流读刊感受，定期开展不同主题的"读书沙龙会"及"优秀文章品鉴会"等，交流阅读体会和学习心得的同时也提高了教师们的理论修养。大家通过理论学习，充分感受到了专家们多元的视界和深邃的思想，有助于提升教师们对教育的敏锐性、深刻性和洞察力。

（2）从专家引领到草根讲座。读万卷书，还需行万里路。我们观摩众多知名特级教师如吴正宪、贲友林、华应龙等的名师课堂来提升自己。鼓励成员们充分利用身边的学习渠道，如QQ群、微信群来坚持学习，登录全国各省、市的名师工作室网站、博客来取长补短。邀请省内外专家对我们当前有关数学教育的热点问题进行积极的沙龙研讨，增加成员们与专家对话交流的学习机会。主持人每次活动都会给成员们作专题小型讲座，引领成员们进行思考和探究。我们还鼓励工作室各成员将自己历年来的研究心得整理成文，积极搭设各种平台让成员们由讲座的旁听者转换为主讲者。这样的研讨活动，既有生动的课堂案例，又有理性的思考方法；既有专家的引领，又有一线教师的智慧，大大增强了成员们学习研究的热情，使其逐步走上了"主动规划、主动发展"的道路。

（3）学术互动、辐射示范。每个工作室成员都应发挥示范作用，以实现研究价值的最大化。我们以学校为单位建立了几个工作室的研究基地，为工作室活动的展开和各学校青年教师的培养提供了平台，以实现工作室和基地学校的双向互赢。通过讲座、同课异构、集体教研等方式，在一次次精心策划的活动中，工作室充分利用了每个人的不同优势，在每次的群体组织中发挥出了不同的影响力，由此让每一位工作室成员和参与活动的学校老师互相鼓励，并且彼此竞争，使每个人都成为一扇敞开的窗，让大家看到每一扇窗外的"风景"。同时，在工作室研究目标的引导下，工作室成员与学校教师互相结合成共同学习、共同进步、共同发展的区域教研模式。

（4）群体研究，个体主动。以"面对真问题，展开真行动，获得真发展"为目标，开展小课题研究，以科研带动教师的发展，带动学校的发展。在工作中，每一位成员除了完成本工作室的任务，还可以自主选择自己感兴趣的课题和要选择研究的视角，以实现共性和个性的统一、团队与个体的多种沟通。通过课题研究解决问题，及时实现了工作室的研究智慧与教师的实践智慧之间的转化。

2. 具体措施

（1）制订个人发展规划。工作室成员根据个人的实际情况，科学地制订出本人的年度发展规划，明确本年度自己专业发展的目标和步骤。

（2）强化教育理论学习。工作室主持人向成员们推荐教育必读书目和选读书目，每位成员依据自己的情况制订相应的读书计划，每年完成不少于60万字的读书量和相关的读书笔记。

（3）打造专题网站。通过工作室博客和微信公众号平台，工作室成为有效的动态工作站、成果辐射源和资源生成站。

（4）加强教育教学交流。工作室成员定期集中开展教学实践研讨活动，同时在网上进行读书、教学感悟等各种研修的交流活动。每人每年至少主持一次网络专题研讨活动。

（5）开展各种专题研修。工作室成员定期集中（每月一次）就各自对当前教学中的热点、难点问题开展课例研讨、评课沙龙等活动，形成一些解决问题的策略和方法。

二、躬耕于教研的田野中，潜心专业发展

一路走来，一路花开。我们走进课堂，躬耕于研究的田野中，潜心扎

根于课堂的实践研究中，探索数学教学的规律和本质，追寻数学教育的真谛，感受成长的变化与力量。

（一）特色与创新

1. 开展区域性公开课研讨活动

工作室主持人张凤仙在每学期初带头讲授公开课，参与听课人员由城区办事处各学校及周边乡镇小学部分老师组成，课后由区教研员进行精彩点评，并现场与听课老师互动交流。2016年5月13日，中原名师刘忠伟小学数学名师工作室和中原名师张凤仙小学数学工作室共同携手，在全省率先举办了中原名师共同体小学数学课堂教学研讨活动。2016年12月18日至20日，在许昌市襄城县文昌小学，张凤仙小学数学名师工作室与许昌市刘忠伟、郑州市宋君、南阳市李付晓、驻马店市郝秀丽、平顶山市李慧转、三门峡市苏邦屯、邓州市张雅等名师工作室团队举办了大型交流研讨活动，通过交流，构建了名师工作室成员的成长新方式，通过省、市、区教研员的专业指导，帮助工作室成员开阔视野。

2. 积极开展教科研活动

2016年10月，由张凤仙主持，工作室主要成员参与的省级教科研课题"小学数学常态课堂落实过程性目标的案例研究"已通过省教研室批准立项，并被确立为省级重点课题。在申报课题的同时，工作室还多次组织开展了针对本课题的相关研究，精益求精。另外，各年级教研组都设有工作室成员主持或参与的学校小课题研究，力争通过开展课题研究来促进教师不断学习，从而提升其理论水平；促进教师的专业化发展，使教师由经验型教师向科研型教师转变。

3. 组织工作室成员学习培训

外出学习，尤其是与全省乃至全国名师面对面的交流学习，会对教师的成长起到巨大的推动作用。在这方面，工作室成员曾到北京参加了全国新世纪小学数学课程教学系列研讨会，到洛阳参加了河南省校本教研和课题研讨会，到厦门参加了第十五届全国新世纪小学数学课程与教学系列研讨会。2016年7月，工作室又组织全体成员到洛阳参加河南省教师成长学校培训班，通过外出学习培训，提升了工作室成员的思想高度和业务素质，扎实开展课堂改革与创新，使教师的理论素养和实践能力再上一层楼。

（二）认真教研，收获成长

1. 开展送课下乡活动

工作室成立以来，主持人张凤仙带领工作室成员多次在睢阳区新城办事处新城小学、宋集镇中心小学、示范区张阁镇中心小学等农村小学进行送课下乡活动，以送课下乡活动为载体，发挥工作室示范、引领、辐射的作用，适时开展学科间、校际间与区域间的联动，加强城乡教师的交流与沟通，进一步深化课程改革。

2. 工作室活动后材料整理归档

工作室每个学年开展的系列活动都会形成一批优秀成果，以读书心得、学习反思、教育论文、案例设计、课例录像、教学课件、课题报告等形式呈现，学期末工作室对各成员提交的研究成果材料和工作室总结材料进行归纳整理。

三、执着于人生的不断超越，坚持教育理想

（一）做践行者

依据河南省教育厅关于《依托中原名师工作室培育省级名师骨干教师试行方案（2016—2020）》的通知中的规定，坚持以人为本，优化与共享教育资源，发挥中原名师工作室团队的示范、引领、辐射的作用，从学科、学校的实际情况出发，以集中研修、线上教研、读书沙龙、观摩研讨、课题研究为重要方式，以课堂教学改革为主要内容，以提高教育教学质量为根本目的，开展工作室骨干教师跟岗培养工作，促进教师专业成长，提升教师专业素养，打造一支在全省学科教学教研中有成就感、有影响力的高层次教师团队。

分模块、分阶段、递进式、实践型跟岗研修，培育认定一批省级名师和省级骨干教师，进一步发挥中原名师工作室对教师专业发展所起到的指导、支持、提升和优化等作用，探索形成"名师带徒"式的培训模式，优化省级名师、省级骨干教师的成长路径，助力全省教师队伍梯队攀升体系

的建设。

（二）做研究者

培训采取任务驱动、跟岗研修的模式，以教师师德水平和业务能力的提升为核心，紧紧围绕教师的师德水平、课堂教学能力、教学评价能力、教育科研能力、课程资源开发与利用能力、校本研修能力、学术交流能力和管理能力，通过集中研修、线上教研、课题研究、影子教师、读书沙龙、研课磨课、总结提升等环节，支持培育对象进行日常反思改进，激励自主发展，促进培育对象研究中原名师成长路径、建构中原名师能力素质模型、制定教师专业发展规划、实现教师专业成长的层级进阶。

1. 集中研修，重在诊断测评和系统学习

每学期集中研修一周时间，通过采取现场诊断、专题讲座、主题研讨、行动研究和成果展示等方式，开展主题鲜明的递进式系列研修活动，着力帮助培育对象解决教育教学中遇到的突出问题，使其持续提升教育教学能力。

2. 线上教研

成立QQ教研群，定期或不定期开展线上交流活动；成立微信交流群，能够使教师们随时交流、分享心得，通过线上资源共享、经验学习、思想交流等方式来解决教师在日常教学中出现的各种问题，以达到促进教师专业发展的目的。

3. 课题研究重在教师的教育教学理论研究能力

工作室要结合实际，依托个人研究的课题和方向，组建课题团队，组织开展以突出实践教学为中心的课题研究，使培育对象对科研课题的研究标准和研究流程有系统、专业的把握。每个承担任务的中原名师工作室均要结合实际情况，研制课题指南，组织开展以突出实践教学为中心的课题研究，并做好课题立项和实施工作，省教育厅将对符合条件的课题进行统一结项。

4. 影子教师重在观摩学习、对照反思、实践体验

中原名师要注重原理知识、案例知识、策略知识的传授。培育对象要在真实的教学环境中，细致观察研究中原名师的教育教学行为，把"听、看、

问、议、思、写"等自主学习行为整合为一体，实现自身的知识迁移和对实践能力的转化。

5. 研课磨课要围绕研修主题，按照研修任务，结合校本研修开展

研课环节要着力开展课例研讨，进行对照反思，突出经验学习。磨课环节要突出课堂教学问题解决，围绕教学目标、教学内容、教学方法与手段、教学评价等进行打磨，不断改进教学设计。同时，通过示范教学、同课异构、专题研讨等方式生成优质课、精品课。

6. 观摩研讨要开展研修成果展示

观摩研讨要采取说课、上课、评课等方式展示教学改进成效，通过观摩课、微课例、微案例、微故事等展示研修成果；要系统总结研修过程，梳理经验、反思问题、明确改进方向，生成代表性成果，并制定持续性个人发展规划。

（三）做前行者

本着"注重能力、讲求实效、更新观念、发展自我、形成特色"的原则安排培养计划。主要采用师徒结对，专家进行讲授、指导等方式；教师之间进行观摩和研讨学习、听评优质课，参与交流研讨；通过课题专题研究进行交流学习；研修学员要将学习、研究、实践、总结、提高等有效结合。

1. 规划与培训

每人写出自己具体的发展规划。打铁还得自身硬，因此，做学习型、研究型教师，提升自身底蕴，是研修学员的第一功课。此外，采取专家讲学、名师讲座等方式与培训研修学员的教育教学理论与实践、教育科研基本知识、师德修养，以及提高教育教学质量的策略与方法、现代教育技术等内容也十分重要。

2. 学习与反思

培养研修学员良好的自我学习习惯，每学年至少要读两本教育、教学理论书籍，要做好读书笔记，并写出心得。每学期拿出一周时间进入工作室名师所在的学校进行跟岗学习。研修学员每周在教案中写好教学反思，反思内容字数不限，重在记录感悟、总结得失。

3. 教学展示

帮助研修学员在其教学风格和教学特色上下功夫，让每位成员都能够按照教育规律和学生的心理规律，智慧地、艺术地教育学生，灵活地、有效地驾驭课堂教学，进而形成自己的教学风格和教学思想。研修学员每学期均要参加一次校级或校级以上的优质课展示，并参与一次工作室的集中研修课堂教学展示活动。

4. 课题研究

研修学员必须承担工作室课题中的一项研究内容，亦可根据本人在教育教学中所碰到的问题，开展小课题专项研究，及时总结提炼出研究成果，形成研究论文或成果报告。

5. 观摩研讨

研修学员要参加工作室组织的精品课例观摩研讨活动。要求教师围绕研讨专题带着问题听课，积极发表见解。另外，要求教师依照示范课例及归纳小结将研讨成果迁移到自己的课堂教学中。

6. 教师沙龙

工作室成员组织研修学员建立微信群、QQ 群，每两周确定一个主题，共同探讨教学体会、畅谈教学感受、倾诉教学困惑、研究解决方法、介绍成长经历，并对主题开展讨论，发表自己的见解，展示自己的才能。

脚踏实地、实事求是，这是我们工作室的工作信条。只要研究的脚步不停歇，不断地学习、反思、践行，我们一定能从一块石头里看到风景，能从一粒沙子里发现灵魂！

四、抓好管理与保障，提高成员研究水平

（一）管理与保障

工作室成立培育工作领导小组和评审小组，建立各项与小组相关的工作制度，从组织上保证培育工作能够顺利实施。聘请省、市教研室专家及高校教授作为培育工作的专家顾问，主持人张凤仙和工作室核心成员为主要指导教师，工作室所在的睢阳区胜利小学提供学习和生活保障，保证培育工作顺利开展。

1. 学习制度

工作室指导研修学员制订跟岗学习计划，布置学习任务并跟岗交流学习，工作室成员要不断学习教育理论，不断研究新课标、新课程、新教法。围绕教学研究，工作室成员每月进行一次以集中学习和自学相结合的活动，做好学习记录的同时进行反思与评价，收集材料并编辑整理研究成果。

2. 管理制度

研修学员要积极开展教学主题的研究工作。根据教学主题的研究方案，在每一个阶段制订具体的研究实施计划，及时作阶段总结。每次活动必须做到有方案、有措施、有活动记录、有阶段小结、有结果分析、有实践总结报告。每个学员必须以严谨的态度和科学的方法从事主题研究工作，并做出研究成果。

建立健全研修学员发展规划与成长记录袋，使示范课、学术论文、课题研究、专题报告、网络活动等规范化，全面、客观、科学地分析和评估学员的成长过程和发展效果。

3. 奖励制度

设立奖励机制，对研修学员进行年度考核，对成果突出、业绩优秀的研修学员，颁发"工作室优秀学员""工作室学习积极分子"等奖项，并由工作室主持人向上级教育部门推荐表扬该研修学员。

（二）考核与评价

1. 评价考核原则

坚持公平、公正、公开的原则。重现实表现，重自主发展，重作用发挥。

2. 评价考核方法

考核评价由培育对象所在学校和工作室负责，对学员培育的集中培训、跟岗学习、岗位实践和成果展示等四个阶段的表现和工作任务完成情况进行综合考评，将考评合格的学员上报并接受省教育厅的评价考核。

"天下难事必作于易，天下大事必作于细。"我们工作室将一如既往、凝心聚力，举工作室之力，尽工作室之能，在丰富多彩又行之有效的系列活动中，彼此促进，催发教育的情怀，彰显教育的智慧，追求"入室无悔，次次精彩"的目标，让工作室能够成为商丘市乃至全省的一张亮丽的教育名片。

让研究成为教育的新常态

濮阳市昆吾小学　张素红

中原名师张素红小学数学工作室成立于 2014 年。主持人张素红为中学高级教师，曾荣获河南省教师教育专家、河南省名师、河南省优秀教师等荣誉称号。工作室成员分别来自濮阳市直、县区的不同学校，呈梯级分布，形成了以"名师指导、核心成员引领、优秀青年教师参与"的"青蓝工程"网络。

一、且行且思，携手向前

（一）指导思想

工作室旨在发挥名师的示范、引领和辐射作用，形成以名师为核心的高层次骨干教师团队和专家型教师研究群体，让研究成为教育的新常态，并积极打造一支"学习型、研究性、合作型"的地方区域性小学数学教学工作团队，以及建设一个具有"教育研究、学习交流、资源辐射"作用且富有灵性教育智慧的名师工作平台，从而推动河南省基础教育教学改革向优质、均衡、和谐发展。

（二）发展理念

工作室秉承"让研究成为教育的新常态"的管理理念，力争把名师工作室成员打造成具有良好师德修养、先进教育理念、厚实专业素养、扎实教研能力的优秀团队。工作室成员在学习思考、参与研究、实践总结中，把先进的教育理念、独特的教学风格、灵活的教学方法渗透及辐射到各自的教学之中，从而起到引领示范作用，并推动教育教学改革向更深处漫溯。

（三）培育模式

1. 高标准建设工作室

学校对工作室的建设高度重视，投入了大量资金，以高标准、严要求设计、规划了工作室，配备了电脑、打印机等办公设备及各种专业图书资料，让老师们在优雅的文化氛围中体验研究的乐趣，促使研究工作化、工作研究化。

2. 打造优秀团队

一个人轻装上阵可以走得更快，一群人通力合作可以走得更远。让名师结伴而行，通过合作使工作室成员在有效参与课堂、独立探究、团队合作、评价反思、自我管理、创新思维等六大核心职业素养方面得到有效提升。

（1）团队建设。工作室成员包括核心成员和主要成员两部分。核心成员是指省市级教学名师、学科带头人，主要成员是指市骨干教师及部分优秀青年教师。在成员的选择上，工作室选择接纳那些志同道合、喜欢做事的教师，这些教师有共同话题和共同认知，更容易达成其共同的既定目标。工作室通过这样的成员组成使名师对年轻教师起到引领带动作用，年轻教师不断汲取优秀教师的教育智慧，有利于建立教师专业化成长的梯队。

（2）具体措施，主要有以下五个方面：

①以教师发展规划明确专业方向。工作室主持人制订了名师工作室年度发展规划和名师工作室年度工作计划，工作室成员根据规划分析自己的专业基础，确定自己的发展方向与目标并制订个人年度发展规划与年度工作计划。②以深度阅读丰厚文化底蕴。读书是丰富知识底蕴、提升人格魅力最有效的途径。工作室要求成员对书籍进行深度阅读，每位学员每学年阅读教育教学类书籍至少4本，并订阅《人民教育》《河南教育》等报刊，

了解我国教育发展的现状和教育发展的最新动态，不断提升教育教学理论素养，从而在日常工作中更好地指导教学实践。同时，工作室加强成员的学习管理，通过"好书推荐""读书交流"等活动督促成员读书学习，努力提升自身的理论修养和专业化水平。③以培训研修提升专业理论。工作室主持人张素红为河南省第二批教学名师，通过工作室组织的培训，她力争将教育改革最前沿的理论带给成员，把最先进的教育教学方法带给教师。④以课题研究形成教学专长。工作室首先要求工作室成员积极参与工作室确定的科研课题。其次在主持人的带领下，围绕数学学科中存在的问题，确定几个研究主题，工作室成员分工合作持续推进研究。最后以课题研究带动教研活动开展，有效地解决了数学教学中的困惑及问题，形成了自己的教育教学研究专长。⑤以考核评价激励自身发展。工作室建立和完善学员的业务档案与发展性考核评价细则，加强工作室成员专业发展的科学管理，科学记录其专业成长的过程。坚持定量考核与定性考核相结合，并把考核结果装入工作室成员各自的档案袋，同时作为其进一步发展的重要依据。

3. 搭建多元平台

工作室遵循名师成长规律，突出针对性和实效性，坚持理论与实践相结合的原则，创新了校本研修模式，形成了以省市级名师指导、市级学科带头人引领、优秀青年教师参与的"青蓝工程"网络。工作室开展的主题活动直面学校课堂和教育生活中所遇到的问题，借助"专题讲座""读书交流""主题研讨""教学观摩"等活动，分享各工作室成员的经验，并汲取他人的先进做法，真正实现合作共享、互利共赢。以活动为载体，把工作室建设成专业引领、主题研究、合作交流、资源辐射的多元化平台。

（四）效果与收获

1. 让专业引领成为一种必需

工作室主持人张素红是学校的业务校长，对教育教学研究及教师专业化成长提出了一套切实可行的"1866"教育教学体系。"1"是指"一种追求"，即形成属于自己的课堂教学品牌。"8"是指课堂教学的"八种意识"，即(1)课程意识；(2)学生意识；(3)问题意识；(4)交流意识；

(5) 创新意识；(6) 科研意识；(7) 质量意识；(8) 评价意识。第一个"6"是指学生的"六种学习习惯"，即 (1) 认真读书的习惯；(2) 规范写字的习惯；(3) 预习的习惯；(4) 评价的习惯；(5) 自主探究的习惯；(6) 合作交流的习惯。第二个"6"是指教师专业发展的"六个一"提醒，即 (1) 有一位自己崇拜的教育家，系统学习他的教育思想；(2) 有一部自己喜欢的教育名著，精心研读，做到常读常新；(3) 有一份高质量的教育期刊，博采众长，努力形成自己的教育理念；(4) 有一个经常浏览的教育网站，披沙拣金，了解最新信息；(5) 每次课后组织一次高质量的课堂教学反思，形成自己的教学特色；(6) 每周组织一次高效的教育思想交流，努力提升自己的教育智慧。学校以此推动教师专业化水平的不断提升。

为了引领工作室成员迈向教育教学理论的新高度，主持人张素红作了多场主题报告，内容涵盖师德修养、教师专业化成长和学科教学等。2016年6月，在河南省综合实践活动和校本课程建设优秀成果展示活动中，张素红作了"'四个二'体系，让综合实践'活动'起来"的专题发言，深受领导、与会老师的欢迎。通过一次次的交流，受训教师开阔了眼界、学习了知识、增长了智慧，有效实现了教师的专业化成长。

同时，工作室举行的"读书交流"活动带动成员涵养教育情怀，把对教育的追求内化为自己的人生信仰。活动的开展，使工作室成员在阅读中寻找灵感，在交流中启迪智慧，在思辨中获得成长，在反思中超越自我。

2. 让教学研讨成为教师专业发展的助推器

教学研讨以课程改革为中心，以课堂教学改革为重点，它是工作室的核心工作，也是帮助教师提升专业水平的关键。

工作室努力加强校际之间的交流，组织开展了濮阳市直小学数学教学联盟活动和跨不同地市、县区的学术研讨活动，尤其是张素红小学数学名师工作室和董文华小学数学名师工作室举行的小学数学"携手魅力课堂"教学研讨活动，深受濮阳、鹤壁、安阳市三地市领导、老师的欢迎，为三地的基础教育工作再提升而不懈努力着。活动情况被刊登于《教育时报·课改导刊》上。此活动的开展为工作室成员提供了一个宽阔的展示平台，为成员之间研究、交流教学实践中的问题提供了良好的氛围，为成员自身教学艺术的提升推波助澜。

工作室主持人张素红主抓学校教务、教研工作的同时还兼担着教授数学课。她根据自己多年的教学实践及对小学数学的深入思考，提出了"为数学理解而教"的教学主张，主张"探究比解释更重要，激起兴趣比召唤更重要"这一理念。就是说，应教学生怎样思考，这比教学生思考什么更重要。主张教师们在每次的展示课、观摩课中真正体现、实施自己的教学主张，并在实践中不断修正、完善。每学年学校均要举行大型展示课活动，主持人张素红先后在校内、市级以上公开课中执教小学数学示范课多次。2015年11月，主持人张素红在第十届黄河之声全国小学数学教学观摩研讨会上执教《比的意义》一课，深受在场教师的好评，特级教师钱守旺对本节课给予了很高的评价，其评价语是：先学后教，少教多学；自主阅读，突出主体；问题引领，促进思考；小组合作，智慧分享；学思结合，效果扎实。钱老师接着说："本节课的设计符合新课程的教育理念，把学习的主动权还给了学生，培养了学生的数学素养。"工作室组织成员们上研讨课、观摩课，听课，评课，积极投入，乐在其中。

3. 让教育科研成为教师专业发展的沃土良田

工作室的主题为"让研究成为教育的新常态"。在教育科研的道路上，我们不放松，要让教育研究成为工作室生存的重要依据。工作室在课题的选取上，坚持先进性和实用性，在形式上以校本教研为基本依托。

由工作室主持人张素红主持，工作室成员共同参与的濮阳市教育科学规划课题"小学生数学理解教学策略的实践与研究"于2016年7月顺利通过专家组鉴定验收。由工作室主持并参与的河南省基础教育教学研究室课题"基于小学数学理解的教学策略研究"于2015年9月被河南省基础教育教学研究室课题规划领导小组批准立项，并且按课题规划领导小组安排及时举行了开题论证。由工作室主持并参与的中原名师培育工程课题"促进探究性理解的数学教学实证研究"于2016年6月在浙江师范大学参加了课题立项陈述、答辩，并且立项申请已顺利通过，2016年10月在浙江师范大学举行了开题论证会。在教育教学中，工作室成员努力探求教育教学规律，用研究的成果指导教学，在实践中促成长，在研究中促提升，走出了一条研究的学术道路。

4. 让辐射带动成为教师成长的主旋律

工作室在自身发展的同时还肩负着示范带动的重任,培养和指导中青年教师的成长是工作室的另一项重要使命。如工作室主持人张素红及核心成员岳素蕊、裴丽芳被聘为濮阳市小学数学培训团讲师,为全市数学教师作专题培训。工作室还开展送教下乡活动,不断加强城乡教师的交流与沟通,为农村地区的教师送去了教育的新理念、新知识和新方法,从而进一步推动了濮阳市的新课程改革。为了带动团队成长,充分发挥名师的示范、引领和辐射作用,实现资源共享、智慧生成,工作室与鹤壁、安阳两地的名师团队共同成立了"濮鹤安三地市名师教研联盟",定期进行互访交流、研课、评课与报告,在交流中共享教育智慧,为河南省基础教育的再提升而不懈努力着。

工作室在主持人张素红及成员们的共同努力下,力争成为教育科研的基地、合作交流的平台、教育资源的辐射中心、教师专业成长的精神家园。活动中,研讨中,工作室成员商讨切磋、相互促进,取人之长、补己之短,共同提高。在专业成长的路上,在团队合作的途中,我们共同走过了一段有心血、有汗水、有耕耘、有收获的征程,未来我们将一如既往、脚踏实地,将示范带动青年教师这条路走得更加坚实、更加丰硕!

二、中原名师工作室,青年教师成长的摇篮

(一)指导思想

工作室以河南省教育厅《依托中原名师工作室培育省级名师骨干教师试行方案(2016—2020)》的通知精神为指导,以"让研究成为教育的新常态"为主题,以组织工作室成员师德修炼、集中研修、研课磨课、课题研究、名师讲座和借助微信公众平台互相沟通为主要研修方式,切实提高工作室成员的师德水平、课堂教学能力和教育科研能力,力争打造一支"学习型、研究型、合作型"的地方区域性小学数学教学工作团队,建设一个具有"教育研究、学习交流、资源辐射"作用且富有灵性教育智慧的名师工作平台,从而推动河南省基础教育教学改革向优质、均衡、和谐发展。

（二）名师工作室的定位与目标

工作室由名师领衔，以激励成员成为名师为奋斗目标，以培养成员个人兴趣和专长为发展方向，以理论学习为先导，以课堂教学为主阵地，以提升教师素质为目的，走出了"名师引领、团队合作、全员提高、资源共享、均衡互补"的教师专业发展之路。

工作室将围绕河南省教育厅《依托中原名师工作室培育省级名师骨干教师试行方案（2016—2020）》的通知精神，遵循优秀教师的成长规律，以一年为一个周期，实施教师培育工作，提升工作室成员的专业水平，力争把工作室成员打造成具有良好的师德修养、先进的教育理念、厚实的专业素养、扎实的教研能力的创新型优秀教师团队。工作室成员在学习思考、参与研究、实践总结中，把先进的教育理念、独特的教学风格、灵活的教学方法渗透并辐射到各自的教学之中，从而起到示范、引领、辐射的作用。

（三）培育模式

工作室采取专家引领、任务驱动、跟岗研修的模式。培育结构图包括以下8个环节：明确目标—自主研修—专题报告—课例观摩—评析反思—归纳提升—实践验证—示范辐射。

名师工作室培育结构图

首先我们让工作室的每个成员明确目标，目标有了，前进的方向就有了，就知道脚下的路该怎么走。然后通过查阅大量文献资料，自主研修，对工作室主持人提出的"为数学理解而教"的教学主张进一步认识，请专家进行专题指导，定期开展系列研修活动并转换思想。

接着进行课例观摩，磨课环节突出解决课堂教学问题的方法，围绕教学目标、教学内容、教学方法与手段、教学评价等进行打磨，找出课例中的优、缺点及改进方向，完善教学设计，不断归纳并评析反思。

在归纳提升环节，要基于教师个人的教学实践，通过微型课、课堂教学观摩、专题报告等方式展示研修成果，专题报告要依托教师个人的研究课题和方向，开展以突出教学实践为中心的课题研究，重在提升工作室成员的教科研能力。边实践，边验证，边反思，形成相对固定且适应学生学习需求的教学模式，最后发挥名师工作室成员的示范、引领和辐射作用，不断提升工作室成员的专业理论水平和实践能力。

（四）培育计划

1. 制定工作室成员专业发展规划

工作室成员要依据工作室培育方案制定个人专业发展规划。周期为一年的培育计划的实施，有效地推动了工作室成员的专业成长。工作室成员要努力学习专业理论知识，经常撰写结合实际工作的科研论文，积极参加本校及全市开展的教科研活动，在实践中不断提升自己的理论水平，有效发挥示范、引领和辐射作用。

2. 工作室成员专业发展的主要措施

（1）工作室成员各自制定专业发展规划。制定专业发展规划，可以促使每位成员尽快提高自身的教育教学及科研能力，以此推动成员的专业成长。

（2）进行高端教师培训资源的共享。为了引领工作室成员向教育教学理论的新高度迈进，工作室主持人张素红将濮阳市最高端的教师培训资源进行整理，而后通过培训将教育改革最前沿的理论及最先进的教育教学方法带给工作室成员。

（3）以课题研究带动教研活动开展。工作室要求所有成员积极参与工作室所确定的科研课题，能够在工作室主持人的带领下，围绕数学学科中所存在的问题，确定其研究主题，而后分工合作，持续推进研究，并定期跟踪课题实施进度，从而有效解决在数学教学中成员所遇到的困惑，使其整理阶段性成果，形成自己的教育教学特色。

（4）工作室为广大学员搭建多元展示平台。工作室积极参加各级教研活动，承担市级和校级数学学科的研讨任务，主题活动直面课堂和教育生活中的问题，定期开展名师工作室魅力课堂集中展示活动。活动方式可以是课堂教学研讨，也可以是微课例展示等，以此达到参加活动有准备、智慧交流促成长的目的。

由于培育对象来自不同的地市，因此我们加强了校际之间的交流，甚至是跨不同地市之间的学术交流。如参加送教下乡活动、地方业务培训、教研联盟活动、读书交流活动等，省级名师培育对象撰写不少于2000字的研修报告、读书心得，省级骨干教师培育对象撰写不少于1000字的研修报告、读书心得，而后发至微信公众平台与大家分享，为成员之间研究、交流教学实践中的问题提供良好的氛围，为成员自身教学艺术的提升推波助澜，真正实现合作共享、互利共赢。

工作室每个学期要举办专业成长交流会，使成员们根据自身的专业成长经历，认真总结，不断完善，最终成为学者型、专家型的优秀教师。

（5）加强课例积累，进行行动研究。工作室要加强课例积累意识，课例既包括特级教师的经典课例，也包括本工作室积累的优秀课例，通过积累课例、研究课例，能够发现教育教学的规律，提升教研水平。

（6）完善成员业务档案。工作室要建立和完善学员业务档案与发展性考核评价细则，加强成员专业发展的科学管理。坚持定量考核与定性考核相结合，工作室各成员要做到年初有计划，平时有记录，年底有总结。工作室还要做好研修计划、研修记录、读书笔记、课题研究、研修总结、教学设计与课堂实录等，要做到随时收藏保存，并把考核结果装入各自的档案袋中。

（五）制度保障

1. 工作制度

工作室主持人与工作室每位成员签订《名师工作室成员工作协议书》，并在完成工作室研究项目和个人成长方面制定周期发展目标。

工作室主持人为每位工作室成员制定周期发展目标，并设计培育内容，以及组织培育活动实施。

工作室每位成员要完成工作室规定的各项培训工作，完成工作室的学习、研究任务，努力实现计划中所规定的目标。

2. 考核制度

工作室主持人和成员均由河南省教育厅培育工程项目办实施考核。工作室成员的考核主要从师德水平、课堂教学能力、教育科研能力、学术交流能力等方面进行。

3. 档案管理制度

建立工作室档案。档案包括工作室教研活动记录表、观摩课情况、专题讲座情况、指导培养青年教师情况、交流或发表的论文等。

（六）预期效果

每个工作室成员能够从计算教学、概念教学、问题解决、几何直观等方面初步构建"为数学理解而教"的课堂教学模式；每个工作室成员能独立主持一项市级或省级课题；每个工作室成员在自我发展的同时，实现与学生的共同成长。

工作室的意义不在于教师能教点什么，而在于每位教师都有一个重新出发的机会，这自然包括工作室主持人。通过本方案的实施，有助于培育一批具有先进教育理念和较强教学技能的优秀教师，并且能够进一步激发教师教育科研的热情，同时能够不断推动小学数学教学向深处发展。

成长承责，立己达人

巩义市子美外国语小学　周素娟

中原名师周素娟小学语文工作室成立于 2014 年。目前工作室共有成员 18 名，其中省级名师 2 名，省级骨干教师 3 名，巩义市名师 3 名，市级学科带头人 2 名，市级骨干教师 4 名，全部工作在教学一线。工作室主持人周素娟为中学高级教师，河南省特级教师，河南省教师教育专家，河南省学术技术带头人，河南省优秀教师，河南省名校长，现任巩义市子美外国语小学校长。

一、成长立己——谋工作室自身发展

（一）理念

工作室以"成长承责，立己达人"为己任，秉持"开放、研究、分享、责任、合作、创新"的宗旨，致力于工作室建设、成员专业发展、教育科研等方面的实践研究，以"读书、实践、反思、写作"为基本途径，倡导自主参与、相互合作、彼此尊重、共同成长，引领成员做有思想的行动者，做学者型、研究型教师，做学科领袖、教育家。

（二）实践

1. 创新教研，启动内驱

多层级"公转＋自转"是子美外国语小学校本教研模式的特色创新，

也是工作室一直坚持的教研方式。"公转"即工作室全体成员围绕工作室的研究主题与核心展开工作,开展实践与研究。"自转"即工作室成员中的个体聚焦教育教学实践中的实际问题,确立研究专题,自主成立专题研究工作坊,以"有机适应性组织"为基本形式开展专题研究,使每个人都成为研究者。目前,工作室围绕"大语文"先后确立了多个专题研究工作坊,如"百日阅读研究工作坊""素音娟声朗读研究工作坊""群文阅读研究工作坊""识字写字研究工作坊""习作研究工作坊""语文综合实践研究工作坊"等,"公转＋自转"的创新教研方式,极大程度地激发了工作室成员的成长内驱力,使其在团结协作中彰显团队的力量。

2. 专家引领,助推成长

工作室致力于把专家请进来与成员直接对话和让成员走出去聆听不同的声音。2016年,工作室成员参加巩义市区域内的学习交流数十次;先后赴北京、郑州、杭州、常州、南通、洛阳、林州、汝阳、襄城等地学习交流近20次。每个成员学习归来都要在"子美论坛"作专题报告,共享智慧。

2016年8月15日,"中原名师工作室联盟"正式成立。首批联盟成员张胜辉、周素娟、陈静、刘娟娟、李国胜都是省内各地区教育界的领军人物,联盟的成立使他们能够强强联手,借力发展。而后又有许多中原名师陆续加盟,众多名师都曾在工作室留下身影。省教研员张琳、市教研员张喜荣更是受邀屡次深入教学现场进行指导实践。专家的引领使成员们的视野更加开阔,素养得以提升,有助于他们成为学校各项工作推进的领头羊、排头兵。

3. 搭建平台,唤醒自我

工作室秉承"享受教育,自觉成长"的理念,致力于搭建各种平台。

(1) 每周一次"子美论坛"。论坛聚焦教育教学中的成功之处及困惑不足,利用每周例会的时间,工作室成员以个人专题讲座等形式进行交流互动,用思维的碰撞引发教育思考,积累教育智慧。

(2) 人人建立教育博客。工作室成员利用专题教育博客,随时发表自己的教育随笔、教学反思等,用笔耕不辍来促进自身的成长。

(3) 微信专栏笔生花。工作室成员建立个人微信专栏写作,嵌以名字"素音娟声""潇潇微语""平心而语""涂涂说说""虹晨听语""楠得有你""岁月留香""娓娓道来"等，缤纷耀眼。

（4）开通"周素娟名师工作室"微信公众平台。推送工作室成员的优秀作品，每人每月至少一篇，以扩大工作室的影响力度，以榜样的力量引领、带动更多的教师走上教育写作的道路。

（5）开办"素音娟声"公益广播电台。工作室成员轮流担当公益电台的主播，精选优质教育文章，聚焦育儿问题，引领父母成长，以朴素的声音传递至善的道理，使广大学生和家长从中受益。"素音娟声"公益广播电台和微信写作专栏交相辉映，依托阅读和写作两个重要抓手，提升成员的学科素养。

此外，课型共创、研磨赛课、读书沙龙、研讨会、学术思想报告会、国培省培、送课下乡、校级交流等活动不胜枚举，全体成员在工作室搭建的各种平台上纵情驰骋，在积累感悟中重建，在知行转化中超越，在互惠共生中成长。平台在工作室全体成员的带动下，产生了"1＋1＞2"的整体效应，使子美外国语小学全体教师阅读成为时尚，写作成为习惯，真正实现了成员们的自觉成长。

4. 聚焦课堂，学科自治

工作室成员引领所在年级进行"学科自治"的探索，即充分发挥年级学科的自主能动性，开展以"学科为本"的教学研究，聚焦课堂教学改革中出现的突出问题，集中发力，各个击破。对问题的梳理与提炼使老师们时刻保持对学科的清醒；对问题的聚焦使学科自治有了"灵魂"，让研究更有针对性，使学科团队有了持续的研究动力。在不断聚焦问题、解决问题的过程中，成员们不断收获专业自信与职业幸福。我们不断坚信——行动最有力量，立足课堂开展行动研究，依托学科自治开展课例研究，就是解决实际问题的"法宝"，自己就是解决实际问题的专家。

学科自治稳步推进，始终贴地行走，让校本教研落到了实处，逐步形成了富有特色的学科自治有效策略结构：学科课型共创、多人同磨一课、一师一课多磨、聚焦问题、"三有三必"（有课必听、有听必评、有评必明）的听评课、跨年级跨学科听课等。在学结构、建结构、用结构的过程中不断提升学科自治的品位，实现学科育人的价值。

5. 课题研究，立足实际

工作室依据"以解决学校发展及教育教学中的实际问题为根本出发点和落脚点"的准则，确立课题研究的基本思路，即主课题引领方向，子课题支撑内涵。以学科自治探索路径、方法与策略，推动课堂研究持续进行，促进教育教学持续改进。同时，构建起省级、市级、校级三级科研网，定期召开教科研会议，严格例行"立项论证会、开题报告会、中期报告会、结项推广会"等会议制度，使每项课题研究都能扎实开展，并具有推广价值。此外，工作室通过专题讲座、培训、外出学习、课题组交流等多种途径提升成员的科研水平，并将科研成果作为成员考核的重要依据。

6. 辐射带动，引领一方

工作室主持人周素娟多次到周边地区学校开展专题培训，且每年都会参加巩义市的新教师指导培训，2016年还参与了河南省特级教师论坛，并参与了洛阳市城区小学校长培训。工作室成员在"子美论坛"中个个都是最强音之一，陈虹、李华华、王元元、逯继英、涂向宇、张爱红等老师分别到市直各校及省内学校开展讲座、培训等近30次。十年磨一剑，2016年9月29日，"首届全国名师名校长高峰论坛暨巩义市子美外国语小学课改成果展示交流会"成功举行，前来交流学习的省内外同行近2000人次，好评如潮。

工作室巧妙利用身边资源来助力工作室自身的成长。如工作室利用子美外国语小学"巩义市教师培训基地"这一得天独厚的条件，借助"中原名师联盟"这一强势平台，先后承担了数十次巩义市小学教师的培训任务，培训人数达3000人次。所请的专家站位高、实践性强、反响热烈。工作室与巩义市常庄小学结成了教育共同体，每次活动都邀其全程参与，真正实现了贴地式学习交流。此外，子美网站、微信公众平台上都开辟了"周素娟名师工作室"专栏，通过网络平台及时将工作室动态、教育教学活动、科研成果、优秀课例、反思总结等对外发布，使区域内的教师能够积极参与在线互动研讨，实现成果推广和资源共享。

（三）保障

1. 条件保障

工作室有独立的办公室，具备优良的办公条件，并配有专业的书籍资料。主持人周素娟与工作室每个成员均签订了《名师工作室成员工作协议书》，在完成工作室研究项目和个人专业化成长等方面制定了发展目标，规定了双方的职责、权利及评价办法。

2. 制度保障

工作室制定了完善的管理制度、运作制度、考核制度和经费保障制度，细化了主持人及成员的岗位职责，由专人统筹安排名师办公室的日常管理、业务指导、交流合作等，确保工作室的各项运作能够有计划、有执行、有协调、有保障的实施。

3. 经费保障

工作室的经费由学校实行专户管理，确保专款专用，主要用于添置书籍、培训、考察调研、课题研究、聘请专家等。名师建设工程领导小组定期对专项经费使用情况进行监督、检查，并根据工作室的绩效考核情况进行增补调整。

（四）评价

工作室制定了《名师工作室成员考核评价方案》，依据个人年度发展目标的达成度，对成员进行多方面的考核评价。

师德（20分）：爱岗敬业，遵守教师职业道德。热爱学生，为人师表。具备良好的育人精神与团队合作意识，教学成绩突出。

学习（20分）：完成规定阅读书目，撰写读书笔记每学年10000字以上，读书心得每学期4篇以上；每学期至少听课20节，并上交1份精品教学设计。

实践（20分）：每学期参加1轮研磨课，拿出1节精品课；外出学习后上交学习报告；每学期在"子美论坛"作1次专题报告；每月担任"素音娟声"公益广播电台轮值主播1次。

反思（20分）：认真撰写反思和教育叙事，每学期发布专题博客10次，每月在名师工作室微信公众平台至少发布1篇文章。

科研（20分）：立足教学实际，每学期完成1项个人小课题；每两年参与并完成 1 项工作室课题研究。

（五）成效

论坛、博客、微信专栏写作、公益电台广播、读书沙龙、研磨课、研讨会等成为工作室常态："子美论坛"已经进行到了第 73 期，开展读书沙龙 5 次，召开巩义市区域内学术研讨会 1 次，参与研磨赛课 4 轮；成员的读书、实践、反思、写作习惯也已成为常态：每个成员都创办了个人微信专栏，在及时分享经验、提升自我的同时，掀起了一股写作热潮，使得整体的教育教学活动充满了活力和内在感染力。2015 年工作室培养出省级名师 1 名，省级骨干教师 3 名，巩义市学科带头人 1 名，巩义市骨干教师 1 名；推送了一节部级优课，一节省级优课；工作室被中华总工会授予"全国工人先锋号"的荣誉称号。

（六）预期

工作室每月每位成员推出一节精品课，提交一篇高质量的读书报告；每学期召开一次青年教师的教学成果展示会；每学年汇编《优秀课例集》《教学反思集》《教育叙事集》《校本小课题研究成果集》等作品。力争每年培养出 1 名省级名师、1 名省级骨干教师，以及 1 名巩义市级名师、2 名学科带头人、2 名骨干教师，逐步形成名师、骨干教师梯队。

二、承责达人——为梦想者成长助力

（一）目标

工作室本着"成长承责，立己达人"的宗旨，力求成为区域内有教育梦想和教育追求的青年教师的培养基地、发展福地，努力打造成一支师德修养好、理论素养高、业务能力强的青年教师团队，使其逐步成为具有独特教育思想和风格的骨干教师、名师。据此工作室制定了青年教师成长的梯级目标：做有思想的行动者，做学者型、研究型教师，做学科领袖，做教育家。

（二）规划

1. 培育思路

工作室以"实践、读书、反思、写作"为基本途径，引领青年教师加强理论学习，提升学科素养，聚焦课堂教学，开展行动研究，发挥团队力量在活动中历练，反思总结经验在写作中提升。

2. 计划实施

（1）制定个人3年成长规划及年度发展目标。引领青年教师依据工作室6年发展规划及年度发展规划，制定出切实可行的个人年度发展目标，明确角色，清晰定位，朝着目标有计划、有组织地开展各项工作。

（2）启动青年教师"五四"培养模式。量身定制"五四"培养模式。"五"即"日行五一"：每天拥有一个好心情，每天和一个孩子谈心，每天上一节好课，每天读书一小时，每天锻炼一小时。"四"即"四步提升"：每周写一篇叙事或反思，每月讲一次校内公开课，每学期做一次学术分享，每年提一个小课题。

（3）师徒结对，名师"一对一"指导。在工作室，名师的主要任务就是培养青年教师成为名师。通过不断从"被培养者"到"培养者"的转型，逐步形成拥有可持续发展力的梯级团队。工作室成员要拜一位骨干教师或名师为师，还要带一名青年教师作为徒弟。从班级管理、课堂教学改革、课程开发与整合、课题研究、读书交流、开展活动等方面给予全方位的指导。每周师徒开展教研活动不少于两次，每月读书交流活动不少于一次，每学期师徒互相听课不少于20节次，每学年师徒要共同完成一项小课题的研究。

（4）以校本教研和科研来提速成长。工作室每学期邀请教科研专家开展实地讲座和现场指导，从理论和实践上提升成员的科研素养。围绕学校的重点课题，成员进行"小课题"研究，最终形成小策略，促进青年教师由经验型向科研型、专家型教师转变。本着"合作共进、互惠共生"的校本教研理念，大力推行学科自治，引领青年教师聚焦课堂。以开放的胸襟悦纳同伴走进自己的课堂听、评课，以分享的意识积极与同伴交流。以学科组的研讨、实践来解决学科问题，成为解决自身问题的专家。积极开展校本、级本、班本、学科本课程，逐步形成"学习培训、行动研究、活动提升"的校本教研模式。

（5）搭建展示平台为成长增色。工作室为青年教师搭建各种平台：每周一次推门课，每月一次研磨课，每学期一次精品展示课，每年一次"子美杯优质课大赛"。从中择优推荐其参加市级达标课、省级优质课大赛，使青年教师有机会在名师的指导下反复"磨课"，提高课堂教学水平。此外，工作室每周举行两次学科组教研活动，以课例为载体，带动青年教师聚焦教育教学中的突出问题，并对其进行专题研究，以团队力量促使个人快速成长。每周举行一次"子美论坛"，安排不同的主题，由青年教师总结自己的经验反思。每月开展一次"读书沙龙"，分享青年教师自己的所悟所得。每年举行一次学术思想研讨会，由成员作课、说课、梳理教育教学思想，青年教师在一次又一次的活动中，通过亲身的参与、体验等，不断提升学科素养，提高教育教学水平。

工作室还引领并帮助青年教师建立个人博客和微信写作专栏，用教学反思、教学案例、读书心得、听评课感受等形式发表他们的见解。通过博客进行学术思想、学术风格、学术观点的科研交流。分享教育教学、科研成果、生活感悟等，拓展研究、共享智慧、见证成长、享受教育，真正达到通过名师工作室引领，带动全体教师共同发展的目的。

中原名师周素娟小学语文工作室在实践中学习，在学习中反思，在反思中成长。在这里，"和而不同"，思维碰撞产生智慧的火花；在这里，各显特长，共同弹奏出美妙的交响曲。工作室已成为全体成员共同成长的精神家园，在这方孕育生命成长的沃土中快乐学习、快乐工作、快乐生活，并且成就自我、发展子美、享受教育。

当成长成为一种生命自觉，教育带给我们的就是一种享受，一种自主参与、相互合作、彼此尊重、共同成长的快乐与幸福。手挽手，汇成汪洋海；心连心，成为大森林。天更高，路更阔，工作室成员在播撒希望、挥洒汗水、燃烧激情中享受教育、体验成功、实现超越。

雁飞长空任翱翔

信阳市第九小学　周雁翎

"雁翎名师工作室"成立于2014年5月,现有成员14人,主持人周雁翎是河南省语文特级教师,河南省教师教育专家,河南省学术技术带头人。"雁翎"二字来源于工作室主持人的名字,同时也寄予着她对工作室的美好期望:打造像"雁"一样的团队,像"翎"一样的个人。自古以来,"雁"在中华传统文化中就是团结协作的象征;"翎"是雁翅和尾上长而硬的羽毛,它不仅是雁身上最美丽的羽毛,更是雁飞翔的动力,依靠翎,雁才得以翱翔长空。近年来,工作室全体成员重立个人目标、加强理论学习、更新教育理念,以"一年成型,两年突破,三年出师,六年成专家"为目标,开展了一系列教育教学实践、教科研活动和阅读写作活动等。恰如一群鸿雁心存高远、振翅奋飞,向着教育的春天展翅翱翔。

一、工作室的发展理念与具体措施

(一)雁飞千里成群行:工作室建设的"组织要素"

雁群效应,在于目标一致、前后呼应,工作室的建设也应如此。我们由名师领衔,用精神引领,谋求共同发展。

1. 人员组成

工作室本着立足校内,兼顾校外,城乡接合的原则,选出了13名师德师风好,专业能力强,发展潜力大的骨干教师成为了工作室成员。

2. 硬件基础

目前工作室拥有独立的办公场所，办公设备一应俱全。同时，校园网、工作室专题网站、名师个人博客、QQ群、微信群等学习交流平台也已经初具规模。

3. 精神驱动

工作室的室风为"行思"，行，寓意着实践，行动，尝试；思，代表着思考，求索。"为促进学生发展而行，为促进教师发展而思"，工作室以此明确了"成为在全市乃至全省基础教育领域有影响力的教师团队"的目标，确定了践行行思课堂、打造行思科研、引领行思阅读的行动方向，拟定了成员的个人成长规划，并细化为每年的年度目标。同时，工作室也引导各成员认清自己的教学特点、发展空间，以便更好地明晰自己在将来想成为和可能成为的"样子"，在成员间志同道合的影响与分享中汲取不断远行的能量，使每个成员都能统一思想认识，为实现共同目标而努力。

（二）雁过长空有迹循：工作室日常的"行思之路"

长空过雁，列队前行，犹如人书青天字一行。工作室团队在阅读写作中"悄然起飞"，在交流互助中"振翅齐飞"，在学习与反思中"自由翱翔"。

1. 蓄力——基训与学习

要想能够随团队飞行，自己首先得羽翼丰满。基本功的水平决定了工作室团队的高度。为此，工作室特地请专家指导大家的诵读技巧，并定期举行美文诵读会；无论寒暑，工作室成员坚持清晨用粉笔字书写来开启一天的教学之旅，每周完成既定的钢笔字与毛笔字作业；工作室外邀硬笔书法专家指导，内请工作室书法高手示范，扎实开展成员基本功训练活动。

雁群若想翱翔千里，则需开阔的视野。工作室为此聘请高校导师，为工作室理论的提升奠定了良好基础，并特聘市、区教研室语文教研员为工作室的教研工作掌握方向。

除了专家引领，工作室还创造条件鼓励成员外出学习，并使其在回来后的学习汇报中梳理深化，提高认识。短短一年里，工作室成员累计外出学习交流30余人次，先后前往四川、辽宁、山东、浙江、广东、北京、上海、天津等地进行考察学习。这一次次的外出学习，是眼界的开阔、能量的积蓄，更是化外在为内在、变他人之长为己所用的提升。

2. 振翅——交流与互助

每只大雁在飞行中拍动翅膀后，均会为后面的同伴创造上升气流，以此减轻彼此的负担，这是雁行千里的要诀。工作室团队要发展，同样也需要成员之间的资源共享与优势互补。

工作室成员跨区、跨校协作给工作室带来丰富的信息和资源，但各校不同的工作节奏也让工作室的活动时间难以保障。对此，工作室根据实际情况，建立了线上为主、线下为辅的交流互助模式。

（1）"开学预备会"和"期末总结会"。工作室每期都要召开"开学预备会"和"期末总结会"，帮助大家形成定期制订计划和总结反思的习惯，加强工作室成员的自我管理能力和执行力。

（2）定期网络教研。工作室建立了QQ群，每月的第二周和第四周周四20:00~21:30进行网上专题教研活动。每期交流由一位成员主持，提前申报交流主题，全体工作室成员围绕主题做好相关学习。活动当晚通过QQ群的语音、图片、视频以及文字等多媒体手段围绕既定主题进行交流讨论。讨论结束后主持人负责整理讨论材料，形成教研活动记录，并将其每期汇编成册。目前，工作室已对30多个教育教学主题进行了深入的研讨。

（3）赛事集结制。工作室成员凡是要参与对外教学观摩评比活动的，工作室全体成员都会聚在一起为其出谋划策，仅在年轻教师闫楠参加区阅读示范观摩课备课过程中，工作室就对其进行了五次磨课研讨。

3. 搏击——争鸣与反思

大雁群飞时，飞行在后面的大雁会利用叫声给前面的同伴加油，从而保持雁群整体的速度。工作室也需要建设平台，让反思和争鸣成为工作室团队不断前进的重要力量。

（1）名师讲堂。学校开设名师讲堂，以工作室成员为主进行专题讲座，使成员们进一步深化认识，明确下一步的实践方向，以此突破自身发展的"高原期"。

（2）学术研讨活动。结合工作室课题，开展专题学术研讨活动——读书交流会课堂教学模式研讨。比如，开展《探出"养读"新视角》专题讲座时，还安排了两节课外阅读交流课，两个微型经验交流活动。与会教师代表纷纷表示将把学习的内容带到所在学校,用课外阅读推动学生语文素养的提高。

除此之外,工作室创造各种机会让成员们进行主题交流,使其教育理想和教学智慧在反思与总结中得到进一步的彰显和提升。

(三)群雁高飞凌苍穹:工作室团队提升的"四位一体"

工作室坚持在阅读写作中求真、在聚焦课堂中务实、在课题研究中攀高、在协作帮扶中致远,以此四位一体不断提升,成为了一个志存高远的团队。

1. 求真——阅读写作

工作室着力营造"真阅读,真写作"的理念,推荐阅读书目,举办阅读沙龙,每位成员均要制订读书计划,撰写形式多样的读书心得。在一次次用文字记录感悟、思考的过程中,工作室成员们的写作水平在悄然提升,共有 20 余篇论文、随笔先后获得区市级、省级的奖项。

2. 务实——聚焦课堂

课堂,是师生们生活的地方,也是我们工作室的扎根之处。我们将课堂作为教师的精神高地,在且行且思中收获经验、提高能力、丰富情感。

(1)上课。首先工作室要求成员要上好自己所带班级的每一节课,使自己的日常教学技能与理论水平共生、共存、共进。同时鼓励老师积极参加各级、各类赛课观摩活动,在大赛中不断磨砺教学教法。工作室主持人周雁翎先后执教市级优质课《伯牙绝弦》《螳螂捕蝉》,均获一等奖,两次应邀在信阳市浉河区教研活动中执教示范课,并多次在校内为工作室成员做示范课;工作室成员闫楠老师代表信阳市参加"真语文杯全国小学语文微课大赛",并获得大赛一等奖;余锐老师的《船长》一课在省优质课比赛中荣获一等奖,并应邀在信阳市平桥区、罗山县等地示范展示,获得好评;王俊老师的读书交流课应邀在浉河区做示范;杜燕、闫楠老师代表工作室和教研协作区送课下乡,将新课改的教法和精神送到了郊乡学校。

(2)听课。工作室要求每位成员每学期至少听 20 节课,从中感受各种新鲜而富有生机的教学模式,并以此触摸新的教学思想和动态。

(3)评课。课是对课堂的延伸及自我的内省,更是名师的基本任务和技能。为深入体会课堂的这三段旅程，在"上听评"环节中引发思考、解决问题，工作室先后开展了"走进我课堂，一睹我风采""名师风采交流会"等教学展示、研讨活动，并依托各级教学比赛、基本功大赛、观摩课、示范课等，多层面、多角度地践行着行思课堂，实现有效教学。

3. 攀高——课题研究

工作室的职责就是要出经验、出成果、出思想。这就要求我们在常态化教研活动的基础上，以专项课题研究为抓手，系统研究，提升攀高，逐步形成成果。针对我校学生以进城务工子女为主，面临课外阅读面极窄、学生课外知识匮乏、学习后续乏力等情况，工作室确定了"小学语文'养读'课程的研究与实施"的主课题，探索以"养兴趣、养习惯、养性情、养底蕴、养德行"为目的，在课堂内、活动中有计划地系统指导小学生课外阅读的系列课程。围绕主课题，工作室要求每位成员建立起自己的子课题，人人承担分支项目，人人参与课题研究。目前，课题申报书及 2 万字的文献综述已完成，本校 1~6 年级必读书目已建设完成并上墙，1~6 年级晨诵教材（实验稿）编写工作也已完成；探索课外阅读指导课已开发出 2 种阅读指导课型，并有 10 余节典型课例；已成功举办信阳市浉河区小学语文"养读"课程专题研讨会 1 次，开展了"走进童书""悦读分享会""图书跳蚤市场""名家进校园"等阅读推广相关活动，成立了"雅风吟诵社"和"小露珠儿童诗社"，形成了主课题与子课题枝蔓相间的"课题树"，出现了"主课题"根深叶茂，"子课题"花团锦簇的喜人局面。

除此之外，工作室参与的省、市、区级课题共计 15 项。其中已有 4 个省级课题和 9 个市级课题顺利结题，还有 2 个新课题顺利立项。

4. 致远——协作帮扶

作为一个负责任、有担当的团队，不仅要关注团队的自身发展，更应帮助并扶持农村薄弱学校，为整个区域的教育均衡贡献力量。工作室主持人周雁翎 2015 年给全区 100 多名新入职教师做了《教师职业道德》讲座，到金牛山第十六小学做了《做一个会上课的老师》讲座，到游河乡三官小学听课评课，并为青年教师答疑解惑。工作室与信阳市第三小学、金牛山、游河乡、董家河乡结为教研协作单位，多次组织送教下乡活动，工作室承担了国培计划语文班的实践培训任务，为新县虹桥小学、平桥区第二小学做工作室建设策划，工作室网站和 QQ 群吸纳了很多有志于语文教研的外校青年教师，做了大量指导、引领工作。在互动与交流中，工作室的团队建设增加了源源不断的专业力量。

二、"名师带徒"培育工作的设想

为进一步发挥中原名师工作室对教师专业发展的指导、支持、提升和优化等功能，探索形成"名师带徒"式的培训模式，优化省级名师、省级骨干教师的成就路径，助力全省教师队伍梯队攀升体系的建设，工作室作出以下设想：

（一）目标任务

第一，通过为期一年的分模块、分阶段、递进式、实践型跟岗研修，培育一批省级名师和省级骨干教师。

第二，探索"名师带徒"培训模式，优化省级名师、省级骨干教师的成就路径，建立促进教师专业成长、优秀人才培养的长效机制。

第三，进一步完善名师工作室的功能，将名师工作室切实打造成为教育教学研究的平台、名师骨干教师培养的基地、教师成长共同体凝聚的核心、教育改革发展成果辐射的窗口。

（二）主要模块

秉承雁翎工作室的室风"行思"，坚持"为促进学生发展而行，为促进教师发展而思"，以"践行行思课堂，打造行思科研，引领行思阅读"为行动方向和主要内容模块，以"调研准备—集中研修—自主研修—网上交流—总结展示"为基本模式开展分阶段、递进式的省级名师和骨干教师培育工作。

1. 践行行思课堂

（1）上课环节。培养对象每期至少上 2 节观摩研讨课，在活动中研究教材、构思教法，并能勇于创新、突破自我。同时工作室成员需上好自己所带班级的每一节课，使自己的日常教学技能与理论水平共生、共存、共进，成为身边老师日常教学的引领和榜样。

（2）听课环节。每位工作室成员应积极参加听课活动。每个学年每位成员至少听20节以上公开课，并要详细记录下听课过程。在听课的过程中，成员们感悟他人的优缺点，及时比照，以此锻炼自己对于教材的敏感度与快速解读能力。

（3）评课环节。积极参加评课，做到在规定时间内，简明扼要地将所听课堂内的亮点与遗憾一一道出，要注意倾听他人的发言，随时记录精彩的评课内容。成员每期至少以组织者身份组织一次评课活动。

2. 打造行思科研

名师和骨干教师的职责就是要出经验、出成果、出思想。培养对象应根据个人情况确定课题开展研究，一年内至少申请立项（或完成）一个市级或市级以上的科研课题，并形成较高质量的立项报告（研究报告）、科研论文或学术著作。通过科研，培养对象提升了认识，及时总结了经验，逐步形成了成果，并能够积极推广先进经验和科研成果，传播新的教育理念。

3. 引领行思阅读

营造"真阅读，真写作"的学术氛围。工作室搭建平台，以自主阅读、互助阅读为主要方式，以网络、沙龙活动为主要载体，推荐阅读书目，举办阅读沙龙，形成厚积薄发的内在品质。苦练写作基本功，使工作室成员从单纯授课型老师向复合理论型老师转变。要求每位培养对象制订合适的读书计划，撰写形式多样的读书心得，并上交一篇5000字以上的原创读书报告。

（三）基本模式

1. 调研准备

组织工作室骨干成员在网上见面，学习培育方案及各项制度，填写调查问卷，拟定个人年度发展规划。

2. 集中研修

工作室计划每学期进行一次集中研修，集中研修包括破冰活动、规划审议、影子教师、磨课研讨、专题讲座、外出学习、阶段小结等内容。破冰活动使培养对象彼此认识，分成小组，建立感情，为形成团结高效的培训团队奠定良好的基础。规划审议使培养对象互相审议并学习个人年度发展规划；影子教师使培养对象在真实的现场环境中，细致观察学习；磨课研讨立足课堂这一主阵地，各组派代表上课，通过备课、上课、磨课等环节，现场诊断，改进教学。同时培训采取外聘导师制，工作室结合前期调查问卷的情况，为每个成员建立个人成长档案，按照课题要求设计专题，有计划地请导师前来开设"专题讲座"或组织"外出学习"；集中研修的最后进行"阶段小结"，培养对象通过交流心得，梳理研修所得，矫正个人规划，并商讨确定自主研修期间的共读书目和阅读规划。

3. 自主研修

各培养对象根据个人情况在实际工作中进行实践尝试、读书写作、课题研究等，并积极承担起教师教育和培养青年教师等相关任务。

4. 网上交流

利用 QQ 群、微信群继续组织研讨交流，并做好活动记录，集中存档。

5. 总结展示

总结展示包括学术研讨活动、作业展示和个人成长档案展示。

学术研讨活动：由培养对象集体策划、组织一次大型的专题学术研讨活动，活动主题选择工作室、培养对象课题研究或近期的教育教学热点，呈现方式可以灵活多样，如微课、说课、上课、评课、主题发言、论坛等形式。由培养对象分工合作完成。

作业展示：通过线上素养比赛，进行粉笔字、钢笔字、朗诵等各项基本功训练考核，并把培养对象的作业制作成微信或美篇展示。

个人成长档案展示：包括工作室教研活动记录表、示范课、观摩课、专题讲座具体情况、指导培养青年教师成绩、学术论文、经验总结刊载、课题立项，以及工作室网络互动情况等。

（四）培训制度

1. 学习制度

第一，培养对象除了集中研修，平时学习以自学为主，对某一研究方向的主题，每两周网上定期集中学习一次，交流学习心得体会，并将讨论内容汇编成电子档。

第二，培养对象在自我发展计划中要明确学习内容、学习目标，根据目前及今后教育教学改革的趋势，在教育教学理论等方面要有选择性地去学习。

第三，培养对象应参加工作室布置的带、教培训工作，完成学习、研究任务，并有相应的成果显现，努力实现培养计划所确定的目标。

第四，培养对象应积极参加各级各类教学研讨活动。

第五，培养对象的工作动态、论文、专题研究课例设计、典型案例及评析、教育故事、活动图片等应积极地在工作室网站、微信中作出报道。

2. 考核制度

培养对象的考核由所在地市的教育主管部门和其工作室主持人负责，主要从思想品德、理论提高、管理能力、教育教学能力、研究能力、技能水平等方面考察其是否达到培养目标。

3. 档案管理制度

第一，建立培育工作档案制度，并由主持人兼管。

第二，培养对象的计划、总结、听课、评课记录、公开课、展示课、教案等材料应及时收集、归档、存档，为个人的成长和工作室的发展提供依据。

中原名师工作室的各项工作旨在培养一批具有先进理念和较强教学技能的优秀教师，进一步激发我省小学语文教师的教育科研热情。我们相信在省中原名师领导小组的指导下，在各地名师工作室的积极筹划和实践改进中，中原名师及其所在的工作室会完成从独善其身的"小我"到辐射全省、引领教育改革的"大我"的华丽转身，实现质的飞跃！

幼儿园篇

在向往中唤醒　在成长中引领

濮阳市实验幼儿园　晁昱

晁昱名师工作室于 2010 年 1 月由濮阳市教育局挂牌成立，是濮阳市学前教育学段第一个名师工作室。工作室成员为来自濮阳市及县区 7 所幼儿园的 12 名教师。工作室先后开展了两项省级课题的研究，并出版了《玩转童年》《民间游戏大玩家》《玩着长大》《幼儿园创新教案 50 例》等图书。工作室有 4 名成员成为省级名师，有 5 名成员走上了教育管理岗位。2015 年 7 月，按照省教育厅的要求，工作室整体进行了升级，吸纳了 8 所幼儿园的 19 名骨干教师；确立了"带好一支队伍，抓好一项研究，出好一批成果"的目标；提出了"把关注的视角转向孩子"的教学主张；开展了专业素养提升、课题研究、辐射带动等多项工作。2016 年 9 月，经过省教育厅考核，晁昱名师工作室正式被命名为中原名师晁昱工作室。

一、工作室建设与发展报告

自工作室组建以来，我们力求让工作室成为鼓励教师坚定教育信念、向往成长的地方，成为教师抱团取暖、享受温馨成长的地方。

（一）指导思想、发展理念

工作室坚持以"求真务实，捍卫幼儿教育的核心价值；尊重科学，探寻幼儿教育的规律"为准则，以"把关注的视角转向孩子"为研究理念，以"带好一支队伍,抓好一项研究,出好一批成果"为目标,追求幼儿教师的职业幸福,唤醒幼儿教师的研究热情,引领幼儿教师专业成长。

(二)培育路径

工作室的核心工作是"传帮带"。无论是输入培育还是输出培育均需要载体与支架,为使工作室的成员共同成长,工作室采用"任务驱动+清单管理"模式,探索教师成长路径。

1. 组建有思想的学习型幼教共同体

在成员之间形成能够相互接纳、相互沟通、相互学习、相互提升、有思想的学习共同体是工作室的首要任务。这项工作主要从以下四个方面开展:

(1) 充分利用"互联网+"的优势,创建工作室QQ群、微信群等交流群,共吸纳全市各级各类幼儿园的116名教师,开启了新型学习交流模式。我们把QQ群作为课题研究交流分享的便捷平台,使每个成员既是高质量资源的分享者,又是海量信息资源的使用者。

(2) 开展共读一本好书活动,并举办读书论坛进行读书分享。我们结合申报的课题,开展了"故事知道怎么办"微读书活动,鼓励教师利用微信平台与录音软件,分享读书音频。每天清晨,成员们会在听书中开启美好的一天。工作室的全体成员把听书当作一种生活方式,把思考当作一种工作方式。2016年,教师分享了300多页的读书内容。刘金钗老师把读书语音发送到班级的家长微信群中,吸引了一批家长加入到听书的队伍中。

(3) 开展以课题申报为背景的教研活动。结合中原名师课题项目,工作室开展了关于幼儿园一日常规的学习与研讨,为课题研究的内容和方法提供思路。

(4) 启动自主学习清单。每位成员结合自身的优势和不足,独立制订自主学习计划,用列清单的方式呈现具体学习内容,并参加学习展示、读书论坛等活动。

2. 开展课题研究,为教师搭建进步的阶梯

结合中原名师培育工程,工作室把凝练个人教育思想或教学主张作为目标和任务，提出要把关注的视角转向孩子，进行高效率的研究，让教师的关注点聚焦在对幼儿的观察理解上。工作室经过多次研讨，确立了"以一日活动为线索的幼儿行为指导故事选编与应用研究"课题。在研究实践中，工作室为教师营造课题研究的文化氛围，提供课题交流分享展示区和互联网平台。

每学期，工作室以课题核心要素策划区域学术交流活动。2016年7月，工作室举办了以"幼儿一日生活的组织智慧"为主题的区域学术研讨会。参会人员为来自焦作市和濮阳市五县两区的近150名幼儿教育工作者。研讨会上，工作室向大家分享了课题"以一日活动为线索的幼儿行为指导故事选编与应用研究"的背景和初期研究的内容。

针对课题研究内容和预设成果，工作室做了大量调查记录，梳理第一手资料，建立了课题资料库，包括200个故事资源和200个幼儿行为问题调查记录，为课题研究打好基础。

3. 发挥示范辐射功能，推动区域幼教发展

工作室自成立以来，积极参与和承担各级各类送教下乡、教师培训、专题讲座活动。2010年至2016年，工作室主持人晁昱多次受河南大学、河南师范大学、郑州幼儿师范高等专科学校、安阳师范学院、濮阳职业技术学院和多个地市教育部门的邀请，承担"国培计划"培训、"省培计划"培训、园长资格培训、继续教育培训等任务。同时，工作室的核心成员承担了"国培计划"送教下县任务，在为期6轮共24次送培任务中，分别做了《幼儿园教育活动的组织与实施》《论磨课》《园本教研的开展》《微课、微案例、微教研》等专题培训，进行现场教育活动点评、园本教研演练和展示。在送教活动中，工作室成员赖丽敏、曹旭宁、李婵娟、王蕊组织的10节教育活动课获得老师们的高度评价。

工作室还依托濮阳市实验幼儿园的优质资源，面向全省幼儿教师多维度展示幼儿园管理、教师专业成长、课程构建与实施、家园共育、大型活动、幼儿园环境创设、幼儿园园本教研等教学教研活动。

（三）管理保障

在参与中原名师培育工程中，工作室教师对我省教师队伍梯队建设体系有了更深刻的认识。名师工作室作为培育工程中的"孵化器",要形成促发展、深研究、能辐射带动的管理机制。我们结合工作室的现状,主要做了以下工作:

(1) 制定完善了各项制度。结合省教育厅的有关考核评估标准,中原名师带领工作室成员认真学习领会文件精神,在工作室原有制度的基础上,完善了《工作室主持人制度》《工作室成员职责》《工作室成员分工》《工作室考勤制度》和《图书借阅制度》等。在工作室的文化建设方面,设计了工作室的室标、印章和学习交流墙;细化了成员的分工,让每个成员既把工作室当作成长的家园,建立归属感,又在制度的规范引领下提升自己。

(2) 建立成员档案,开展成长评价。我们认为:差异就是资源。工作室的成员来自不同的园所,成长的经历和特长也不相同,是工作室让我们走到了一起。我们希望每位成员都能在成长的路上快步前行。结合考核标准,工作室的每个成员都建立了包含合作意识、规划总结、课堂教学、教学研究、工作业绩等五个方面的成长档案,以档案为引导,在原有的基础上不断提高。

(3) 实施"任务驱动+清单管理"模式。各级各类清单内容指明了教师发展的方向和承担的任务。发展目标明确、培育内容具体的教师培育套餐,让工作室的每位成员在抱团成长中形成各自的教学风格。

(四) 特色与创新

工作室在培育教师的过程中,尝试运用了"机制引导+自主发展+任务驱动"的清单式管理模式。这种模式,帮助教师明确了成长的价值导向,明确了成长的任务和要求,形成了工作室对各类清单进行日常引领督导及阶段性总结评价的有效管理机制。教师通过自我评价、清单档案和阶段性的管理评价,能有目的、有计划地完成各项培育任务。清单式的管理,促进了每个成员富有个性的自主成长,实现抱团取暖,享受温馨的成长。

二、青年教师培养方案

河南省教育厅《依托中原名师工作室培育省级名师、骨干教师试行方案（2016—2020 年）》文件的颁布，意味着中原名师工作室不仅是要引领当地教育发展，而且应成为全省名师、骨干教师的培育基地。中原名师的工作室应成为一批"有理想信念、有道德情操、有扎实知识、有仁爱之心"的青年教师专业成长的动力源和起飞平台。结合省教育厅的相关要求和工作室自身的责任使命，我们特制定如下培育方案：

（一）指导思想

以《依托中原名师工作室培育省级名师、骨干教师试行方案（2016—2020）》文件精神为指南，立足学前教育，秉承"求真务实，捍卫幼儿教育的核心价值，尊重科学，探寻幼儿教育规律"的准则，实现为省级名师、省级骨干教师培育对象"搭好一个成长平台，做好一项课题研究，带好一支专业队伍"的愿景。

（二）培育目标

引领培育对象以关注幼儿发展、关注自己的教育行为、关注自己的专业成长为出发点，在学习新理念、思考新课题、研究新方法的过程中，实现理念系统化、行为专业化、研究成果化、成果推广化的目标。工作室形成"机制引导＋自主发展＋任务驱动"的清单式培养模式。

（三）培育计划

工作室从多个地市推荐的近 50 名教师中遴选 5 名省级名师培育对象和 10 名省级骨干教师培育对象。工作室将用"任务驱动＋清单管理"模式的培育方法，以学习研修清单、课题研究清单、实践演练清单、自主成长清单、成果展示清单为载体，聚焦幼儿教育的核心理念、聚焦课题研究、聚焦每位教师的成长意愿，形成工作室引领指导教师自主发展的有效路径，高质量完成培养的任务。

1. 围绕幼儿教育核心价值，建立有思想的学习共同体

学习是教师专业成长的不竭源泉，依据中原名师培育工程的要求，工作室以读书写作、集中研修、网络交流为内容，围绕课题研究和教师个性发展开展集体学习和自主学习，让教师在学习中梳理理论、内化理念。学习清单分为集体学习清单和自主学习清单。

集体学习清单的主要内容：

（1）读书。围绕工作室课题研究，教师共读、精读《故事知道怎么办》《3—6岁儿童生活价值训练广场》这两本书，省级名师培育对象写2篇3000字的读书感悟，省级骨干教师培育对象写出2000字的读书感悟。

（2）集中研修。每位教师在参加集中研修活动后，需撰写2000字的研修报告。

（3）网络分享。工作室利用网络建立学习交流群，鼓励每位成员完成"微读书"的读书任务。

自主学习清单的主要内容：一是读书。教师结合自己的发展方向，自主选择一本精读书，并写出3000字的读书感悟。二是资源库分享。工作室逐步建立学习资源库，每位教师每学期向资源库提供3项学习资源。三是教育写作。每位教师每月写1篇高质量的教育案例，并分享到工作室交流群。

2. 深化课题研究，提升教师专业能力

结合中原名师培育工程中课题研究的要求，工作室申报的课题"以一日活动为线索的幼儿行为指导故事选编与应用研究"已顺利通过立项和开题答辩。15位教师参与到课题研究中来，不仅提升了他们自身的专业技能，更为工作室的课题研究增加了新生力量。为让教师的参与度更高，工作室结合课题进程，针对省级名师和省级骨干教师培育对象设置了不同层次的课题研究清单。

省级名师培育对象课题研究清单的主要内容：一是学习课题报告。每位教师详细学习工作室课题报告，深入了解课题进程，及时跟进课题研究。二是确立课题研究小专题。每人均需确定子课题研究内容，成立课题小组，带领骨干教师培育对象完成课题小专题研究任务。三是撰写研究案例。每人结合专题研究撰写5篇研究案例，并在项目主持人的指导下发表。

省级骨干教师培育对象课题研究清单的主要内容：一是详细学习工作室课题报告，了解课题进程，参与课题研究。二是选择研究专题，参与省级名师培育对象的小专题研究，在自己的工作中尝试课题研究，为研究小组提供素材。三是撰写研究实践案例，结合课题实践撰写 3 篇实施案例，反思自己的教育行为。

3. 聚焦教育实践，实现教师教育技能智慧化

在课题研究中，工作室提出了"把关注的视角转向孩子""打造低成本、高效率教育策略"的教学主张，旨在引领教师立足教学实践、研究教学实践、落实科学的教育理念，促进幼儿全面发展。为此，在实践演练清单设置中，我们将重点放在了一日活动的组织和研课上。

省级名师培育对象实践演练清单的主要内容：一是组织研课活动，即组织本园教师开展研课活动，指导 2~3 名青年教师观摩课。二是组织观摩活动，即组织名师做影子教师，在濮阳市实验幼儿园开展为期一周的实践跟岗活动。

省级骨干教师培育对象实践演练清单的主要内容：一是组织观摩活动，即组织名师做影子教师，在濮阳市实验幼儿园开展为期一周的实践跟岗活动。二是研课磨课。教师结合自己班级幼儿的年龄特点，每学期开展 2 次研课磨课活动，并形成成熟的教学案例。

4. 尊重教师成长意愿，促进教师自主发展

依托工作室培育，对于培育对象来说只是一个新的起点。工作室的另一个使命就是通过为期一年的培育激起教师的成长激情和成长愿望，帮助教师明确自己的成长方向。为此，工作室为每位成员发放《晁昱名师工作室成员成长意向表》和《教师自主成长档案清单》，以了解教师的成长需求，分析教师的成长路径，为每位成员量身定制成长方案，建立自主发展成长档案，让他们的发展看得见、走得远。

5. 开展展示交流，扩大辐射示范区域

展示交流是工作室区域带动、锻炼教师队伍的有效手段。在一年的培育中，工作室将为教师提供多元的展示交流平台，让每位教师在交流共享中成长，在展示中提升专业素养、推广教科研成果。

成果展示清单的主要内容：一是读书论坛。每位教师都交流分享读书

的收获。省级名师培育对象展示读书感悟,省级骨干教师培育对象以书面形式交流。二是区域学术交流研讨会。结合工作室课题研究,开展以"故事对幼儿心灵成长的价值"为主题的学术研讨会,5位省级名师培育对象作主题发言,10名省级骨干教师培育对象作讲故事展示。三是送教送培。2017年,工作室与多个地市的幼儿园联袂开展3~4次送教送培活动。四是阶段性成果发布、展示会。结合课题阶段性成果,开展教育活动展示、课题成果展示活动。五是成长展示。在培育后期,工作室邀请幼教领域的中原名师指导培育对象进行成长展示。

(四)组织管理

在为期一年的培育中,工作室建立省级名师、省级骨干教师培育工作小组,形成《考勤制度》《清单管理制度》《微读书制度》《学员职责》《跟岗研修制度》《教师安全注意事项》等系列制度,保障活动正常有序开展。同时,工作室还要做好与培育对象所在幼儿园的协调沟通工作,为教师高质量地参加各项活动提供全方位的保障。

(五)评价与考核

工作室培育教师的主要路径是清单式管理。清单不仅为教师成长明确价值引导,还是任务和要求,更是评价考核的载体。因此,在"机制引导+自主发展+任务驱动"的清单式省级名师和省级骨干教师培养模式的形成过程中,工作室对各类清单进行日常引领督导,把教师自评、清单档案和阶段性的管理评价相结合,让教师有目的、有计划地完成各项培育任务,让考核评价成为促进教师专业成长的手段。培育结束后,工作室将对参加培育的教师作出评价,同时不断反思、总结培育过程中的问题,丰富经验。

天高海阔八万丈　何妨吟啸且徐行

南阳市第一实验幼儿园　贺晓红

中原名师贺晓红幼儿教育工作室成立于2015年，现有成员11位。主持人贺晓红从教31年来，积极探索幼儿教育的真谛，摸索自我成长的途径，寻找激扬生命的法宝。主持人怀揣着这样的信念，且行且思，逐步形成了精湛的业务能力和较高的科研素养，先后荣获河南省教师教育专家、河南省特级教师、河南省优秀教师等殊荣。"探寻幼儿教育智慧，激活生命内生动力，构建优质幼儿教师专业发展共同体"是工作室成员的共同愿望。工作室给予了成员挥洒热情的舞台、放大格局的平台、持续攀登的阶梯。在主持人的引领下，成员们凝心聚力钻业务，脚踏实地搞科研，朝气蓬勃迎挑战，上下求索出精粹，孜孜不倦求发展！

一、登高望远，探工作室构建与发展之路

（一）缜思建设理念，构筑发展平台

工作室将"思教育之本，育生命自觉"作为核心理念，以"幼儿教师自我生命质量提升"为动力，以"聚焦生态启蒙，共享和谐发展"为研究特色，构筑教师专业发展平台。努力使每一个成员能够为自己的教育生涯画好"底色"——培养向上、阳光、明达、温暖的心态；形成"底蕴"——看清自身的优缺点、储备丰富的幼儿教育知识，不断更新教育理念、提升专业能力；认清"底线"——有师德、有从教原则与做人底线。

（二）提炼培育模式，践行发展方略

1. 培育模式

实践是检验真理的唯一标准。工作室将"实践体验"贯穿于培育宗旨、目标、内容、方式、评价之中，逐步形成了以"聚焦与解决实践中的问题"为驱动，以"构建教师专业发展共同体"为核心，将教师学习与实践全程相融合、评价与实践改革相契合、反思与实践创新相整合、成长与实践智慧相结合的"全实践"培育模式。在这一模式的带动下，工作室成员全心全意、身体力行，在不断的实践与体验中，洞悉着幼儿教育的真谛，收获着前所未有的精彩，体悟着智慧碰撞的惊喜。

2. 具体措施

工作室将"全实践"的理念渗透在各项具体措施之中，从而全面提高幼儿教师专业发展共同体的实践智慧。具体措施如下：

（1）深谋远虑制规划。工作室根据国家幼教相关指导文件精神及工作室实际，制定了三年、五年发展规划。全体成员均制定了个人年度发展规划。要求成员必须依据当前实际及自身发展水平，定期进行自评并及时调整规划。

（2）统筹兼顾定制度。工作室通过分析成员构成、召开群体会议，结合工作室的研究方向、成员的岗位特点、专业特长、带班时间、发展诉求与瓶颈等因素，制定了工作室档案管理、考评、教研、激励与奖励等制度。

（3）勤学善思获新知。工作室组织成员开展自主反思、小组合作、专家求教等各种类型的学习与培训活动。例如，组织成员积极开展读书活动，要求精读与泛读结合，每月填写读书活动自评表、撰写读书笔记，形成了"阅读—反思—成长"的学习模式。

（4）勠力同心搞实践。工作室一方面以课程为重心，在成员之间开展听课、说课、磨课、评课、研课等系列活动，组织示范课、优质课评选活动；另一方面以团队为核心，定期召开座谈会，开展集体研修、对外观摩等活动，进行互动式家长培训，组织开展亲子活动、户外活动等实践项目。

（5）脚踏实地钻科研。通过召开学术沙龙、论文研讨等活动，工作室成员将问题变成课题，生成了"幼儿园生态启蒙教育课程文本开发的行动研究"等河南省级课题及南阳市级课题。围绕这些课题，工作室成员精诚协作，多渠道搜集资料，共同把握课题的研究思路、主线和重点，工作室成员的科研能力稳步提升。

（6）多管齐下显魅力。工作室通过团队介绍、主题观摩、专题讲座、经典课堂、国际论坛、送教下乡、数字化平台等形式，进行成果展示、宣传和推广，不断扩大影响力，吸引了更多人的关注和参与，形成工作室内外互动的研究局面，彰显了实力与魅力。

（三）健全管理制度，保障长效发展

1. 资源及环境管理

工作室安排管理员负责工作室设备、设施与资源的管理，形成了服务实践、课件共享、图书外借与归还登记等资源管理制度。有专人负责日常清洁，保持室内环境干净整洁、物品摆放整齐，设施、设备正常运行。

2. 常规工作管理

（1）建立健全充满活力、富有效率的常规工作机制，使工作室活动规范化、制度化、科学化。

（2）及时召开日常例会，开展学习、反思与评价、教学实践、课题研究等活动，统筹规划并组织开展幼儿园生态启蒙教育活动。

（3）采用联片教研、送教下乡、结对帮扶等方式，积极推广工作室积累的成功经验和研究成果。

（4）承担师范生见习指导、教师观摩学习等任务，为师范生及新入职教师提供观摩、实践、研究的平台。

（5）利用网络平台及时发布工作室工作动态、活动安排和研究成果，上传课例、教学反思等课程资源，不断更新、充实、丰富教学资源库，积极开展网络教研，实现成果推广和资源共享。

3. 工作室档案管理

工作室制定了档案管理制度，切实做好档案的管理工作。管理员将工作室成员的个人计划、听评课记录表、研修记录表、荣誉证书及科研成果等材料及时整理、存档。每个成员积极配合工作室做好个人档案资料的收集与整理工作。工作室对活动及时进行总结、梳理并上报基础教育教学研究室及浙江师范大学相关管理部门，为工作室后期的考核提供依据。

4. 考核管理

工作室主持人由"名师工作室"工作领导小组考核。对工作室成员的考核则依据他们教学、科研、培训等方面的档案记录及日常表现，主要从师德、教学理念、教学与管理能力等方面综合考查。依据考核情况，工作室及成员及时对自身目标及发展现状进行评判。

5. 科研管理

围绕工作室研究方向及教师发展困惑，我们建立了工作室科研管理制度，控制好课题研究进程，激励工作室成员开展研究。全体成员共同承担课题研究任务，将理论与实践研究相融合，做好课题研究工作。及时总结实践经验和成果并主动分享，积极向周边地区辐射推广。

（四）关注时代发展，共创课程特色

在"构建生态文明"这一时代背景下，生态启蒙教育是工作室的特色与创新点。工作室以生态启蒙教育质量提升为核心，以全力实现"滋养生命、返璞归真、热爱自然、乐享生活"为目标，大胆创新、不断实践，组织了各种具有创新性、前瞻性、体验性的如"跳蚤市场""限水停电体验日""认养小树""走进大自然亲子体验营"等生态启蒙教育活动，生成了生态启蒙教育活动设计方案、课件、视频等，形成了丰富而有特色的实践与理论成果，充分彰显了课程的特色。

（五）收获丰硕成果，喜获宝贵经验

每一份荣誉与成果都凝结着工作室每一个成员的心血与汗水。两年来，在学、思、研、教为一体的活动中，全体成员都踊跃参加，从不缺席。通过工作室这一平台，全体成员拔高了理论的高度，形成了教育的情怀，开阔了专业的视野，锤炼了独特的风格，共享了集体的智慧，开辟了创新的天地，收获了自我的成长。在并肩同行、共同成长的路上，工作室全体成员也取得了丰硕的成果，获得了宝贵的研究与实践经验。

主持人贺晓红组织的 2 节教育活动课荣获省优质课一等奖；辅导成员的公开课"土壤中的世界"等被评为市级示范课；在学术期刊上发表《体验——让幼儿生态启蒙教育回归生命感动》等论文；作为负责人申报的河南省教育科学"十二五"规划课题被评为省基础教育教学成果奖一等奖；

受邀在河南省名园长高峰论坛、学前教育专业国培研修班等活动中开设的专题讲座，深受同行欢迎与好评。

工作室成员中有2人荣获"南阳市优秀教师"称号，有1人荣获"南阳市优秀班主任"称号，获"南阳市教育教学工作先进个人"等荣誉称号有12人次。工作室成员组织、辅导的20节教育活动课被评为省级或市级优质课、示范课；送教下乡20余人次；在学术期刊上发表5篇论文，有3篇论文获奖；参与的3个省级课题顺利结项并获奖。

丰硕的成果让我们喜上眉梢，宝贵的建设经验更让我们喜出望外。经过全体成员的团结协作、攻坚克难、创新突破、深度反思，我们认为工作室建设中应该注意以下四个关键点：一是合理定位。定位决定了方向，在筹建名师工作室之前，应该理清名师工作室的目标、性质、价值等构建初衷，准确把握名师工作室研究方向与构建原则。二是有序组建。组建过程中应该重视成员选拔标准的制定、选拔流程的透明公开、成员的个性化专业发展方向及工作室的运行制度。三是高效活动。工作室采取更加"接地气"的活动方式，通过开展丰富的活动，构建适宜教师发展的培育模式。四是科学评估。评估考量点应全面，评估方式应多元，重视过程性评估。

二、聚思凝慧，寻青年教师成长之径

（一）明确思想，淬炼理念

工作室秉承"求精求质，求真求实，求新求异，求专求能"的培养理念，因地制宜地整合幼儿园独有的教育教学资源，依托工作室团队成员的力量，进一步搭建适合省级名师、省级骨干教师专业成长的平台，优化省级名师、省级骨干教师成长路径，全力打造出精益求精、素质优良、脚踏实地、注重实践、勇于创新、与众不同，更加专业、专注、专情的河南省精英教师队伍。

（二）厘定目标，划分任务

1. 培育目标

培训使青年骨干教师充分认识到发展学前教育的紧迫性、不断提升教师自身专业素养的重要性，帮助他们进一步提升师德水平，更新幼儿教育观念，扩充专业知识，突破专业发展瓶颈，不断打破常规、超越自我，进而提高专业能力，获得职业幸福感，提高教师自主发展、自我突破、改革创新的能力和意识。

简而言之，我们的培育目标就是培养造就综合素质更高、业务能力更强的学前教育精英教师群体，引领河南省学前教育质量的提升和师资队伍的专业化建设。

2. 具体任务

首要任务：形成专业信念。让教师感受工作室团队精神与园所文化，进一步提升骨干教师学前教育专业理念和师德修养，坚定职业信仰，具备更加纯粹高尚、兼容并包的专业态度与信念。

基本任务：扩充专业知识。引导骨干教师根据现代幼儿教育理念、幼儿发展的具体实践需要、自身的教育教学经验，构建自身实践性与理论性兼具的知识体系，提升理论素养。

核心任务：提升专业能力。进一步提升骨干教师课堂教育教学反思与课堂评价、自我发展管理、课程资源开发、科研、学术交流等能力，通过"方案设计—实践探索—反思重构—深入研修"的方式，提升教师实践智慧。

（三）锤炼模式，提炼内容

1. 培训模式

根据有关政策文件对骨干教师培训模式的要求，结合青年骨干教师的学习风格和特点，依据实际教育教学情况，工作室的培训模式主要有以下几个方面：一是做到"四个结合"，即集中培训与分散指导相结合、理论学习与教学实践相结合、教育教学与课题研究相结合、业务指导与品格熏陶相结合。二是明确基本路径，即理论学习—分散实践—现场交流—参观考察—总结提高—成果展示。三是重视培训过程，教育教学理论部分拟聘请有关专家开设讲座，组织案例教学、学员论坛、实地考察等；分散指导采取指导教师带动下的个人自修、课件研制、教学实践、论文撰写等方式。四是重视培训学员的个体差异，指导教师根据学员的特点，制订个性化的"带教计划"，加强个别指导，培育教育教学风格和特色。

2. 培训内容

根据河南省教育厅印发的《依托中原名师工作室培育省级名师、骨干教师试行方案（2016—2020）》精神，结合园本课程特色及工作室工作状况，培训内容暂定为以下四个模块：

（1）政策与理念模块：①新《幼儿园工作规程》解读；②新时期幼儿教师职业道德解读与实践导行；③贯彻《3—6岁儿童学习与发展指南》精神，落实课程改革；④论中原名师的成长与担当——我的专业成长之路。

（2）幼儿园教育教学模块：①体验——幼儿生态启蒙教育之本真实践方式；②幼儿园生态体验教育大型主题活动的实践与反思；③幼儿园一日常规教育活动问题捕捉与反思；④原生态情境下师幼互动问题诊断与对策；⑤幼儿园科学、艺术整合教育活动设计与实施；⑥幼儿园生态主题环境创设与幼儿互动；⑦让幼儿园课程回归生命感动；⑧快乐重构，绿色生活；⑨回归自然，体验美好——幼儿混龄社团户外自然体验教育。

（3）幼儿教师专业成长模块：①新时期幼儿骨干教师的专业素养；②幼儿骨干教师的职业幸福感与专业成长；③团队成就品牌，创新促进成长；④课题研究——名师成长的必经之路。

（4）实践应用模块：①交流研讨；②教学观摩（现场与视频等形式）；③研课磨课；④参观考察（市内四所幼儿园）；⑤分散研修。

（四）组建团队，形成制度

1. 成立管理团队

管理团队包括培训领导小组、培训业务指导小组和后勤保障小组。

2. 保障制度

（1）管理制度。针对集中培训和分散研修期间的各项活动，工作室制定了相应的管理制度，以保证培训效果。

（2）后勤保障。包括：①教学设施：将幼儿园多功能报告厅、名师工作室作为培训教室，并由专人负责各种设备的调试，保证设备正常运行。园内的名师工作室、绘本馆、科学宫、资料室、网络教室等对参训教师定期免费开放。适时组织参训教师参加本园的集体活动，感受园所文化氛围。②食宿条件：学员住宿及就餐由后勤主任负责统一协调。③医疗、保卫：园内的保健室提供基础的医疗服务。保卫处负责日常保卫工作，保障日常教学秩序及学员安全。

（五）全面评价，统一考核

1.考核内容及实施

考核内容由考勤情况、学习表现、任务完成情况、综合研修报告等部分组成，由名师工作室团队成员组成专门的评审小组，从综合自我评估、指导教师评定、名师工作室评定等几个方面进行综合评价。考核由理论研修考核（30%）、教育与教学实践考核（40%）和课题研究与结业论文答辩考核（30%）三项成绩构成。考核分优秀、合格和不合格三个等级。考核结论由考核小组综合各项考核内容形成，考核小组由培训领导小组和导师组成员组成。考核合格后颁发结业证书。

2.具体考核任务

（1）理论上，参训教师必须完成培训内容要求的120课时学习任务。

（2）理论研修考核：参训教师提交不少于3000字的综合研修报告1篇，指导教师要对该报告认真评阅、评分。

（3）教学成果考核：参训教师进行10分钟教学成果展示，由名师工作室团队成员进行现场考评；培训期间按教学计划完成精品课、优质课的教学实践任务。

（4）完成1项课题研究报告。

（5）完成1篇论文，并通过答辩。

（6）严格考勤，加强管理。参训教师集中培训期间，不得旷课，请假需由指导教师批准。缺席达三分之一课时者，取消学习资格。

（7）工作成绩由所在幼儿园负责考核。

此外，名师工作室建立参训教师培训档案，实行全程管理和跟踪指导。档案内容包括出勤情况、学习表现、作业完成情况、参与互动交流研讨情况、学习成绩等。

工作室建设的终极目标是促进幼儿教师真真切切地发展，实实在在地成长。我们坚信，只要工作室的全体成员充分发挥生命的潜能，投入情感去体验，上下求索，不断努力，就一定会有收获。"千里之行，始于足下"，"千磨万击还坚劲，任尔东西南北风"，我们"胸怀万千幼儿，放眼无限未来"，勿忘初心，砥砺前行，不走寻常路，就一定能实现终极目标，就能让我们的幼儿教师"天高海阔八万丈，何妨吟啸且徐行"！

一起追梦,在路上

郑州市中原区实验幼儿园 李春霞

一、追梦(工作室简介)

幼儿教育是根的教育,我们坚信根扎得越深,未来就会有更多向上的力量和空间。有这样一群人,愿意为孩子的美好未来而倾其全部,他们所做的每一件事,都是在为孩子们的未来蓄力储值!他们是中原名师李春霞工作室的成员,他们是来自多个幼儿园热爱幼儿音乐教育的追梦者,他们是为实现"姹紫嫣红满园'春',流光溢彩万道'霞'"的音乐教育目标而努力的人。

李春霞幼儿教育工作室于2014年成立,导师张希清是幼儿音乐教育专家,从事幼儿音乐教育研究近四十年;主持人李春霞是中学高级教师、中国音乐家协会奥尔夫专业委员会会员、河南省教育教学专家、河南省教育厅学术技术带头人、河南省优秀辅导教师;工作室核心成员崔春丽、闫婕、赵艳霞是来自三所示范性幼儿园的骨干教师;工作室成员还有近二十名热爱音乐教育的年轻教师。他们为了让孩子成长的路上溢满音乐,为了让音乐教育渗透每位老师的心灵,怀揣着"做专业的音乐教育,做音乐教育的专家"的梦想,脚踏实地、协同前行!他们相信:只有建立学习共同体,专业成长的路才能越走越顺、越走越远。所以,他们心怀梦想,一起出发!

二、筑梦（工作室建设）

（一）指导思想

工作室以"共"与"融"二字为核心，倡导"同伴互助，相融共生"的发展理念，建设学习型教师成长共同体；以"民师，明师，鸣师，名师"为不同层次的追求目标，以"怀真诚，求真知，寻真味"为工作室宗旨，以网络交流为主体，课题研究为主线，课例研讨为切入点，共建专业引领、同伴互助、交流研讨、共同成长的教师专业发展平台，努力打造学习型、研究型、智慧型、专家型的教师专业团队；以教师的成长带动学前教育质量的提升，使工作室成为教师的智慧之源、成长摇篮。

（二）培育模式

工作室积极尝试名师引领、团队合作、区域内生长的共同体模式，以课题研究为基点，形成多元化的学习共同体；以案例研究为主线，为学习共同体提供研究与学习的平台；以教师发展层次为核心，促进多元化学习共同体的成长。

一是充分发挥名师在课堂教学、课改实验、课题研究、师资培养等方面的示范、指导、引领作用。工作室一方面从提高工作室成员教学能力、学术研究能力和学术修养几个层面入手，促进每一位成员在原来的基础上逐步提高；另一方面，面向全省广大教师组织开展培训、研修、观摩、网络教研等活动，促进幼儿教师专业素质的整体提升。二是让每位成员充分发挥自己的主体作用：勤勉读书，夯实底蕴；专题讲座，形成风格；交互对话，转益多师；打磨课堂，体验高效；设立课题，深度研修；考察访问，拓宽视野；展示成果，反思前行。

1. 勤勉读书，夯实底蕴

俗话说得好："鸟欲高飞先振翅，人求上进先读书。"读书使人的内心世界走向丰盈，读书使人的品行谦恭谨慎，读书更能提升教师的专业素养。为丰富教师内涵、提高教师素养，工作室要求每位成员根据自己的实际情况制订读书计划，撰写读书笔记。工作室则为成员提供共读书目和自主阅读书目，阅读内容不仅限于教育学，还拓宽至美学、文学、历史、心理学等诸多领域，以拓宽每位成员的视野，使其获得心灵的感悟，积淀丰厚的文化素养。

"学非探其花，要自拔其根"，在阅读的同时，大家更多的是挖掘内容的深层含义，并将所读文章进行交流分享。通过"读书分享会""为你读诗""好书推荐"等活动，学员能够细心品读、反复研习、读出精华、领略精髓，成为读书先行者，从而带动身边的教师。

2. 专题讲座，形成风格

名师之名，不仅是有学识、有名气、有威望，更重要的是要有自己的风格。在面对同伴意见和日常教学，以及学术报告、专题讲座时，还要有独立的思考、独特的见解，养成慎思笃行的习惯。工作室成员通过每学期一次的专题讲座，传播工作室的教育理念，推行自己的教育主张，展示自己的教育特色，形成自己独特的教育风格。

3. 交互对话，转益多师

工作室倡导教师集体的同伴互助，并成立"教师成长共同体"，让工作室全体成员在每月的主题会上大胆交流、讨论、畅谈自己的思想观点，在理念碰撞中发现别人的真知灼见，在深度交谈中加强成员之间的同伴互助，打造幸福学习共同体。我们强调平等的对话，成员毫无保留地分享自己的见解，并谦虚地听取他人的见解，形成紧密的"学习共同体"，共享人力与物质资源，实现"互惠学习"。保证每一个成员都能够以最适合自己的方式来进行对话交流，满足自己不同的发展需要。

4. 打磨课堂，体验高效

"鬼斧神工出奇珍，精雕细琢铸精品。"好的课堂需要反复推敲、打磨。工作室把课堂作为每位名师教育的主阵地，为提高课堂效率，成就高效课堂，我们采取同上课、同听课、同评课、同研课的方式，引领教师从理论到实践，再从实践到理论的循环中不断提高自己的教学水平。不断了解先进的教育理念和精湛的教学艺术，不断寻求更适合的教学方法，就能使课堂变得生动、有趣而高效，使老师在锤炼中成长，在磨课中提高，在互动中收获。

5. 设立课题，深度研修

"博学之，审问之，慎思之，明辨之，笃行之。"工作室成员除广泛学习以外，还要学会思考、学会探究，才能更好地为教学而服务。工作室要求每个成员心中都要有问题意识、研究意识，要求人人有课题、人人做课题。工作室坚持以课题研究为先导，着眼于实践教学，引导学员走研究之路，根据所在幼儿园的实际问题及发展重点确定研究的切入点，针对学科教学课程实施过程中的热点、难点、疑点、盲点等问题进行扎实有效的互动研讨，努力创新教育教学设计和教学策略，提升幼儿实践教学能力，增强学员的课题意识与研究智慧。发挥工作室成员在园所管理、教学质量提高、幼儿园发展等方面的促进作用。

6. 考察访问，拓宽视野

子曰："见贤而思齐焉。"教师的专业成长路上需要专家的指点。为了让教师走近大师，与智者对话、与贤者对话，领略教育思想，汲取教育精华，工作室采取"请进来"与"送出去"的方式，为教师提供各种学习机会，拓宽视野。分批组织成员外出考察、参加各种高水平的教学观摩活动，请全国的幼教专家、名师、特级教师开讲座，与我们零距离交流。聆听他们的教育思想和实践经验，学习他们的教育智慧，为工作室教师的成长打下坚实的理论基础。

7. 展示成果，反思前行

"相知无远近，万里尚为邻。"工作室通过跨区域的名师课例展示，将研究成果与国内幼教同行分享，让来自不同地区的学员相互交流、取长补短、共同进步。此外，我们充分利用网络、报纸、杂志等，为工作室成员提供展示理论与实践成果的平台，在展示中反思，在反思中改进，在改进中成长。

（三）管理机制

为了将名师工作室打造成为一个真正意义上的"团队"，特设立以下管理机制：

1. 专业引领制

主持人负责组织管理工作室其他的成员，指导成员提高业务水平：一方面，根据工作室的总体安排对全体成员进行培养；另一方面，根据每个成员的原有基础、教学特点和自身特长，进行个性化培养。主持人为学员指引培养发展方向，引导学员制定个人发展规划，并提出改进意见。

2. 教学研究制

工作室立足教学开展研讨式讲课、评课、反思等活动。工作室的教学研讨活动以内部成员讲课、评课等为主，成员所在学校的种子教师和爱好音乐教育的教师可以参与；工作室在省、市、区范围内，常态化地开展某个前沿问题的教学研讨等活动。

3. 互助合作制

工作室成员根据年龄特点和学科特点就某个专题研究结对合作，同做一个专题，同上一节课，共同反思，共同磨课，在互助合作中共同成长。在集体教学展示活动中，工作室成员之间要相互配合，互勉共进。

4. 读书交流制

工作室组织成员阅读相关的理论专著等文献，建立图书资源库；工作室成员彼此分享自己的藏书，组织读书交流会，共同交流学习体会。

5. 课题研究制

工作室积极承担课题，全员参与研究、实践，形成成果，并及时推广。成员可根据自己的教学实际需要，在主持人指导下确定研究专题，吸纳所在幼儿园部分教师加入研究，进行辐射带动，也可吸纳其他幼儿园教师共同参与。

6. 成果辐射制

工作室与省内多所幼儿园建立合作交流关系，推广集体或个人比较成熟且有实效的成果；选择农村地区的幼儿园作为工作室基地，不定期开展教育教学指导和业务帮扶。

（四）特色创新

名师是"教育生态系统"中的一棵大树，拥有改造教育气候和环境的示范性力量，不断促进其他教师的成长。在特色创新方面，工作室主要从以下几个方面开展工作：

（1）重视成员的"自我发展愿景"和工作室的"共同愿景"，取得各位成员的内心认同，鼓励成员根据自身发展实际去探索发展和成长的路径，形成自己独有的教学风格和教学魅力，逐步成长为名师。

(2) 注重提高教师对幼儿身心发展规律与特点的把握与辨析能力。科学地开发与实施课程，准确把握教材的文化内涵和教育价值，提高学员解读教材和娴熟运用教材的能力，增强学员的专业底蕴，提高教师有效实施课程与教学的能力。

(3) 注重引领教师了解关于幼儿音乐教育的国内外动态。通过认真学习相关教育理论，正确把握新课程所倡导的理念、目标及学习方式等，提升学员的理论素养，增强教师的课程意识，促使教师在创意思考中转变思维方式，促使学员向学习型教师发展。

(4) 注重了解学前音乐教育的新成果与新视点。针对音乐教学课程实施过程中的热点、难点、疑点等问题进行扎实有效的研讨，努力创新教育教学设计与教学策略，提高教学实践能力，增强学员的研究意识与教育智慧，促使学员向研究型教师发展。

（五）成果收获

"桃红杏黄李盈枝，喜结硕果满园香。" 三年来，在工作室全体成员的努力下，通过开展各项活动，有效提高了各位教师的师德修养和业务素质，工作室成员教师无论是教学水平、教学策略，还是教学成效，都有不同程度的提高。

工作室共进行专题讲座60余次，送课下乡12节，有5项课题研究获河南省优秀成果一等奖。崔春丽、李莹、闫婕、赵艳霞等教师执教的优质课分别获省二等奖、市一等奖。通过"名师带徒"辅导青年教师的活动课中有6节课分获市、区一等奖，工作室中共有7名教师成为郑州市骨干教师，有1名成为省级骨干教师，有1名成为省级名师培养对象。大家正朝着自己的梦想迈进。

三、圆梦（教师培养）

（一）指导思想

工作室最大的任务就是帮助教师圆梦，使每个教师都能成为自己梦想中的模样。工作室将根据青年教师的实际情况，组织为期2年的分模块、分阶段、递进式、实践型跟岗研修，使不同层次的教师在原来的基础上实现新的提升，成为实践型、指导型、智慧型、专家型幼儿教师中坚力量。

工作室成员专业成长目标

（二）培养目标

工作室的培养旨在激发教师的内在动力，不断实现自己的短期目标：让年轻教师成为骨干教师，让骨干教师成为名师，让名师成为学科专家。

1. 带好一支团队

在工作周期内，工作室成员在各个学科发挥示范辐射和带头作用，形成名优群体效应，帮助种子教师实现阶段性发展。

2. 做实一个项目

每位教师确定一项具有实用价值的专题或课题研究，结合自己的教育教学工作实际，开展有效的教学研究活动。

3. 做精一个展示

每学年每人做一次展示活动，以研讨会、讲座、名师论坛、公开教学、现场指导等形式，传播先进的教育理念和教学方法。

4. 建成一个平台

开通教师博客、微信等，让网络成为教师学习互动的平台、资源共享的平台、成果辐射的平台。

5. 呈现一批成果

成员的研究成果以精品教学和游戏活动实录、精品教案汇编、教育故事集、论文集及课题报告等形式呈现。

（三）培育内容

培育研修过程采取专家引领、任务驱动、跟岗研修的模式，以教师师德水平和业务能力的提升为核心，紧紧围绕教师的师德水平、课堂教学能力、教学评价能力、教育科研能力、课程资源开发与利用能力、校本研修能力、学术交流能力和管理能力等内容开展。通过集中研修、专家引领、课题研究、个人讲坛、影子教师、研课磨课、智慧碰撞、学术交流、送课下乡、总结提升等环节的培养，帮助培育对象日常反思改进，激励他们自主发展，实现教师专业成长的进阶。

（四）培育形式

1. 集中研修

采取现场诊断、个人专题讲座、主题研讨、专家引领、行动研究和学术交流等方式，定期开展主题鲜明的递进式系列研修活动，帮助培育对象解决教育教学中的突出问题，持续提升教育教学能力。

2. 课题研究

结合教育教学中的实际问题开展研究，做到一人一课题，一年一成果。引导培育对象积极探索实践，使培育对象对科研课题的研究标准、研究流程有系统、专业的把握。

3. 影子教师

跟岗培训重在观摩学习、对照反思、实践体验，在研修过程中注重原理知识、案例知识、策略知识的传授，把听、看、问、议、思、写等自主学习行为合为一体，实现知识迁移与实践能力的提高。

4. 研课磨课

围绕研修主题，按照研修任务，开展课例研讨，突出课堂教学问题的解决。围绕教学目标、教学内容、教学方法与手段、教学评价等进行打磨，不断改进教学设计。通过示范教学、同课异构、专题研讨等方式生成优质课、精品课。

5. 智慧碰撞

学员结合研修任务分小组进行合作、互帮互助，充分发挥个体能动性，加强团队凝聚力，分享教研经验，实现"青蓝"共赢。

6. 送课下乡

教师通过参与送课活动，充分发挥示范、引领、辐射和带动作用。教师通过相互取长补短，实现教育资源的互补，从而提升自身的业务素养。

7. 总结提升

工作室为培育对象提供展示平台，展示研修成果。培育对象通过系统总结研修过程、梳理经验、反思问题、明确改进方向，生成具有代表性的成果，并在工作室的帮助下制定新的、可持续性的个人发展规划。

（五）培育措施

工作室明确相关规章制度，指导所有培育学员建立个人成长档案，记录成长轨迹，制定个人发展目标和规划；针对骨干教师开展专家讲座、主题研讨、行动研究、课题研究等活动；针对年轻教师开展影子教师、课例研讨、研课磨课、特色塑造、团队合作的主题研讨等活动；引领骨干教师和年轻教师开展个人讲坛、学术交流、送课下乡等主题活动；组织骨干教师说课、上课、评课，展示微案例、微故事、微课例等成果；定期进行总结和评价考核，并指导教师制定持续性个人发展规划。

（六）评价考核

学员研修期满时，工作室将本着公开、公平、公正的原则，通过成绩汇总、自我评价，取长补短、相互评价，引领提升、工作室评价，质量把关、第三方评价等形式，对所有研修学员进行考核评价，确保培育的质量和效果。

1. 成绩汇总、自我评价

所有研修学员以作报告的形式将自己一年来取得的成绩和个人研修情况向工作室主持人以及所有成员进行汇报展示。

2. 取长补短、相互评价

针对省级名师和省级骨干教师等不同层次的培育对象，采取相互沟通、相互评价的方法，对同伴在研修中的表现进行客观、公正的评价。

3. 引领提升、工作室评价

工作室主持人对所有参培学员进行理论指导和研修效果评价，从专业的角度提升学员的专业素养。

4. 质量把关、第三方评价

工作室将邀请东北师范大学、河南大学、郑州师范学院、河南省幼儿师范学校的学者以及省内外相关领域的知名专家对所有参培学员进行全面评价，以保障评价的公平、公正。

李春霞幼儿教育名师工作室，将不断加强工作室建设，完善工作室功能，切实将工作室打造成为学前教育教学研究的平台、名师和骨干教师培养的基地、教师成长共同体的核心、幼儿音乐教育辐射引领的窗口。

为了幼儿教育事业，我们愿做坚定的追梦人、坚实的筑梦人、坚毅的圆梦人，携手同行，在路上……

凝心聚力　搭建共同成长的平台

漯河市市直幼儿园　弯丽君

　　弯丽君名师工作室创立于 2015 年 7 月 28 日。主持人弯丽君是中学高级教师，曾荣获河南省教师教育专家、河南省首批名师、河南省教育厅学术技术带头人等荣誉称号，任教 27 年，长期工作在教学一线。目前工作室共有成员 9 名，分别为省、市级名师和骨干教师。工作室充分发挥名师的专业引领、带动、辐射作用，加速教师专业化发展，力争通过开展学术交流、教育教学研讨、实践研修等活动，在课程改革、专业引领、前瞻性课题研究等方面科学有效推进，使更多优秀教师脱颖而出。

一、以制度措施确保工作室准确定位

　　弯丽君名师工作室成立以来，得到了漯河市教育局领导的关心和大力支持。工作室全体成员共同努力，开创性地开展了多项工作，克服了多重困难，把"创新"放在首位，在工作室的创建过程中，积累了一些宝贵、有益的经验。凝心聚力谋发展，踏踏实实做科研，工作室为教师搭建了共同成长的专业化平台。

（一）指导思想与发展理念

　　工作室秉持"走在前沿，行在路上"的理念，以专业引领、同伴互助、立足实践、崇尚学术、探究专题、提升技能、共同成长为宗旨，在观察体验、学习思考、参与研究、实践总结的过程中，把先进的教育理念、独特的教学风格、精妙的教学技巧、灵活的教学方法渗透和辐射到工作室成员的教学中，让工作室成为研究的平台、成长的阶梯、辐射的中心、师生的益友，真正成为名优教师的孵化基地。

（二）明晰职责，加强工作室建设

1. 做好科学规划，细化工作要点

工作室本着充分发挥名师的专业引领、带动、辐射作用，以加快教师专业化发展，培养造就更多的优秀教师，提高教书育人水平为目的，制定了详尽的工作室六年发展规划。规划包括工作指导思想、工作目标、工作要求、工作策略、教师成长途径等内容。其中工作目标是促使工作室真正成为教师研究的平台、成长的阶梯、辐射的中心及师生的益友。工作要点包括：制定成员成长规划和自身发展规划；认真组织学习，提高理论素养；狠抓课堂教学，努力形成风格；积极从事科研，提高自身品位；完善学员业务档案，全面记录学习和培养过程，每半月定期召开工作室全体成员会议。

2. 明确职责，确保工作优质高效

为加强对工作室的规范管理，工作室制定管理制度，明确各自的职责、任务及近期、中期和远期工作学习目标。其内容包括：会议制度、学习制度、考核制度、档案管理制度、图书管理制度等；明确工作室成员的职责，工作室负责人负责工作室的日常全面工作和主持课题申报研究工作；教师积极参与学校的建设，网站的管理及资料的上传。成员根据个人的业务素质及特质，分别负责园本教材的开发、课题研究的过程管理、活动安排、会议记录、资料准备等。

（三）重视队伍建设，着力提升自身素养

1. 组织专题研讨，诠释"名师"新内涵

召开名师建设座谈会，主要就如何建设名师队伍、发挥名师引领、示范和带头作用，促进成员专业发展，全面提升工作室整体素质等畅谈体会，分析问题，明确任务。通过队伍建设，教师深刻认识到名师不仅是业务骨干，更是德才兼备的表率，要严于律己，宽以待人，事事干在前，不断学习，

永葆业务青春和战斗力，以良好的形象诠释"名师"。

2. 勤于研读，促进成员共同成长

加强学习，丰富自身内涵。全体成员加强理论学习，了解先进的学前教育理念、教育思想、教育方法和教学手段，掌握学科教育发展的前瞻性新动态、新知识。工作室的主持人精心挑选优秀的教育书籍，如《锁定十五年　做一名出色教师》《儿童发展理论与应用》《如何成为优秀的教师》《教师专业共同体研究》等，让工作室的成员认真研读，做好笔记，提升自身素养。

3. 多措并举，促进教师专业化发展

工作室结合每个成员的自身特点和实际情况，因人而异制订个性化的教师培训计划，实施分层次培训。根据每位教师的不同需求和成长愿望，提供贴切到位的帮助，多措并举，促进教师专业化发展。采用"师徒式"的培训方式，加强"师徒结对"工作的指导和管理，制订切实可行的结对计划。指导教师说课、上课、研讨等不同形式的岗位练兵，促使教师对课程改革的新理念能由表及里、从点到面融会贯通。增强工作的探究意识、整体意识、创新意识，全面提高业务素质。通过上述细致入微、渐进式的指导和帮助，路雪萍、刘娟、徐南等一批青年教师迅速成长，脱颖而出，成为幼儿园的骨干教师及省级教学名师，他们执教的优质课多次获省级、市级一等奖。

4. 以研修为切入点，促进成员快速成长

为了提升成员的教科研水平，2015年至2016年，工作室申报了两项省级课题，围绕区域活动的组织实施开展研究，以"区域活动中环境创设适宜性研究"为主题，通过对环境创设活动的观摩交流、区域材料投放适宜性的自查、区域活动研讨探究，优化自主化和个体化的学习活动，更好地满足每个幼儿自主探索、个体建构与发展的需要。工作室还注重加强教师的科研培训，以科研和教育教学实际相结合为原则，进行多模式、多内容的园本研修，拓宽了教师视野，鼓励教师多出科研成果，出创新性、应用性强的好成果。

一年多以来，工作室通过开展集体研讨、读书提高、学习交流等活动，培养工作室成员个人兴趣点，明确发展突破方向，充分调动积极性，把教育实践和教研论文的写作紧密结合起来，鼓励成员撰写教学、教改、教研论文，提高写作能力和教科研水平，促进教师快速提高自身专业知识。

（四）以活动为载体，培养提升成员的综合能力

积极开展丰富多彩、卓有成效的系列活动，有效促进教师的专业化提升，推动工作室的建设。

工作室通过学术研讨活动和针对性强的读书交流活动，促进教育教学工作研讨和科研课题的探究，逐步形成活动有预案，负责有专人，推进有步骤，落实有结果的大好局面，同时提升了工作室在市、区的知名度和影响力，达到了引领本地、辐射周边的效果。

1. 举办学术研讨会，提升工作室影响力

为引领幼儿园教师在区域活动领域积极探索，工作室组织了全市学前教育学术研讨活动。参加本次活动的人员均来自全市最具代表性和影响力的幼儿园，有业务园长、保教主任等。

研讨活动采取名师主持人先汇报后交流的形式。工作室主持人介绍了自己单位开展区域活动的情况：内容设计、材料投放、观察、反思及指导策略、交流分享和观察记录等。区域活动有效实现了区域活动与集体教学活动相辅相成的作用，为幼儿创建出和谐、友爱、快乐的学习氛围，让幼儿获得了更加丰富的情感体验以及启蒙知识，有力地促进了新《幼儿园教育指导纲要（试行）》《3—6岁儿童学习与发展指南》的贯彻与落实。最后，各幼儿园的代表针对这一课题，介绍了工作开展的情况及遇到的困惑。此次活动，让参与人员对区域活动的教学有了更深入、更直接的认识，能够更好地从研究环境、内容、材料、指导方法等方面着手，逐步丰富、完善，并进一步精准、细化，使区域活动更加适合幼儿兴趣爱好和能力发展需要，使幼儿园的区域活动质量显著提高。

2. 开展专题讲座，拓展工作室影响力

近年，工作室主持人承担培训任务10多场，先后为漯河市中等职业类学校骨干教师省级培训班作《提升专业素养　培育优秀教师》《学前教育专业课程设计》等专题讲座，为漯河职业技术学院学前教育专业师生作《如何做一名优秀的幼儿教师》《幼儿教师应具备什么素质》等专题讲座。这些讲座为从事学前教育的教师提供了重要教学参考依据，也为将要成为学前教育教师的学生指明了学习和努力的方向，引领学生在通往合格教师的道路上快速成长。为幼儿教师及家长作的《幼儿教师该如何评课》《一定要重视幼儿的早

期教育》等专题讲座，有的放矢地引领教师专业化成长、提升家长的育儿观念。受漯河市教育局委托，工作室为全市幼儿园园长、业务骨干作的《一日活动中的安全教育》《幼小协同科学衔接》等专题讲座，重在强调提升安全意识、杜绝安全隐患，在开讲座的同时发挥名师的示范引领及传、帮、带作用。

3. 办好名师网站，发挥工作室对外辐射功能

为最大限度地发挥工作室的辐射功能，我们积极建立工作室网站，定期更新工作室教育教学研讨交流、开展活动、新闻动态等信息。与所有热爱和从事学前教育的教师和家长，分享教育教学资源和研究成果，促进教学教研活动在线交流，使工作室真正成为幼儿教育教学的一面旗帜，真正成为引领当地、辐射周边的学前教育动力之源。

4. 送教下乡，发挥示范引领辐射作用

为了发挥名师工作室的示范引领辐射作用，每学期名师工作室坚持安排送教下乡活动。每次活动都提前精心准备，做到计划、措施在前，活动总结在后，力争为乡镇幼儿教师送去幼教新知识、新方法和新理念。这些活动提升了乡镇幼儿教师的业务能力，加强了城乡幼儿园之间教育教学的交流，实现了教师间的教学互助，促进了教师共同成长。

二、广阔视野决定工作室的发展高度

工作室成立以来，积极发挥名师的示范、引领及辐射作用，着眼未来，培养造就一支高素质、高水平的师资队伍，提高河南省名师、骨干教师培养质量。工作室依据自身优势，以河南省名师、骨干教师培育工程为抓手，选择重点突破方向，扎实有效开展工作。

（一）发展方向明确

河南省名师、骨干教师培育工程是幼儿园教学质量与教学改革工程的重要组成部分，是加强教师队伍建设的重要举措，旨在为优秀教师创造良好的发展环境，有效提高教师的综合素质。工作室的发展方向：通过实施重点培养、目标管理、严格考核、滚动发展，培养造就一批省级名师、骨干教师，构建教学名师梯队，形成示范和引领效应，带动教师队伍整体教

育教学水平的提高，为河南省幼教事业持续健康发展奠定坚实的人才基础。

（二）工作思路清晰

工作室以教师师德水平和业务能力的提升为核心，以教学为基础，以教研为导向，以培训为主线，以课题研究为重要形式，紧紧围绕教师的师德水平、课堂教学能力、教学评价能力、教育科研能力、课程资源开发与利用能力、校本研修能力、学术交流能力和管理能力，通过集中研修、课题研究、影子教师、研课磨课、总结提升等环节，做提升教师专业素养的深度培训。

（三）人才培养超前

工作室积极开展河南省省级名师、骨干教师培育工作。两个层次的培养构成河南省名师、骨干教师培育工程的主要内容，培养过程同步推进，同步实施，严格选拔人员，优中选优。

培育对象应具备以下条件：①担任名师、骨干教师两年以上，发挥了示范引领作用。②热爱教育事业，师德高尚；善于学习，勤于钻研，勇于改革；严谨笃学，乐于奉献，富有创新协作精神。③在教学一线从事学科教学工作，有强烈的自我发展需求。④教学内容、教学方法改革成绩突出。每个培育对象需有2篇以上高质量教改教研论文。⑤学术道德高尚，学术造诣较高，参与过省、市级以上科研项目。⑥熟练掌握现代教育技术，能够利用网络技术进行资源开发和交流研讨。⑦年龄一般不超过45周岁，身心健康。

（四）目的要求精准

通过课题研究、课程开发和有效课堂打造，努力研究与探讨骨干教师成长规律，以研讨会、讲座、名师论坛、公开教学、现场指导等形式，有目的、有计划、有步骤地传播先进的教育理念和教学方法，造就乐学、善思、爱写、精研的高素质老师。

1.培养模式——构建四个平台

（1）网络平台。在工作室网站，建设具有较强选择性、实用性的教育教学资源库，鼓励教师建设个人博客，创设良好的学习环境，为教育教学提供优质服务，促进教师之间互动交流、经验共享，提高资源使用效度。

（2）展示平台。积极实施教师培育工程，开展各种业务技能竞赛，通过组织课堂观摩、教学技能竞赛、说课比赛以及评选典型教学案例、教育叙事、优秀教育科研论文等活动，为广大教师开辟互动交流的通道，搭建展示才华的舞台。

（3）交流平台。邀请名师大家讲学，聘请专家跟进指导，有计划地组织名师、骨干教师考察、学习，畅通交流渠道，拓宽教师教育视野和知识视野，转变教师教育观念，推进素质教育和基础教育课程改革的深入实施，坚持教育教学研究沙龙。

（4）科研平台。主要包括以下方面：一是建立、健全工作室研训制度，构建研究共同体，致力于把工作室建设成学习型、研究型组织，把共同学习、合作研究、互动提高作为研训的核心理念，切实提高研训的成效。通过各种研讨活动和理论学习，提高名师和骨干教师教学分析与设计能力、教学实施与调控能力和教学总结与反思能力，真正能提高教学素养。实施"六个一工程"，即要求每人参与一个专题研究，每月写一篇教学反思或案例分析报告或教育叙事，每月读一本教育理论专著，每学期写一篇经验总结或科研论文，每学年开设一节高质量的优质观摩课。

二是建立健全科研机构，加强研究力度，拓展研究深度，提高研究效度，让教师在研究中提升自己的专业水平，在研究的状态下工作。

三是积极开展行动研究。聘请专家开设多种讲座，指导教师读书，使教师了解教育研究与日常教学融合的意义与方法。定期举办研究沙龙，促进教师对话与交流，分享研究经验与成果。

四是继续深化课堂教学改革，进一步优化课堂教学结构，让每节课都成为高效的课堂。从课堂教学实践出发，以改进教学模式、优化课堂结构为载体，深入研究提高课堂有效性的途径与方法，积极消除不良因素对课堂教学的影响，提高课堂教学的质量。

2. 优化名师、骨干教师素质的三个结构

（1）知识结构。名师、骨干教师不仅要具有深厚的专业知识，还要有一定的教育理论素养，有较广阔的学术视野、教育视野。

（2）能力结构。努力提高教师的语言表达能力、教育教学能力、学科德育能力、课程设计能力与开发能力、终身学习能力、教育科研能力、信息收集处理能力。

（3）品格结构。努力引导教师具备良好的职业心态、个人品格和专业

意识，丰富教师的精神世界，提高教师的人格魅力。

（五）河南省名师、骨干教师的培养与考核

1. 创造条件、建章立制

建立教学研究制度、德育研究制度等，将教学研究与学习相联系，将德育研究与学习相联系。

构建教研制度。建立健全教研制度，对教师提出明确要求，用制度来保证园本教研的有效组织实施。使自我反思、同伴互助、专业引领始终贯穿于教研过程中，使教师说课、集体备课、高效上课、互相听课、客观评课、作业辅导等常规工作的教学研究有实际效果，积极探索教研的有效形式与途径并有所创新。

健全教学反思制度。要求每位教师每节课必有反思，每个学期认真完成至少两篇比较严谨、系统、深刻的教学反思。工作室进行检查、评比、奖惩，促使教师形成自觉、理性的教学行为，为成长为学者型、研究型教师打下基础。

改革评价机制。工作室从教师的个人发展规划、工作过程、目标达成情况等方面，对教师专业发展情况做出评价。建立教师自评互评、学生评价、家长评价、专家评价、幼儿园综合评价等多元评价体系，评价内容符合教师实际情况和专业发展需要。

2. 完善教师专业发展档案

要建立健全教师学习评价、考核、奖惩制度，将教师专业成长的过程及时记录在教师专业成长档案中，教师自身要不断丰富个人年度发展记录、个性发展记录、教育成长记录。省级教学名师、骨干教师培育周期为1年。对省级名师、骨干教师培育对象进行年度动态评估，并及时反馈改进建议。培育期满，培育对象需提交年度学习笔记、教学反思和《省级名师、骨干教师培育人选工作总结》等相关资料。

展望未来，任重道远，但工作室所有成员都充满信心。工作室有这么一批朝气蓬勃、充满活力、有担当又有创新精神和创新能力的青年教师，相信一定会不负众望、牢记使命、立足本职、开拓创新、乘势而上，步入发展快车道，为漯河幼儿教育事业更好更快地发展做出应有的贡献。